所见即所得

◎王晓锋 著

机械工业出版社
CHINA MACHINE PRESS

不论零售怎么发展，一切以人为中心、把用户价值放在第一位都是零售从业者首先需要去思考的。从用户需求出发，让顾客在线上线下，在任何时间，以任何方式，获得自己所需要的产品和服务；让用户用最短的时间、最快的速度、最近的距离实现“所见即所得”。

本书从零售之困入手，剖析了新零售的现状，给出了突围之道——“所见即所得”的用户体验模型，并围绕场景体验、便利体验、产品交付体验这三部分详细解读了这五个字。同时，本书在理论部分穿插了大量热点案例，通过理论与案例相结合的形式，深度剖析新零售的运营模式，以此保证读者既能“读得懂”，又能“有所得”，还能“可实施”。

图书在版编目（CIP）数据

所见即所得／王晓锋著. —北京：机械工业出版社，2020.4

ISBN 978-7-111-64879-6

Ⅰ.①所… Ⅱ.①王… Ⅲ.①零售业-销售服务 Ⅳ.①F713.32

中国版本图书馆CIP数据核字（2020）第032948号

机械工业出版社（北京市百万庄大街22号 邮政编码100037）

策划编辑：胡嘉兴　　责任编辑：廖岩　戴思杨　胡嘉兴

责任校对：郭明磊　　责任印制：张　博

三河市宏达印刷有限公司印刷

2020年4月第1版·第1次印刷

145mm×210mm·12.375印张·3插页·255千字

标准书号：ISBN 978-7-111-64879-6

定价：79.00元

电话服务

客服电话：010-88361066

010-88379833

010-68326294

网络服务

机　工　官　网：www.cmpbook.com

机　工　官　博：weibo.com/cmp1952

金　　书　　网：www.golden-book.com

机工教育服务网：www.cmpedu.com

序言 Perface

用户体验决定企业成败

2019年，零售圈发生了很多事情。8月27日，中国内地首家Costco（好市多）门店在上海闵行区开业，引发抢购狂潮，当天下午1点不得不宣布暂停营业。与之相反的是，家乐福中国从2012年开始业绩和利润连续双下滑，于2019年6月作价仅60亿元“委身”苏宁[一]，急切地想要离开中国市场。1996年与家乐福一同进入上海的麦德龙，也同样进入颓势，2018年8月就有消息传出其在寻求买主，准备“卖身”。据联商网大数据研究中心统计，在143家零售业上市企业中，共有31家企业2018年净利润为负值[二]，家乐福不过是一个缩影，零售行业不少企业的估值在下滑。

除麦德龙和家乐福等外资商超遭遇业绩明显下滑外，曾经号称“中国版Zara”的拉夏贝尔，在2019年迎来“至暗时

㊀ 来源：《48亿“委身”苏宁，家乐福中国卖身记》，公众号“灵兽”，作者：李又寻欢。

㊁ 来源：《零售“失血”：超40家企业市值蒸发，4家股价腰斩》，联商网，作者：陈新生。

刻”，上半年关店2 400家，预计亏损5.4亿元。“亏损、关店”令拉夏贝尔陷入一系列危机中，使其前路蒙上阴影。[一]8月26日，这一天是富贵鸟在港股的最后一天，与此同时，该公司宣告破产。破产、退市，富贵鸟仍然背负着超过30亿元的债务，“中国真皮鞋王”就此陨落。[二]

不胜唏嘘。

当年的家乐福、麦德龙、拉夏贝尔、富贵鸟是何等辉煌！

我们再来看一个好的消息。东山再起的李宁，从亏损31亿元到迈过了百亿元营收关口。自2010年发布了全新的LOGO开始，李宁逐渐不被市场“喜欢”，2011—2014年三年亏损金额累计超过31亿元。2015年，老帅李宁重返商场，在他的带领下，李宁采用积极的创新营销方式。据6月24日消息，截至2019年上半年，李宁预期纯利较去年同期的2.69亿元人民币将增加不少于4.4亿元。[三]

用户体验时代来了

市场无情，业务好坏决定企业存亡。而所有业务的起点都

㊀ 来源：《“中国Zara”暴雷，拉夏贝尔没救了?》，作者：章航英。

㊁ 来源：《富贵终成云烟：一代鞋王富贵鸟“坠地”》，作者：21世纪经济报道。

㊂ 来源：《李宁东山再起：从巨亏31亿元到年入100亿元，他究竟做对了什么?》，作者：佳云。

是用户体验，终点也必须回到用户体验上，这将决定一家公司的成败与兴衰。亚马逊对于改善用户体验几乎到了“痴迷”的状态，它时刻为用户体验着想。因为有强大的技术支持，在亚马逊网上购书，一般三秒钟之内就可得到回应。[㊀]这样的服务体验给用户带来的购物愉悦感，让亚马逊超越了所有竞争对手，甚至超出了用户的预期。因此，亚马逊的用户数量得到迅速增长，让它坐上 B2C 电子商务第一的宝座，创始人贝佐斯以 1 310 亿美元财富排名 2019 年福布斯全球亿万富豪榜第一位。

今天，我们已经从产品时代进入用户体验时代。先消费后体验的模式已然失效，用体验感知价值进而发展超级用户的零售思路成为新方向。2017 年，阿里研究院给出了新零售的定义：“以消费者体验为中心的数据驱动的泛零售的形态。”换句话说，技术和数据只是外在，用户体验才是内核。数据和技术都要服务于人，人才是根本，技术只是工具而已。

如何服务于人

前文说到 Costco 上海闵行店，之所以一开业就人山人海，因为它给消费者带来很多惊喜的体验。Costco 表面上卖的是商品，其实是服务和体验。比如提供严选商品服务，降低了消费

㊀ 来源：《亚马逊 CEO 贝佐斯：最好的用户体验不需要客服》，作者：玉临。

者决策成本，Costco 帮消费者选择品类最好的型号或品牌，不用比价，不用挑选，消费者只需要知道自己想买什么东西，然后到货架上直接拿走就行了；如果消费者不满意，就可以选择退货，不限期限，连会员卡都可以随时取消，并全额退还会员费；免费试吃产品，堪比吃自助餐，就怕你吃不饱……

从 Costco 开业仅五个小时就人满为患、不得不闭店的盛况可以看出，消费者对它的欢迎程度远远超出了人们的预期。做零售如果不把服务和体验做到极致，用户就不会再续费，得不到用户的信任，业绩自然会衰退。李宁的反败为胜，在很大程度上源于采用了体验式终端模式，实现与用户“产品-服务-体验”的多维交互，增强用户购物体验。

购买产品时，打动你“掏腰包”的是：体验。体验背后需要零售商有“前端的体验要好 + 后端的供给要快 + 还能赚钱”的能力。无论是哪种零售模式，在业务设计上要精准洞察消费需求，在技术创新上根据用户多样化的需求匹配多样化的供给，让细分市场进一步精细到每一个个人市场。从过去遵循“大规模生产”的逻辑，标准化、批量化的产品与服务，到为一个个融合了更多兴趣取向、行为偏好和价值主张的独特的“人”提供个性化的解决方案，让其得到更好的商品，为其带来更好的体验、更高的性价比、更快捷的物流的综合服务。

过去，传统零售往往关注的是交易价值，在 PC 互联网时代用户最在意的是价格。现在用户最关注的是使用价值，实际上非常关心物流速度，要求商家不单围绕货，还要围绕物流去做。新技术推动中国物流行业迈入“分钟级”配送时代，从线上购物的物流配送时间来看，最早是“三日达”，慢慢就有人提高到“次日达”，现在已经发展到“3 小时、1 小时、30 分钟达”。

今天的用户在购物时，不关心线上线下具体是哪个场景，他们关心体验、感受好不好。盒马、超级物种甚至无印良品都有餐饮服务，原因就是餐饮场景有更强的体验感，看到了就马上可以体验，体验好可以马上得到，所见即所得。

那么，什么是“所见即所得”

新的商业进化是因外界环境的巨大变化，引发了消费升级与技术升级两股力量的融合，从而推动零售行业变革。变革要求零售商真正能创造用户价值，以提供更快、更便利、更丰富、更好的体验，更高品质的产品、服务和体验，重塑零售业态。

自 2013 年开始，我和团队共同撰写了一系列有关创新零售的书籍，都是从零售企业的视角看创新，始终没有从用户体验的维度创建一个简单易懂且通用的模型。意识到这个问题后，在最近两年我因工作需要拜访了近百名零售企业创始人。借用访谈主题内容的间隙，我专门请求对方留出时间就如何创新消费体验这个话题进行深度交流，并选择一些有代表性的企业近距离观察，才发现我苦苦寻觅的零售进化的中心法则，就是“用户体验为中心的法则 - 所见即所得”。有了这个发现，本书才得以出版。因此，在写作的逻辑上，我以用户体验为原点，试图找到第一性原理，再加演绎，推导出以“人”为中心重构人货场的用户体验模型。

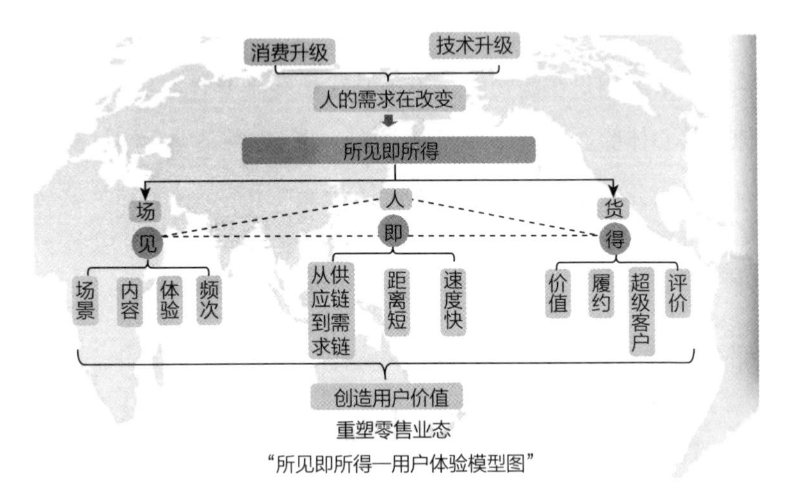

“所见即所得—用户体验模型图”

“所见即所得－用户体验模型”的核心简单到仅有“见”“即”“得”三个字，本书内容也将围绕这三个字展开。

简而言之：

一、所见即所得中的“见”

“见”＝场景＋内容＋体验＋频次。“见”围绕所有零售场景的搭建、内容创意、体验感受，最终实现让消费者以更高频次、花更多时间停留在我们所设定的场景中。

二、所见即所得中的“即”

“即”＝从供应链到需求链＋距离短＋速度快。“即”讲的是供应链，准确地说是创建一条新价值链。实现从传统的供应链到需求链的转变，定义消费需求，基于消费者画像进行柔性化制造甚至定制生产。起点是让商品更精准，减少库存、损耗，提升商品周转率，在供应过程中优化仓配、降低供应链成本，同时以更快速的物流定时送达，使终端用户拥有更好的体验。最终实现需求准、交付快、体验好的目标。

三、所见即所得中的“得”

“得” = 价值 + 履约 + 超级用户 + 评价。“得”讲的是商品和服务，阐述了让商品增值、服务增值的若干方法，包括物理价值和心理价值等，以及让价值得到更好的实现，最终目标是让用户成为超级用户。

“所见即所得”是以“人”为中心的消费体验模型，在一个新零售新消费的新世界里，所有的商品、交易与服务，都以“人”为本，让用户用最短的时间、最快的速度、最近的距离、最贴心的服务，实现所见即所得。我们希望“所见即所得”这简单的五个字，能成为零售商面对日益复杂的消费场景时的制胜工具，能够给身陷困境的传统零售和电商商家提供一些方法论和落地实施的路径。

本书从零售之困入手，剖析了新零售的现状，给出了突围之道——“所见即所得”的用户体验模型，并围绕场景体验、便利体验、产品交付体验这三部分详细解读了这五个字。同时，本书在理论部分穿插了大量热点案例，通过理论与案例相结合的形式，深度剖析新零售的运营模式，以此保证读者既能“读得懂”，又能“有所得”，还能“可实施”。

新商业下的新零售，虽说是一个全新的战场，但重点还是在于重构用户体验。消费升级俨然从“功能式消费”穿越“品牌式消费”，进入了“体验式消费”的时代。如果你现在同我一样对用户体验的重要性深信不疑，那么在用户体验时代，没有什么比把打造用户体验放在零售中心的位置更为重要的了，因为用户体验决定成败，只有吸引和留住用户，我们才能赚钱。

希望本书能对你有所帮助与启发。在复杂的零售世界，让零售变得更简单！让我陪伴你一起成长！

这是我自 2013 年至今出版的第四本关于创新零售的书，感谢过去几年时间一直购买我的书的读者朋友们。

最后，也谨以此书送给和我一样，不论环境如何变化，都能孜孜不倦在创新零售路上探索的有心人。

王晓锋

2019 年 9 月 1 日

目　录

第三部分 得（货）：产品交付体验

序章　解构：以人为中心

不论零售怎么发展，一切都以人为中心、把消费者价值放在第一位才是零售人需要去思考的核心。从消费者需求出发，让消费者在线上线下，在任何时间，以任何方式，获得自己所需要的产品和服务。让消费者用最短的时间、最快的速度、最近的距离实现“所见即所得”。

变化时代，零售行业的“变”与“不变”

时代抛弃你的时候，连一声再见都不会说

2018 年 7 月 26 日，拼多多在上海和纽约两地同时敲钟，以股票代码“PDD”在纳斯达克上市。成立仅仅三年的拼多多在最短的时间内吸引了近 3 亿的年活跃用户，创造了 1 987 亿元的年成交额。它的快速增长，对以阿里巴巴、京东为首的电商格局形成了强烈冲击。

2019 年 5 月 7 日，瑞幸咖啡在一路质疑中终于狂奔进纳斯达克，发行价为 17 美元/股，市值达到 42. 5 亿美元，是迄今在纳斯达克 IPO 融资规模最大的亚洲公司。此时，距离它创立不过 19 个月。

从创立到 IPO，这段路拼多多用了三年，趣头条用了 800 天，已堪称增长奇迹，而瑞幸咖啡虽属于快消（快速消费品）领域却跑赢了互联网公司。蒙牛创立五年后，于 2004 年 6 月在香港上市，彼时号称在快消领域“一头牛跑出了火箭的速度”，与瑞幸相比，火箭的速度还是太慢了。

2019 年 6 月 23 日，我国线下零售老大苏宁，成功收购

“家乐福中国”80%股份。这是中国零售业一个标志性事件。也是继2019年年初收购“万达百货”之后，苏宁再次对线下优质零售资源发起进攻。

从2018年至2019年，阿里系和腾讯系两大阵营相互追逐着展开了一场线下零售“收购战”，从购物中心、商超到大卖场，几乎瓜分了市场上大部分线下零售巨头。截至2019年10月，两大阵营主要的“战绩”如表0－1所示。

表0－1 阿里系和腾讯系两大阵营的主要“战绩”

腾讯系	阿里系
永辉	银泰
家乐福	三江
万达	高鑫
步步高	苏宁
海澜之家	百联

见微知著，不管是拼多多和瑞幸咖啡的上市，还是苏宁收购零售巨头运作的背后，都在向我们透露着这样一个信息：在这个迅速迭代、“跨界打劫”的时代，你永远不知道你的对手从哪里冒出来。无论你是谁，掌握了多少资源，没有一种模式是永恒的。你所积累的经验，随时会被颠覆、清零。

比如原来零售行业的“巨头”家乐福、乐购、麦德龙，因为不重视变化，丧失了大好局面。就像《三体》中说的那样：我消灭你，但与你无关。当时代抛弃你时，连一声再见都不会说。

安逸的生活已经不再适合这个高速发展的时代，未来一年的变化将比过去十年的变化更大。当你发现自己被抛弃时，可能连别人的影子都看不到了。

谁是零售暗黑丛林里的生存者

不想被时代抛弃，我们就要不断调整、进化、升级。

然而，当“新零售”“无界零售”“智慧零售”等信息扑面而来之时，当新零售物种不断涌现时，当新的商业模式闯入我们的视野时，当新科技和应用在重塑零售业时，身处零售行业的我们却开始“懵圈”了：零售进化，适者生存，但关键是我们应如何进化？如何拥抱这些变化呢？

回看2018年至2019年上半年，传统零售哀鸿遍野：

韩国排名第二的大型超市“乐天玛特”，在登陆中国11年后关店退出中国；

曾经是深圳标杆企业的“新一佳”亏本倒闭；

大型连锁超市“沃尔玛”在全国范围内关闭数家门店；

曾经在全国开出9 000家门店的“平价鞋王”达芙妮大溃败；

已经成立26年的“汇源果汁”负债百亿元，面临退市；

给“80后”带来无数回忆的“旺旺集团”，主营业务连年下滑，市值缩水超千亿港元，新品乏力，渠道不畅，遭遇“中年危机”；

90年代屡创奇迹的“真维斯”关店1 300多家，业绩下滑65%；

……

如果说这些曾经的零售巨头是因为没有及时拥抱变化而躺下的话，那么那些急于在新零售里闯出一条“血路”的零售企业，也纷纷阵亡，又是因何？比如 GOGO 小超、领蛙、七只考拉、哈米科技、豹便利、果小美等。

拥抱变化并不意味着盲目地随大流。拥抱变化，首先应该在认知上用功，跳出思维的盲区，拓宽心的疆界，上升到更高的维度去思考。而这一切的发生，从认知开始。从传统零售过渡到新零售，一部分“脱轨”的从业者将被无情淘汰，只有适应新节奏、重新调整、确定路径和方向的企业才能脱颖而出。

而这些脱颖而出的企业就是零售暗黑丛林里的生存者。比如盒马、永辉生活、良品铺子、三只松鼠、孩子王、小米之家、NOME、优衣库、海澜之家等。

零售企业的命运不同，折射的是不同行业对新零售理解的不同。那些倒下的零售企业和正在新零售的道路上踽踽前行的零售从业者开始发出呐喊：新零售到底该如何做？

有人说新零售注重的是产品创新，要打造网红爆品；

有人说新零售主要依靠互联网技术和大数据，进行技术改造；

有人说新零售注重社交零售，注重的是人与人之间的社交传播、裂变；

当然还有人提到新物流，应改造供应链体系；

……

在不进行深入洞察的情况下，大部分人只看到自身行业和相关行业的零售要素，不管是阿里巴巴说新零售、苏宁提出智慧零售，还是京东说无界零售，想要剥离这些概念的表象探索零售商业进化的“第一性原理”，必须要找出零售行业的“变”与“不变”的地方。

四个本质要素不会变

世界总是在不断变化，然而“变”总是相对“不变”而言的。

要建立起对“新零售”的正确认知，我们要回归本质，找到真正的规律。谈本质，我们要先看看那些不变的东西是什么。

四个本质要素是不变的，都是什么呢？

一是消费者要买东西，一定要到“商店”。这个“商店”可能在线上，也可能在线下；

二是无论是什么样的新零售，消费者要的都是产品或服务；

三是如果零售企业的运营效率不高，供应链成本高，即使产品再好，也难获得消费者芳心；

四是不管零售企业或商家售卖什么样的产品或服务，如果无法带给消费者好体验，或者为了性价比牺牲了产品质量，也会失去顾客；

无论是传统零售，还是新零售，零售业这四个本质要素是不会变的。只不过，如今新科技和应用影响这四点，让线上线下的边界越来越模糊直至完全融合，使得零售有了新的特性，逛超市、买衣服俨然变成了科技感十足的事情。当下，我们需要的是理解这些新特性、新规律。

零售业的四个变化

明白这四点本质后，你会发现几乎所有的新零售行业的进化、转型都是围绕这四点进行的。零售业的本质就是为了满足消费者不断变化的需求，提升消费者的体验，不断提升供应链效率的商品经营。

新零售没有改变零售业的本质要素，只是在提供更好的顾客体验和提高供应链效率方面，有了更多的技术创新和模式，而这些就是零售业的变化。总结起来，零售业有四大变化（见图0－1）。

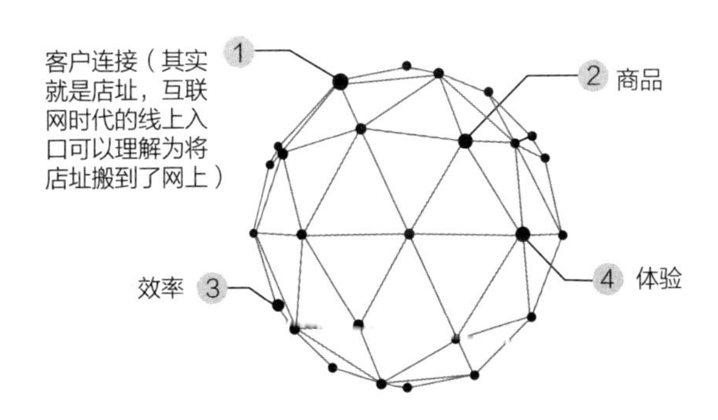

图0－1　零售业的四大变化要素

❶连接方式的变化

连接方式改变带来的改变，可能是新零售的最新变革。其主要体现在以下三个方面。

1）商家与顾客更容易连接

传统零售大多依靠线下的店址与顾客连接，这种连接是被动连接，受到时空的限制。零售商家要与顾客产生连接，需要通过发传单、发消息、打电话等方式，让顾客知道商家的信息。在互联网时代，连接方式发生了根本性的改变。顾客坐在家里通过手机就能与商家产生连接，手机、电视甚至智能冰箱就是店址。这种连接方式简便、快捷、及时。

同时，零售商家可以通过手机支付连接顾客，打通线上线下，与顾客建立更紧密的连接，不再受店址空间和时间的限制。比如盒马鲜生在支付环节，一定要让顾客通过扫码注册才能支付，其目的就是为了快速建立线上流量入口平台。在新零售时代，商家与顾客更容易连接。

2）未来入口容易被拦截连接

容易连接就会带来另一个问题——容易拦截连接。

一方面由于顾客坐在家里就可以下单，即使零售企业和商家的线下店经营得很好，在大量的信息中，很容易在入口处就被拦截。未来入口一定是过剩的，比如拼多多拦截了淘宝，各类入口都在拼杀。

另一方面则是社区零售大力发展线上会员，形成巨大的流量平台，很容易拦截单纯的线上零售。比如，百果园如今在线下有2 800多家水果店，线上会员已经高达3 000多万人，未来它们的线下门店还要扩展到1万家，预计未来线上会员会达到1亿人。这些会员具有定位的天然一致性，百果园完全可以基于这位定位组织不同品类的产品。

3）深化连接

要想改变被拦截的命运，唯一的办法就是深化连接。一方面零售企业要线上线下融合发展；另一方面还要提高“坪效”或“流量效益”。

深化连接是提高流量效益最紧迫的事，尤其对于单纯的入口型线上企业，如果流量不能转化为效益，再多的流量也是“废流量”。在这方面做得最好的就是小米。

[案例]

小米的深化连接

小米为了深化连接，先是做MIUI和米聊，通过参与研发的体验与参与感，形成了“发烧友社区”。然后又深化连接开始做手机，待小米手机的调性被用户接受后，便形成了大流量的电商平台。为了进一步深化连接，小米做了生态链投资，比如净化器、插线板等。

如今，小米就开始通过智能家居不断地深化连接（见图0-2），因为智能语音的发展，智能音响可能成为一个新的入口。人总是懒的，比如你坐在客厅对智能音响喊一声：“把书房的地扫了。”智能扫地机就嗡嗡地去把书房的地扫了。因此，结合MIUI，小米在智慧家庭及其连接上可能会获得更大的成功。

图0-2 小米智能家居体验店

❷商品的变化

商品的变化主要体现在以下两个方面。

1）产品供应链与客户需求链

传统的供应链是层级式的，效率极低；然后发展成为“点对点”的供应链。新零售重构了供应链，包括智能分仓、“以店为仓”、柔性供应链。

智能分仓，是针对不同区域安排商品的种类和数量。比如蒙牛通过开设前置仓，将蒙牛的爆款商品以最快的速度送入600万家小店，速度提升了300%，同时节省了两道经销商环节，时效的提升非常明显。

“以店为仓”，是将门店作为仓库的载体，实现店仓结合。雀巢所采用的“实库虚库一盘货”就是典型的店仓结合，通过本地仓和门店发货，次日达和当日达的比例都得到了大幅提升。

柔性供应链，要求无论是商品流、信息流还是现金流，都需要快速响应。比如五芳斋的“C2B 供应链”，让消费者选粽子的馅儿，选后快速反馈到工厂加工，快速配送到消费者手中。

2）跨界发展与专业经营

在我的新零售课上，我经常和学员们分享这样一个观点：“你不跨界，别人就会跨界来‘打劫’你。”

“喜茶×百雀羚”“故宫×奥利奥”“优衣库×KANS”“999 多冒灵×‘抹胸’秋裤”……在新零售时代，跨界经营的风潮愈演愈烈，2019 年更堪称是跨界联名的狂欢年，大到房地产、汽车等行业，小到口红、饮料等产品，似乎只要贴上跨界的标签，总能掀起阵阵热潮。

所谓跨界经营，就是让不同行业、不同品牌、不同种类的产品互相渗透和联名，从而形成更有立体感、纵深感，更有创意的品牌效果，让营销产生“1+1>2”的效果。

❸效率的变化

效率的变化主要体现在以下三个方面。

1）准、快、好

零售的本质是提高效率，而提高效率就要做到准、快、好。影响整个零售业效率的主要有商流、信息流、资金流、物流四大因素。在新零售时代，我们需要解决的是商流和物流。商流是针对客户提供精准的商品与服务，物流是供应链，提高这两点的效率就在于智能化与生态协同。

2）智能化

智能化带来的影响几乎遍及整个零售业，从后期部门的大数据和分析开始，比如预订式销售以及大数据的智能化，精准使得销售更快、周转更快、库存更低、损耗更少等，而供应链效率的提升也在于智能化，更少人工、更少浪费环节、更好的匹配等。

而且，智能化还会给零售业带来新的变化。比如随着视频和支付的发展，24 小时无人便利店会很容易实现。

3）供应链效率

效率的另一个重要因素就是供应链效率。供应链效率的关键在于“集散”、连接效率和人工成本。

所谓“集”就是大规模集中，效率肯定高，比如社区店的发展以及仓店一体化，就是在“宅”的附近进行“集”，以提高效率。“连接效率”是流程和物流网络的规划问题，这个在互联网时代得到了很好的解决，比如沃尔玛的核心竞争力就在于供应链网络的效率。通过人工成本提高效率的办法就是所谓的物流机器人。

因此，供应链的效率是商流、信息流、物流的信息网络协同，是店仓一体化的物流网络协同，也可以是流量平台和各类物流能力不同利益主体（如淘宝与各类物流公司）的生态协同，也可以是各类非利益时间（如碎片时间的整合等）的生态协同。

❹体验的变化

体验的变化主要体现在立体化、社区化、社交化。

如今的消费体验已经不再只是消费者去卖场买东西而获得的体验，消费场景变得日益立体化。比如沃尔玛通过“扫码购”和云仓覆盖线上，全面满足消费者的个性化需求；优衣库推出“掌上旗舰店”的概念，人正成为连接一切的核心，以帮助更多顾客一键完成查货、下单、配送和分享，全方位提升消费者体验。

社区化体验直接关系到生态品牌、需求链管理的效率。

社交化体验关系到社区的活跃度和黏性。如果一个流量平台的流量靠其他入口引流，成本会相当大，通过社交化让流量带来流量，进入正反馈——越生长越能生长，从而实现流量的自生长，这是社交化极具价值的成果。比如，孩子王以重度会员制建立了“商品＋社交＋服务”的一站式服务，满足母婴用户的新需求。

在不变中寻求改变

总体来说，新零售的诞生是一场场景革命，零售业在四大本质要素不变的情况下，发生了“人货场”的变化，体现在连接方式的变化、商品的变化、效率的变化、体验的变化。然而新消费升级、大数据赋能、人工智能技术的应用以及场景革命，这些都将使新零售最终指向一个目的，即降低成本、提高效率、提升体验。

所以，作为零售企业和商家，要想积极拥抱变化并且在零售的暗黑丛林里生存下来，就要在不变中寻求改变。不变的是零售的本质：体验和效率；改变的是实现的手段。

总结起来就一句话：

历史的车轮滚滚而来，越转越快，你得断臂求生。不然就跳上车轮，看看它滚向何方。

体验经济时代，消费者体验决定成败

上一节我说到零售行业的“变”与“不变”，如果我们不想被这个时代抛弃，就要在不变中寻求改变。那么，如何改变呢？还是与这个时代有关。

继农业经济、工业经济、服务经济后，体验经济成为人类第四个经济生活发展阶段。关于体验经济，《哈佛商业评论》给出了权威的定义：

> 体验经济是企业以服务为舞台，以商品为道具，以消费者为中心，创造能够使消费者参与并值得记忆的活动。其中的商品是有形的，服务是无形的，而创造出的体验是令人难忘的。

简而言之，体验经济是一种变被动为主动、变主动为互动的新型经济形态。相对于服务经济和工业经济来说，它强调的是用户的参与及亲身体验。

通过这个定义，我们可以清晰地看出一点：新零售是以体验为中心。不管是无人零售，还是在商场现场提供服务，都是为了提升用户的消费体验。比如，你想要购物，在任何地方、任何时间，动动手指就能购买；你想要吃饭，不出家门，就能吃遍大街小巷……以移动互联网为连接点，为用户带来的各种体验模式，是新零售时代的“宠儿”。

直白地说，在体验经济时代，用户体验决定零售企业和商家的成败。为了能更概念、结构化地认识用户体验模型下的新零售业态，以及各自背后产生的用户体验问题和各自的解决方案，我将目前的新零售业态归纳成三种类型（见图0-3）。

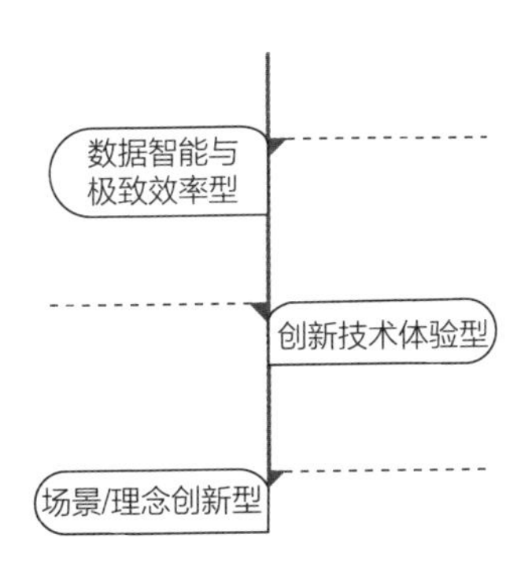

图0-3 用户体验模型下新零售的三种主要业态

需要注意的是，以上三种业态并不是表示该商家只具备它所在业态的能力，而是其所在的类型比较突出。下面，我将对上述归纳的三类新零售业态中的典型案例逐一展开介绍，观察分析、探索。

数据智能与极致效率型

随着传统零售与移动互联网、大数据、人工智能等新技术的深度融合，零售业的体验模式产生了许多让人眼前一亮的创新。对于零售企业和商家来说，实现数字化转型仍是通往未来的第一步。但无论是传统零售，还是新零售，数字化转型都是以消费者体验为中心。

[案例]

永辉云创的数字化版图

作为中国传统连锁超市中第一家“杀入”智慧零售的企业，永辉云创在线上线下融合的全新的零售场景中不断创新和尝试，不仅抢先推出扫码购程序等新应用和技术，而且还构建了自己的云计算中心，被业界视为“商超智慧零售”的标杆。

2018 年年底，腾讯智慧零售的七大工具逐步落地应用到永辉的门店端、用户端及供应链端，通过这些工具，永辉逐渐看到了全场景、全链路的数字化版图。

扫码购、移动支付已全面覆盖线下实体店，“永辉生活”小程序也开始渗透进用户的生活中。通过小程序，用户可以定位线下实体店的位置，进店扫描所需商品的条形码，体验随时买单，避免排队的困扰（见图 0－4）。

用户还可体验即时配送的服务，在家就可以通过“永辉生活” App 或者小程序，在线上提交订单，由就近的门店或者卫星仓“发货”，经由配送员及时送达到用户手中。这项服务使“场”的范围被拓宽，用户足不出户就可享受消费体验。

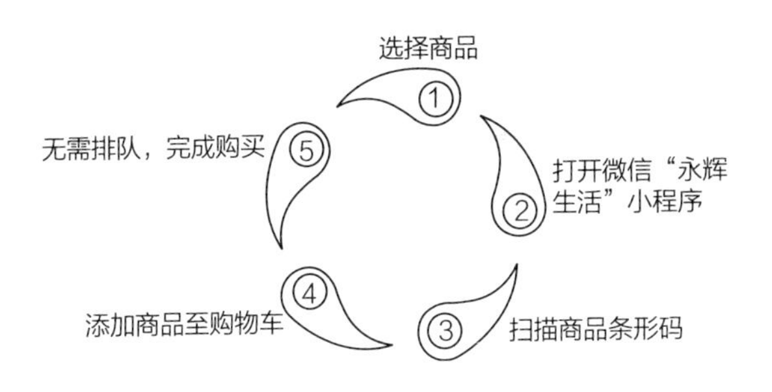

图0-4 “永辉生活”小程序扫码购

永辉在供应端上，围绕商品进、销、存、出四大环节，实现了全链路数字化。即：通过对某商品未来销售量的预测与估量，以及对这一商品的销售实情的跟踪，及时向供应链反馈。这一流程，使永辉可以按需生产、按需订货，避免商品囤积，降低了生鲜食材的损耗率，在最大程度上规避了仓储库存风险。

在运营端上，永辉依托于小程序与App，实现了从线下到线上的引流目标。通过海量数据的收集、整理与筛选，使实体门店可以获得有关店内客流量、用户的消费行为的实时数据，以及商圈实时热力图等。根据对这些数据分析的结果，永辉将“货”优化，使商品的功能效用能够更加贴合用户的需求。从而打造实体门店的“千店千面”，使用户的个性化、多元化的需求得到满足。

永辉在引流完毕之后，还有后续的保存流量的工作：将具有相似特征的用户分配到线上的微信社群，并以各个社群的消费数据的分析结果为基础，进行日常的运营及营销活动。

例如，在永辉微信社群的用户可以直接在社群下单消费，或者通过社群发布的优惠活动广告，参与社群的拼团秒杀活动等。通过这样的运营方式，永辉不仅能够提升社群用户的复购率与另存率，还能实现拉新的目标。

通过数据收集与分析，永辉实现了商超零售线上线下全场景的“智慧化”，加强了“人货场”之间的交互程度与联系。永辉不仅为其他零售企业打造“智慧零售”做出了表率作用，还为用户提供了线上与线下相融合的“一体化”服务，使用户的消费体验升级。

[案例]

“小米之家”使“极致效率”的新零售概念具象化

小米是新零售概念最早的提出者之一，在“小米之家”，用户可以观看展示的产品，体验小米科技与增值服务。“小米之家”通过提高与用户的交互程度，满足用户的智能物联、消费升级、极客酷玩等需求，提升商品的销量。

“小米之家”有10多种大类产品，包含200多种小米生态链（SKU）组合产品，实现了用户的生活环境、出差、旅行、游玩等场景的全覆盖，将小米实体店从一个低频次的产品销售场所，打造成高频次的消费场景。

小米的线上商城与线下实体店售卖的产品，价格与质量几乎没有差别，这使“小米之家”成功拿下坪效世界第二的成就，其排名仅在苹果零售店之后，成为“极致效率”新零售概念的典型代表。

上述案例中的永辉与小米所展现的新零售业态虽然都是“极致效率”的典型代表，但两者的商业模式几乎是南辕北辙。

永辉的商业模式是通过数据的收集、识别与分析，在提升自身效率的同时，洞察用户的需求，从而更加高效地为用户提供精准的服务与体验。

而小米是将线上与线下融合，充分发挥各渠道的优势，打造生态链产品，增强产品之间的关联性，并为用户提供更为优质的长尾服务，借此在提升自身效率的同时，使用户能够享受线上与线下的个性化体验。

虽说两者商业模式不同，但永辉与小米的最终目的皆是将“极致效率”与精准、优质的产品和服务紧密联结起来，并加以融合。

创新技术体验型

[案例]

EAT BOX的轻量级技术型新零售

EAT BOX发展了轻量级技术型新零售。

此种新零售是将服务人员替换成智能化的机械臂、RFID自动识别等技术，从而实现产品的快速复制，加快商业拓展的速度。其优势在于：智能设备配置灵活便捷，与街边门店相比，为用户提供服务的效率更高，更能满足用户的消费需求。

除此之外，新技术的运用，不仅能够帮助商家降低成本，还能节省用户的消费时间，为用户提供更便捷的服务。

[案例]

佐贺牛以打造味觉、视觉盛宴为特色的新零售

将现代声光电、VR/AR技术与餐厅搭配起来绝对是一个创意十足的想法。日本佐贺牛将这一想法变为现实，为用户打造了一个味觉与视觉的“极乐之宴”。

用户可在线上提前预约餐位，方便快捷，不用等位。多媒体试听将会贯穿于用户进入餐厅、点菜、等餐、用餐的整个过程中。当那些极具感染力的音乐、艺术动画与料理、器皿共同出现在一个场景中时，会将原本隐藏在美食料理之中的“世界”展现出来，与空间融为一体，为用户提供奇妙的用餐体验与美妙的味蕾之旅。

技术是新零售不断发展的驱动力，将综合技术与场景化体验结合起来。

例如，数字营销、移动终端、社交媒体、店内数字艺术、娱乐技术、物联网技术、人脸识别技术，以及移动支付等技术，让新零售得以进一步发展，促进业态升级与用户的体验升级。新技术的运用，将会为用户带来全新体验。

从以上两种类型的新零售案例，我们可以明确商家业态的核心是用户，并非技术。技术只是为用户提供更高效、更精准、更有温度的服务的工具。商家将每一项技术使用得恰到好处，在控制成本、提高效率的前提下，为用户带来实质价值与

优质体验。例如，缩减消费时间，使用户获得满足感等。

不论运用何种新技术，新零售的核心从始至终都是消费者，这一点永远不会改变。

场景/理念创新型

除了上述两大类型，新零售还包含以下两种场景/理念创新型新零售。

一是在传统的卖场场景中，通过向用户传递消费新观念与新的生活理念，打造具有独特氛围的独立空间。

这一类型追根溯源可至星巴克的“第三空间”。星巴克将咖啡店打造成可用于用户休憩的空间，并成为用户心中与家庭、办公室并列的“第三空间”。星巴克打破了用户“办公室－家”两点一线的生活，为用户提供了可以放松的空间，成为用户心中的一片“绿洲”，甚至是躲避疲劳的净土。

二是零售商家直接将无人智能货架放入办公写字楼等与用户紧密联系的非卖场空间内。这类空间的用户对部分快消商品的高频次需求往往得不到满足，而无人货架则可以填补空缺。

[案例]

致力于传递新的消费价值观——盒马鲜生

盒马鲜生试图通过自身的业务传递新的消费价值观，即“新鲜每一刻”“所想即所得”“一站式购物”“让吃变得快乐，让做饭成为娱乐”的消费新观念。

“新鲜每一刻”：盒马鲜生的商品都是小包装的新鲜商品，目的是为了向用户传递当天吃完、杜绝浪费的观念；让用户不必担忧菜不够吃，随时随地都可以在盒马鲜生购买，让用户每天都能享用新鲜食材。在未来，用户家里的冰箱可能再无用武之地。

“所想即所得”：用户在盒马鲜生的 App 上可以随时购买产品，线上与线下的产品质量与价格别无二致，满足用户在不同的场景之中的购物需求。这一点主要依托于盒马鲜生的前置仓与高效的物流配送体系，保证 5 千米之内 30 分钟送达，让用户“所想即所得”。

“一站式购物”：盒马鲜生围绕“吃”这一定位，让用户体验“一站式购物”，满足用户所有关于“吃”的需求。除了线下实体店的销售，盒马鲜生还积极拓展线上销售渠道，将线上与线下渠道联结起来，实现全渠道经营理念。

“让吃变得快乐，让做饭成为娱乐”：围绕“吃”的定位，盒马鲜生的消费场景主要以三餐为主。因此，任何类型的商品与商品的制作，都要以餐桌为中心。例如，用户在店内购买商品之后，可以使用店内的厨房现场烹饪、品尝，实现即买即烹。除此之外，店内还设置了大量烹饪分享、DIY 交流的场景等。让用户在“吃”中获得快乐，增强了用户的黏性。

[案例]

在追求新进技术的同时，不忘经营的温度——星巴克

在星巴克上海烘焙工坊里，有一项引人注目的业务功能，使用户感受到了交流的温度。

在店内，用户只需要运用淘宝的“AR 扫一眼”功能，即可获得店内各项物品的信息。例如，用户通过这一功能，能够获得店内大铜罐的作用、主吧台上的设备的作用等信息。这主要依托于增强现实技术（AR）实现。

但星巴克的功能中并没有自助点单这一项。这并不是由于技术运用不到位，而是星巴克认为自助点单虽然能够提升服务效率，但同样也会使服务缺少人情味，只有与用户面对面进行服务，才能让用户感受到交流的温度。

从上述新零售的业态可以了解到，塑造新的消费价值观，并向用户传递，已经成为未来零售行业竞争的关键点与核心竞争力之一。

经济的发展、城市化进程的加快，使消费者的生活水平不断提高，消费者不仅对物质提出了更高要求，还将需求的重点逐步转移到精神需求上，这将是新零售发展中的另一个挑战与机遇。

虽然上述案例中提及的无人货架零售已经不再新颖，但仍然有许多需要改进的地方。新场景的解锁，对货架的摆放地点、选择陈列的商品种类、商品及时补货以及支付效率都提出了更高的要求。对于商家而言，寻求维护与管理大量分散的无人货架方式，也是体验与服务领域的重点内容之一。

消费者的“三需一感”

在观察了几种新零售的主要业态后，我们不妨换个角度从另外一面观察：目前，多样化的新技术层出不穷，新体验的解决方案也不胜枚举，零售企业和商家如果只是将其简单叠加，不能充分发挥它们的作用，只有合理地、具有创意性质地运用，才能使它们的价值得到最大化发挥。

比如星巴克上海烘焙工坊，不仅引进先进技术，使用户能够实时获取信息，还未放弃面对面的交流与服务。这使星巴克将先进的科技与服务具有的人文关怀特质融合，既有温度，又能与时俱进。

再例如，网购平台会根据数据确定用户在平台上购物的偏好，收取品牌商的推荐费用，将符合用户消费偏好的产品推荐给用户。这样的推荐机制实质上是滥用数据的体现，对于用户而言并不是舒适的体验，用户可能不胜其烦，不再关注其推荐的产品，或者直接将推荐提醒功能关闭。

从精彩纷呈的新零售商业案例中切回到用户体验视角，分析在零售业消费端人们对商品的几类需求及进行消费行为时的状态，这里将其总结为“三需一感”（见图0－5）。

其中，“三需”顾名思义就是用户的三种需求，主要包括：

①获得商品信息的需求，包括商品的特点、性能、品牌、

价格、他人购买的评价等信息——这件商品是什么？

②对商品五感的需求（视觉、味觉、触觉、听觉、嗅觉）——这件商品感觉怎么样？

③了解商品的购买途径以及等待时间的需求，包括门店距离、物流速度、配送时间等——如何得到这件商品？

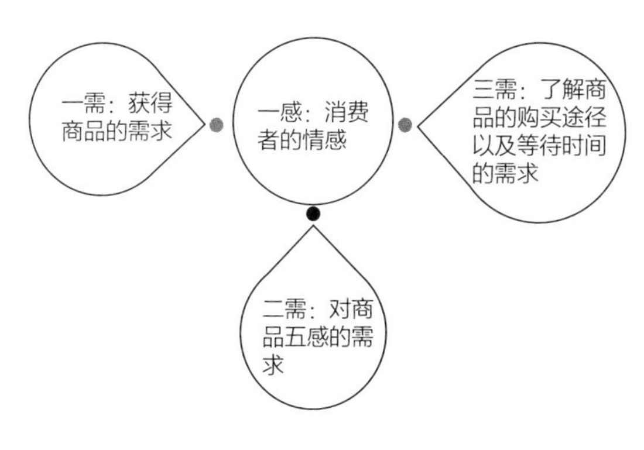

图0-5 “三需一感”

“一感”指的是用户的“情感”，主要包括用户在消费过程中以及与商家的交互过程中的情感与情绪，贯穿于上述三个需求之中。

具有电商属性的平台在满足用户的第一个需求方面，具有较大优势。例如，盒马鲜生、小米、亚马逊等，都能通过线上的渠道，突破时空的局限，将商品的信息精准地投放至目标用户端。随后，通过线下实体店向用户提供更为精细化的服务，满足用户对商品五感的需求。通过线上与线下的协作，使用户可以线上付款、线下体验，或者将商品通过物流体系，快速送达用户手中，满足用户的第三个需求。

在满足用户的第二个需求方面，EATALY 餐厅、星巴克烘焙工坊、Warby Parker 眼镜店、Sonia Rykiel 时装等具备较大优势。因为它们可以通过线下的实体门店，让用户在真实的场景中接触到商品，并在用户与商品的接触过程中，向用户传递品牌价值观以及新的消费观念，这是对满足用户第二个需求的全新实践。除此之外，它们还会通过新技术营造场景氛围，为用户带来全新的体验，并与用户建立情感上的连接。

在满足用户的第三个需求方面，Easta、F5 未来商店、EAT BOX 等做出了示范。它们不仅通过先进的技术提升自身的效率、降低运营的成本，还简化了用户的消费流程，节省了用户的时间。例如无人货架，在最大限度上缩短了用户与商品的距离，缩短了消费时间。

通过对上述各类新零售业态和新零售物种的观察分析，我们基本可以得到这样一个结论："用户数据智能" + "新体验服务与理念"将是未来新零售商家或业态的核心，也是核心的竞争力所在。

"用户数据智能"将会由电商的领头企业引进实施，并促进其成为新零售的核心组成部分。其本质就是将新零售的基础设施、产品、技术和数据应用与用户的体验连接起来，实现共同变化与演变，将用户的需求进行更加智慧化的细分，满足用户更为个性化的需求。

"用户数据智能"将会为人们的生活、消费方式与场景带来翻天覆地的变化。在未来，我们可以通过人工智能等技术进入商业街区或者购物中心，智能系统将会识别你所在的购物路线，并通过你的线上与线下的消费行为与偏好，向可能会与你产生连接的门店发送信息，并由门店向你的移动终端发送你可能会感兴趣的商品信息。

如果你对这些商品感兴趣，就可以直接入店体验，在体验满意之后，还可以直接在线上下单，等你逛完回家之时，下单的商品已经被配送到家。

有人借用爱因斯坦的质能方程：$E=mc^2$，创建了新零售公式。在这一公式之中，E（Earn）代表盈利；m（merchandise）指代商品；c（customer）为用户；c^2 为用户的平方。即商品可以带给用户的新体验以及商品所包含的理念，商家通过打造商品的内涵，赋予商品理念，为用户提供人性化的体验与服务，才能与用户在情感上建立联系，甚至与用户产生情感上的共鸣，从而实现平方效应。

商业活动里人、货、场中所有商业元素的重构是新零售的重要的标志。通过上述案例的总结梳理与观察分析，我们可以明确新零售背景之下的用户消费需求，强调与用户（人）的交互，通过个性化定制商品，提升商品（货）的感官体验，构建了满足用户需求的消费场景（场），提升了商家满足用户需求的能力。

这种“人、货、场”关系的重构，为其他商家发展新零售指明了与用户的各种接触点，这将成为其他商家提升用户体验的关键所在。

综上所述，尽管发展新零售的花样百出，渠道多样，新技术也不断问世，但新零售的核心依旧是“以人为本”，落脚点依旧在改善消费者的消费体验上。对于即将转型的零售企业而言，应当顺势而为，合理配置各项资源，为用户提供升级的优质服务与体验，以赢得用户和市场竞争。

万物皆零售，所见即所得

小米 CEO 雷军曾经分享了一张图片，其内容是：在未来的一年里，连睡觉都是浪费时间。就连畅销小说的作者七堇年也写道："被窝是青春的坟墓。"

看看这个日新月异的时代，看看这个时代里瞬息万变的事物和"士别三日，不得不刮目相看"的人，大家就能感受到时间有多珍贵。

作为零售观察者，我一直特别关注一个词——"进化"。不知道大家有没有留意到一本名为《原则》的书，里面提到比较多的一个词是"进化"，即外界环境不变化时，持续积累是优势，外界环境快速变化，过往积累就变成阻碍，可能导致立即崩盘。正如达尔文所讲，在丛林里，最终能存活下来的，往往不是最高大、最强壮的物种，而是能对变化做出最快反应的物种。

不知道大家是否看过《百鸟朝凤》这部电影，我看到作为一个匠人，焦三爷用倔强恪守着自己的原则，守护着一门手艺的传承。徒弟天鸣也明知道靠吹唢呐已经无法养家糊口，更不能飞黄腾达，却依然坚持着。从文化的传承角度来看，世人都报以尊敬。然而现实是环境发生变化，唢呐艺人失去了旧日的荣光，不但没了过往的地位，连温饱也成了问题。这门匠活儿是不会消亡。然而，要靠乞讨才能传承下去的匠艺，不也是令人唏嘘的吗？

环境变化以后给我们带来了很大的生存压力，今天的环境是互联网几大巨头不断进化形成新的生态，表面上看似乎又回到了侏罗纪恐龙时代，我们惊慌地仰视着这几个庞然大物。它们走来的时候犹如超级战车驶过，巨大的车轮不断地碾压我们所在的行业。它们在不断并购，除了并购，还在衍生自己的物种，比如说阿里巴巴的盒马鲜生、生活严选、淘宝心选、盒小马等，京东的 7FRESH、京东之家黑金店、美团小象生鲜等。你今天要么主动靠近它的生态被它收购，要么把自己变成新物种，避开正面冲突。

在这种大环境下，给我们带来新机会的就是新商业的不断迭起与发展。当我们看到 vivo、OPPO、尚品宅配、名创优品、孩子王、红领、良品铺子、小罐茶、江小白，以及专注供应链商业生态的怡亚通等企业在传统商业升级或供应链某个环节创新的时候，又看到了新的希望。

移动互联网带来无不处在的消费场景，屏幕上的决策（比如手机、平板电脑等）高效地为我们提供了衣、食、住、行所需的信息，满足支付、物流、社交等需求，我们体会到一切皆有可能，万物皆零售。

手机接入互联网之后，移动和社交的快速发展，使消费的生态发生了变化，线下零售店原本是卖东西的零售场景，现在成了一个分仓，变成了一个体验中心、配送中心。在新零售时代，门店可以给用户提供一个更柔性的供应链，可以让他们离店后，随时订随时送，所见即所得，无时无刻无处不在地满足用户需求。

谁越能提高从“想要”到“得到”的效率，实现更高效率的零售，更有效率地为用户创造价值，谁越能快速帮助用户匹配到他想要的，谁就越能令用户满意，找到商机。

通过前面的章节，我们已经知道，不管是传统商业，还是新的商业，都是以用户体验为中心。而新零售最大的变化就是以人为中心。在一个消费的新世界里，所有的商品、交易与服务，都在以“人”为中心重构，无处不在的买卖，全知全能的服务，让用户用最短的时间、最快的速度、最近的距离，实现所见即所得。

所以，抛开一切理论体系，我们用一个全新视角来理解新零售，它就是“所见即所得”。虽然仅有五个字，但它是决定零售生死的命题。

在新商业新零售的模式下，用户要的是“看到就能得到，想到就能买到”，突破单纯“买买买”的购物场景，传统零售的边界逐渐模糊，跨平台、跨场景交互成为新的发展趋势。

在这样的趋势下，零售企业和商家要围绕消费者生活轨迹去设置相遇的场景，探寻到用户的需求，并帮助用户快速匹配到他想要的，令其感知或获得价值。随着手机接入互联网，消费者可以全天候、跨时空地随时连接一切，因此当下零售商家在场景效率上的比拼，其本质是在抢夺每个用户24小时的分配权。

比如美团外卖抢夺的是用户吃饭点餐的时间；快手和抖音抢夺的是用户的交互时间；微信抢夺了用户全天候的碎片时间；滴滴抢夺的是用户上下班的交通时间（见图0-6）。

图0-6 各零售商家的场景效率比拼

零售所有的变革都是为了实现“万物皆零售，所见即所得”。

“见”为场，场景体验

“所见即所得”的用户体验模型下的“见”为场景，消费者可以在各类场景中接触到新零售，例如线上、路上、店里、家里，零售企业通过品牌的内容增强消费者的消费体验，实现个性化、便利性、性价比、技术化，最终使消费者产生依赖。用跨时空、跨业态、跨品类的新形式、多体验增加消费者停留时间与消费频次。

❶第一个“见”是场景体验。

一个消费者越频繁地看见你的广告、消息，他越有可能在你这里产生购买的行为。所以在新零售体验经济时代，让消费者更快速、更频繁地见到你，他就更容易成为你的用户。

如今，能让消费者“见到”的主要有以下四大场景。

线上：“世界上最远的距离，不是生与死的距离，而是我就在你面前，你却在玩手机。”这不仅是幽默、调侃，更是移动互联时代的现实。当下，屏幕占据了我们大部分的时间，屏幕与生活场景的连接无处不在，生活场景的体验都可以通过屏幕的点击互动来完成。这就是线上的场景。线上场景主要包括商城、APP、小程序、社群、自媒体等。

路上：在场景营销中，路上，是零售商、品牌商需要特别重视的场景，让消费者“见到”我们设置的营销场景，就是场景营销的关键。路上的场景包括自动贩卖机、带二维码的广告屏、虚拟试衣镜等，零售商和品牌商要创造与消费者“在路上偶遇”，让消费者实现“所见即所得”。

店里：消费者接触最多就是店里的场景，比如百货、购物中心、大卖场、便利店等，互联网擅长信息流的“高效维度”，更快、更全、更便宜；线下擅长信息流的“体验维度”，更复杂、更立体，所以零售商和品牌商要设计能让消费者感知的场景。

家里：“懒人经济”带动了上门服务消费，这种消费方式潜移默化地影响着人们的生活，让家中消费场景的入口更加多元化。比如手机是店址、电视是店址，甚至未来冰箱也是店址，可能很多显示屏都会成为店址。家变成了一个销售场景，安装师傅、售后人员都将会变成交易推动者。

❷第二个“见”是内容体验

如今，内容已成为零售竞争的新的制高点，好的内容自带传播属性。而且，随着年轻人的消费需求偏重于精神上的理解与服务，单纯的物质满足很难吸引他们，自然也就难以形成有效传播。这时，零售企业和商家一定要做到价值观的输出，这种价值观既可以体现在内容上，也可以体现在商品上。

同时，要想在内容上带给消费者良好的体验，就要激发消费者的情绪，引发共鸣。

❸第三个“见”是让消费者看得见的体验

主要有以下四大类型。

个性化体验：所有消费者都希望购买到与众不同且物美价廉的商品，所以你的商品需要有个性。比如“尚品宅配”抛开以往的售卖形式，推出定制业务，为消费者做家具的定制，这种更贴合人性的服务使尚品宅配一下打响了品牌。

便利性体验：比如苏果自助便利店等无人零售店，要想走出泥潭，就要做接触便利性、决策便利性、交易便利性和购物后便利性体验。

性价比体验：不管什么时候，性价比体验永远是零售的通行证，也是消费者能“看见”的最好的购物体验。比如，优衣库“只有两个鸡蛋重的羽绒服 + 防水功能的羽绒服”的价格不到传统羽绒服的1/3。

技术化体验：在5G时代下，将扫码、人脸识别系统、AR

技术、VR 技术、一键导航、一键购物等应用到零售当中，打造智能化消费模式等。

❹第四个“见”是接触频次

是让消费者多接触、多看到零售企业和商家的东西，也就是接触频次。如果消费者不经常用、不常来，没有频次，一切都白搭，频次是检验以上场景体验、内容体验、看得见体验等最好的手段。

接触频次主要有三个维度。

1）跨时空

通过设计产品与消费的接触频次，来占领消费者 24 小时的分配权，让线上线下融合，打通全渠道，使空间不再是消费的限制因素，在任何地方都可以买到任何商品。

2）跨业态

比如悦诗风吟 + 化妆品 + 咖啡店；共禾京品 + 餐厅 + 家居、咖啡、美酒、烹饪烘焙和花艺，又能吃又能买还能学，让顾客流连忘返，从家庭、办公、休闲之外的第四空间导入新的流量——“所见即可买”。

3）跨品类

比如超级物种“高端超市 + 食材餐饮 + 永辉生活 App”、宜家一天能卖 200 万粒肉丸、欧舒丹 + 咖啡厅等就是跨领域、跨思维地打破产品品种及品类边界，通过新形式多体验，增加顾客在店里停留的时间。

“即”为效率，给予顾客更快更好的便利体验

“所见即所得”的用户体验模型下的“即”为效率，企业要从供应链转变为需求链，给予消费者更快更好的消费体验。通过前置仓、店即仓等方式缩短和消费者的距离并实现数据共享，利用减少消费者等待时间、选购时间、支付时间来保证商品到消费者手中的速度，给予消费者更好的体验。

❶从供应链到需求链的转变

首先是基于消费者需求，你的供应才有价值。需求是一个非常重要的环节，是整个价值的交互。要提高供应链效率，带给消费者好的便利体验，要由供应链转到需求链。需求链管理更加强调顾客导向，把感知消费者需求和商品的分析研究作为管理起点，并且把供应链各个职能环节如库存、生产、采购、物流等与前端需求和商品管理有机地串联在一起，形成一个从需求开始到中间生产再到最后配送的流程闭环和数据闭环。这一点是零售企业革新和进化务必要牢记的关键思想。

另外，零售商家或企业要想赢得消费者的心，必须让消费者拥有“知情权”，把真相还给消费者。在需求链下的供应链，消费者想知道什么就要让他知道什么，与消费者相关的一切都应该能被感知。就像有句话所说的那样：“你可以卖出天价，只要你是透明的，我就能接受。”

❷距离短

为了离消费者更近，亚马逊着手把仓库建到“天上”去。他们把这种物流技术称为“空中运营中心”（AFC），它是一艘可以在13 700米高空飞行的飞艇，用来存储消费者在电商平台上购买的商品。让消费者用最短的时间、最快的速度、最近的距离实现“所见即所得，所想即所购”。

让消费者用最短的时间实现“所见即所得，所想即所购”主要体现在以下三个维度。

1）店仓合一

做成消费者身边的零售仓。比如前置仓，把仓建到离消费者最近的地方，就像每日优鲜一样。再比如店即仓，就像屈臣氏两小时“闪电+门店速提”。

2）零距离接触

比如，在出租车上开的便利店“魔急便”、办公室无人值守货架、无人柜等。

3）“最后一千米”生活圈升级

新零售时代的商圈不是单单靠实体门店，而是线上线下整合打通，利用物流+配送的高效供应链，实现用户的“最后一千米”生活圈升级。

其最终目的就是要打造消费者的家门口商圈，比如苏宁小店，大部分苏宁小店分布在各社区，既可以满足消费者家门口购物的需要，也可以实现店仓一体化和高效配送。苏宁小店不局限于传统意义上的商店，更像是社区生活综合服务的平台。

❸速度快

速度快主要体现在以下三个维度。

1）减少消费者等待的时间

比如达达—京东到家的35分钟送达，盒马鲜生的三千米半径内半个小时达，生鲜领域的易果、每日优线等也纷纷开始效仿分钟级配送。物流发展历史经过三代，以德邦、捷运为代表的第一代零担物流，以顺丰、四通一达等为代表的第二代快递物流，第三代就是最后一千米的落地配送。到如今，物流已经进入分钟级，在时效和服务上实现提升，减少消费者等待时间，在溢价中收获价值。

2）减少消费者选购时间

作为零售企业和商家，如果你的商品没有爆品，那就很难在消费者心中留下深刻印象。互联网时代的爆品，所有创新“以用户为中心”，成功要素不再是工厂、渠道等，而是杀手级产品体验，甚至让用户成为粉丝。

这里的杀手级产品体验，就需要一款爆品。企业需要把整个核心都用于爆品的打造，通过打造爆品，减少消费者选购的时间，才能拥有极致的便利体验。

3）减少消费者支付的时间

比如说“拿了就走”的体验支付，现在卖场货品琳琅满目，让你难以选择，所以你的选择成本特别高，时间成本也特别高，而零售企业和商家应为消费者减少支付时间。

“得”为货（产品），提高产品交付体验

“得”为货（产品），要从原本功能式消费到品牌式消费，再进入到体验式消费的时代。既要物理满足，又要心理满足。通过不断升级消费体验，使用户的时间、精力和价值成本最小化，将忠实用户变为超级用户，并引导这些人主动参与分享、推荐，这些内容都会产生分享链条、推广源，最终以最低成本吸引流量获取新客。

❶获得价值

获得价值体验有以下三个维度。

1）物理满足+心理满足

社会需求已经从“持有”物品向“如何使用”、通过物品“实现什么样的生活”方向转变。以三只松鼠为例，物理满足就是口感好，心理满足是跟用户交流的时候，不仅称呼其为“主人”，而且还会给予一系列的礼物，比如说果皮袋、夹子、惊喜卡。

2）得“懒人”者得天下

受益于互联网和科技的发展，懒系消费是“90后”极其推崇的。在“懒系生活”的趋势下，作为消费主力人群的年轻一代更倾向于便捷、快速、随性、碎片化的消费。这一消费观念与社区商业便民利民的定位完美契合，且在一定程度上推

动着社区商业的发展。用户可以懒，但品牌和产品却不能懒。零售企业和品牌要在懒系消费中找到出路。

3）提高产品的附加价值

比如社交属性。对产品来说，自身的功能性只是基础，能否做得更好更成功，在一定程度上取决于能否帮用户更好地社交。社交是产品传播的重要路径，有了社交属性，也就意味着产品自带了流量和传播性，社交流量是一切流量之源。

❷超级用户

在流量成本越来越高涨的时代中，爆发式红利枯竭，拉新与增长举步维艰。与其拼命花大价钱去争抢流量，不如围绕超级用户，深耕细作，获取更多的增量价值。在超级用户时代，新的黄金法则诞生，前 10% 的用户可贡献普通用户 5 倍的价值。

❸评价福利

有了好的评价，才会形成自传播。如何做好评价，有以下三个维度。

1）给予用户超越预期的惊喜

很多人在购物的过程中，由于受到长期规范模式的影响，自然会对大众化的服务习以为常，他们甚至觉得这些都是商家的义务，因此不会给予过多的关注。在这样的前提下，商家必须提供超出平常的服务，出乎预料，才能给消费者带来惊喜，这样他们自然而然就会关注你。当然，这种创新型的服务一定要迎合消费者的喜好，引发他们的好奇心，这样才容易让他们产生好感并留下较为深刻的印象。

比如海底捞得知有华为团队在餐厅聚餐，悄悄用西瓜雕刻了华为LOGO，送上餐桌。这让所有的用餐人员都感到非常惊喜和感动，然后就在微博、微信上进行传播。经历这样一个行为他们就对海底捞产生了感情，海底捞深深抓住了这部分人的心，同时也赢得了一个传播机会。

2）提升用户参与的深度和广度

随着消费者意识的崛起以及多媒体渠道的出现，人们的消费观念得到了更新。从传统的“功能式”消费，到“品牌式”消费，再到“体验式”消费，最后到如今的“参与式”消费，消费需求的跳跃式成长，让消费者不再拘泥于对产品物化属性的需求，而朝着社会性的方向发展，他们开始考虑买某一件东西可以让自己拥有什么样的体验。

3）社交零售，低成本的获客之道

传统中心化电商和传统实体零售的社交黏性都不高，但中心化电商的社交关系相对更加即时。准确说来，这些社交关系都只与商业行为的客户服务部分有关，最值得注意的是，消费者彼此之间没有社交关系。如果能够将店员与消费者、消费者与消费者之间的社交关系建立起来，那么就可以减少决策和购买时间成本，提高复购概率和客单价，有效提升消费者的忠诚度。

以上就是用户体验模型下的“所见即所得”，在理解

“见、即、得”这三个字的同时，更要懂得“用心和极致”才是新零售下商业进化的核心。通过重构人、货、场来改变组织架构、升级技术流程，重构货品提升供应链效率、提升产品效率，重构场景提升渠道效率、提升坪效，把专业发挥到极致，才能取得最好的效果。

整个零售行业就是一片黑暗丛林，既有称霸一方的大型生物，也有不断诞生的零售“新物种”，它们彼此抱团或者厮杀，能瞬间崛起也能快速陨落。作为丛林的一员，我们只有自己进化，实现价值的最大化，才能在新零售时代站稳脚跟。

任正非曾经慨叹，世界上最难的改革是革自己的命。然而，无论零售怎么发展，如何转型，一切以人为中心、把用户价值放在第一位都是零售人需要去坚持的。

世界纷繁复杂，我们还在犹豫的时候，已经有人在路上了。

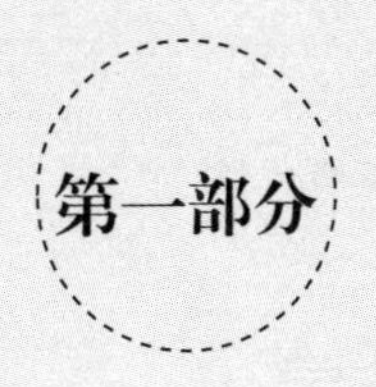

见

(场)

场景体验

Chapter One

第1章　见场景

一个消费者越频繁地看见你的广告、消息，他越有可能在你这里产生购买的行为。所以在新零售体验经济时代，让消费者更快速、更频繁地见到你，他就更容易成为你的用户。见到的第一个就是场景，即线上、路上、店里、家里，让所见即所得。

场景1：线上，零售场景屏幕化，设计心智屏抢占用户注意力

“世界上最远的距离，不是生与死的距离，而是我就在你面前，你却在玩手机。”

这不仅是幽默、调侃，也是移动互联时代的现实。当下，屏幕占据了我们大部分的时间，屏幕与生活场景的连接无处不在，生活场景的体验都可以通过在屏幕上的点击互动来完成。

那么，笔记本电脑、iPad、智能手机、可穿戴设备，这些屏幕到底会给人们带来多大的影响？究竟是哪些因素影响了我们的决策？商家又该如何在屏幕场景中做好体验工作，让消费者一眼就看到呢？

开始阅读本节之前，我想先出一道选择题，以此来判断一下你对屏幕场景的认知。

人们每次通过在线旅游网站（如携程、美团、飞猪等）预订房间，网站都要向酒店收取佣金，你认为佣金会占到房费的百分之几呢？

A. 5%～10%

B. 10%～15%

C. 15% ~20%

我们发现，互联网平台并没有花钱投资这些酒店，也没有投入人力、物力去经营管理这些酒店，只是利用平台技术通过地理位置、周边交通、旅游环境等影响因素对酒店进行专业化分类标注，便于用户随时随地查询酒店信息。互联网平台唯一需要花心思的地方就是如何推广平台资源，吸引用户对平台关注。

等到用户的群体积累到一定规模，用户黏性比较高的时候，平台的注意力价值就产生了，这个时候，自然会有酒店需要跟平台合作来获得用户关注。

那么问题又来了，吸引用户关注的价值高低该如何评价？比如：线上旅游平台会要求入驻酒店按照什么比例交纳费用呢？

关于这个问题，我最初的答案是不高于5%。因为我们都清楚，实体旅行社前期要调研市场和采集线路，跟用户面对面沟通交流，花大量时间精力回答用户咨询，还需要为用户专门定制旅游线路，选择个性化的酒店来服务用户。实体旅行社一般的服务费用占比最多也就是10%左右。

而线上旅游平台的工作内容似乎简单多了，省去了和用户频繁的接触和沟通，提升了互动效率，应该可以从成本上节省很多，从根本上改变了出行旅游的选择方式。

但结果却让我大吃一惊。你肯定不会猜到，线上旅游平台要求入驻酒店交纳的费用居然超过了酒店收入的两成。也就是说，你选择通过线上旅游平台预定旅游酒店时，超过20%的费用就悄悄滑进了线上旅游平台的腰包。平台几乎没有跟你见过面，更不会帮你提行李或者安排出租车，结果却轻松拿走了高额的费用。

究竟线上旅游平台靠什么来获取高额收入？为什么入驻酒店愿意交纳如此高比例的费用给线上旅游平台呢？

稀缺的注意力价值

要回答上面的问题，我想先说说稀缺性这个概念。什么是稀缺性？通俗地说，就是钻石因为稀少而贵重，石油因为难寻而价高；而且稀少的概念也是相对的，如果把黄金和水晶拿来比较，黄金则更贵一些；另外当一些资源变得抢手时，价值也会随之升高。

互联网时代什么东西最稀缺？肯定不会是高档的五星级酒店客房，也不是酒店的配套设施，而是用户的注意力。线上旅游平台的成功正是发现了用户注意力稀缺的价值。

传统高档酒店，不论是五星级还是七星级，都陷入了互联网时代的裹足不前。也许它们并不清楚背后的真正原因是什么，但它们非常清楚地知道线上旅游平台拿走了它们辛苦挣得的收入，即使明知与线上旅游平台的合作是件亏本的买卖，也束手无策。

入驻酒店也有过一些挣扎与努力，试图重新点燃用户对酒店的信心与关注，比如访问酒店官网获得超低折扣等手段，但似乎收效甚微，用户已经习惯于在线上的旅游平台进行体验消费。

可以想象，线上旅游平台的注意力价值还会不断提升。未来，也许入驻酒店的一半收入都要被线上旅游平台收入囊中。入驻酒店不仅大部分收入流失，而且要不断提升服务来吸引用户选择。所以，注意力的价值已经远远高过了实体酒店的价值。

人的注意力已经成为“21 世纪的低硫原油”。如果可以控制人类注意力的杠杆，那么你几乎可以获取任何想要得到的东西。

当注意力变成了稀缺资源时，类似于标识、宣传、图片等符号在用户眼前的反复刺激，便可以影响用户的消费意愿。在屏幕场景里持续出现，会更有机会吸引用户的眼球，可谓“所见即所得”。

屏幕场景里的信息碎片化堆积造成了用户对信息接收和反应的迟钝，吸引用户的关注更是一件非常困难的事情。如果能够按照自己的意愿获得用户的注意力，并引导用户产生消费行为，实现注意力价值变现，那你就是最成功的人。

物理屏 VS 心智屏，心智屏才是重点

互联网生态还不是很发达的时候，我们选择酒店的方式很单一，就是获取酒店的联系方式，进行简短的咨询和沟通，了解一些基本的入住条件和环境设施，但更多的还是靠合理想象。很多时候，选择酒店的事都交给旅行社了。

而步入互联网时代，大量的信息堆积让人无从选择。有时我们按照过去的经验依靠互联网搜索高星级品牌酒店，结果会弹出成百上千的页面。面对如此庞大的信息筛选工作，我们基本上是力不从心。

如果还需要自己去做比较，选择品牌酒店还是快捷酒店？选择闹市区酒店还是郊区民宿？带着这些疑惑，我们花费大量的时间精力都不一定能找到满意的答案。同时，搜索比较的过程完全是烧脑的，细节的信息量很大，需要自己分类对比。看来，还是专业的旅游平台更靠谱。

那么，是什么影响了消费者的决策呢？换句话说，在线旅行社的盈利模式又是什么呢？

影响消费者决策和在线旅行社盈利模式的是两个屏幕信息的不匹配（见图1－1）。

图1－1　影响用户决策的两个屏幕信息

大量无用的信息堆积的结果就是用户注意力稀缺，用户渐渐习惯于将注意力放在自己真正关注的信息上，也就是图2－1中的心智屏。

所以，相对于物理屏来说，心智屏更为重要。

屏幕本身就是基于眼睛的功能而设计的结果。互联网时代的屏幕突出了服务于注意力的强大功能，同时也产生了大量的信息浏览负担。因此，有的时候不断跳动的画面信息，我们根本来不及去浏览甚至吸收，就又快速转入下一个信息。这时，我们的行为没有经过深思熟虑，可能仅仅依靠那些短暂的屏幕体验。

所以，弄清楚屏幕是如何影响用户行为的，就可以帮助我们设计屏幕出现的内容与影响方式。知道用户是如何在大量无用信息堆积的屏幕上选择关注信息的，就能挖掘屏幕的注意力价值。

如何设计心智屏，吸引用户注意力

既然心智屏在屏幕场景里如此重要，那么，商家应该如何设计心智屏，吸引用户注意力，让用户“看到”呢？

这里有三个技巧可供商家参考。

❶第一眼的影响力

在屏幕场景中，受视觉冲击的影响，让我们乐于凭直觉去决定。结果就是，屏幕改变了我们的行为决定方式，我们不再经过认真的思考，而是会根据感觉快速行动。

如果说完全凭直觉来判断，产生行为决定，那么直觉的影响因素是什么呢？哪些因素会第一时间影响我们的判断？我想答案应该是视觉吸引。

好比我们在屏幕上选择一件心仪的东西，如果一秒钟内必须做出选择，我们肯定会选择外观上比较吸引人的，又或者在微信上结交朋友时总是会翻看朋友圈里的照片来判断一样。

所以，商家如果想在屏幕场景中让用户快速做出购买决策，就要在50毫秒内抓住消费者的眼睛，让用户第一时间看到你。那要如何做到呢？

说到这个问题，我们要知道用户第一眼会注意到哪些内容？最佳回答就是颜色。下面我来讲一个“乌江榨菜”的案例，以说明颜色的影响力。

[案例]

乌江榨菜，红色包装的视觉冲击力，瞬间给人留下深刻印象

有一天我逛超市，突然回忆起大学时常说的泡面伴侣：火腿肠+榨菜，这是我们最常见的搭配方式。火腿肠很好找，在手机屏幕上，基本上都是红色的外衣，我也分不清好坏，总觉得一分价钱一分货。

然而榨菜不管是0.5元还是1.5元，它们之间的区别很小，无非是哪个包装大一些而已。

当然，我印象中的榨菜都是绿色的，小袋包装，一眼就看出商家试图在用绿色的外包装暗示它是绿色食品，这是老套路。因为我吃一包0.5元榨菜的时候，绝对没有过多地考虑它是不是绿色食品。

在一堆绿色榨菜品牌的外包装商品中，我忽然发现中间有一排红色的产品，写着“乌江”榨菜。它火红的视觉冲击力让我不由得看它一眼，于是，它成功地让我产生了第一印象（见图1-2）。

这就是第一眼原则，乌江榨菜把自己的包装换成了红色，成功地吸引了消费者看第一眼，商家也可以借鉴这一技巧。

图1-2 红色包装的乌江榨菜

❷利用分类应对屏幕上的选择困难

在屏幕场景中，用户每天都需要在屏幕上面对各种各样的选择确认，最终面对选择甚至有些麻木。选择次数的增多，选择内容的复杂，都造成了用户的拒绝或放弃。

所以，商家要关注的不是怎么样优化选择设计，而是如何帮助用户快速有效地做出选择决定。那么，应该怎样帮助用户做出又快又好的选择呢？

最有效的办法就是分类，帮助用户预先筛选掉很多无关选择的信息，根据设定条件对信息进行分类。比如，如果不进行分类处理，我搜索“江景房”时，会出现几百条信息，地理位置、价格、环境、交通这些因素都包含在里面，耗费大量的时间也无法找到满意的结果。而有了分类处理，我们就能高效获取自己最需要的信息。

这里，我们需要思考的是，分类固然好，但分类必须按照合理的标准来做。如果标准不统一，就会让分类形同虚设。

很多线下门店的用户群体比较广泛，一般没有考虑用户的个人定制。像大多数餐饮店也不会专门定制用户的个人菜单，只提供统一的菜品；超市也不会因为用户个人的偏好来调整货架摆放。

可是，在屏幕场景里则截然不同，如果还是提供标准化的门店展示，统一的货架摆放、不变的餐饮菜单，只会是死路一条。屏幕提供了一个可以进行科学分类的最好空间。简而言之，线上商店可以为我们提供更多的品种，同时还能提供更多的类别，而这些类别是可以量身定制的。

下面我们来看看亚马逊是如何通过分类获取用户注意力的。亚马逊提供几千种不同类型的咖啡豆，对咖啡豆进行了科学专业的系统分类，由大到小，不断筛选，便于用户选择。用户首先可以选择不同品牌，这个品牌下的分类信息就出现了。然后再输入具体种类，就会筛掉大部分无关信息，然后就能快速找到所需要的咖啡豆品类。

分类效应的最大价值就是帮助用户做出选择，节省用户的选择时间成本，用户再也不需要面对纷繁复杂的大量无用信息去自行判断筛选。同时，在屏幕场景里，大数据还有搜索记忆功能，根据用户的历史选择信息，自动圈定选择范围，将可能喜欢的商品推荐给用户。而用户此时需要做的只是按照偏好快速做出选择即可。

所以，分类效应成功帮助用户做出选择，实现了两个方面的价值：

1）用户的消费偏好因为分类被明确标识，用户满足于快速有效的消费行为，体验感更强。

2）偏好分类中的信息有可能成为用户下一次的新选择，有利于新品种的试用。

分类对于现在接收信息太多而精力时间有限的用户，确实帮助很大。用户很多时候的购买行为只是满足功能性用途，商品要好用，所以面对琳琅满目的货架有些力不从心。

而屏幕上出现的分类，恰恰能够帮助用户完成大量的准备工作，提前筛选出各类型范围的商品，用浅显易懂的标识来说明，让用户一目了然，直接买就好。所以，商家只需要把分类的工作做好，保证分类的高效与正确性，用户的注意力自然会一直停留在这块屏幕上。

❸占据屏幕里的“C 位”

前面讲到的影响用户的第一眼注意力，能使用户迅速产生购买决定。然而，真正对用户注意力影响最大的因素是屏幕位置的选择。哪个位置对用户影响最大呢？应该是中间位置。比如下面是京东的 App，你首先会注意到哪个位置（见图1－3）？

毫无疑问，90% 的人会首先看到屏幕中间“大牌云集”的信息。而出现在屏幕边缘的信息很难被用户在第一时间发现，即使是一个经过精心设计的漂亮图标，最终也只会被其他信息淹没。

图1-3　京东示意

也就是说，当某个物品出现在屏幕的中心位置时，肯定会第一时间获取用户的重点关注，用户对其的接受程度会更高。所以，商家要让用户第一时间“看”到你，就要把你的商品信息放在屏幕的中间位置。

无论如何，请记住：在屏幕场景里，屏幕位置变成了吸引用户注意力的关键要素。

屏幕的出现，改变了用户的场景体验。能够在屏幕信息轰炸中脱颖而出，吸引用户的注意力，就能挖掘最大的注意力价值。设计第一眼的视觉冲击抓住用户，巧妙占据屏幕“C 位”吸引用户，再通过分类效应服务用户，就找到了屏幕真正的注意力价值。

场景 2：路上，无人零售再添新场景

在移动自媒体时代，每个人都是信息的传播中心和集散地，信息获取渠道的个性化和多极化日趋明显。更多的零售商和品牌商开始意识到用户流量提前遇见天花板，流量红利正在慢慢消失，光是时间和空间的占领已经很难打动用户，如何发掘新的场景，将产品与场景融合，让消费者看见，需要新的视角。

场景、场景、场景，似乎我们只有发现新的场景，场景营销才能在庞杂的信息流中吸引用户参与和体验。

那么，除了线上的场景外，还有什么新的消费场景没有被发现呢？

我们先来看一个有趣的案例。

[案例]

宿务航空——雨代码

香港晴天少阴雨多。这本来是一件让人很郁闷的事，但宿务航空却抓住了“下雨”这个场景，用防水喷漆在大街上喷

了一个二维码广告，在太阳底下不会显现出来，一旦下雨，就会冒出来这样意思的一行字（见图1-4）：

下雨太烦人？快扫二维码，来菲律宾跟阳光玩游戏！

图1-4 宿务航空的“雨代码”示意

简洁的文字一举击中难忍阴湿天气的香港人的需求，于是人们拿出手机，扫描“雨代码”，进入宿务太平洋航空的官方网站，即时买票，来一场说走就走的旅行。

活动期间，宿务太平洋航空的官网订票量增长了37%。

你瞧，仅仅是一场雨，就让路上的消费场景呈现出来，宿务太平洋航空将场景与产品特点巧妙结合，利用互联网元素，让需求即时转化，提供高变现率，成功实施了场景营销。

所以，在场景营销中，道路是零售商、品牌商需要特别重视的场景，让消费者“见到”我们设置的营销场景，就是场景营销的关键。

如今，这一场景正被各大零售商、品牌商发掘并利用得淋漓尽致。比如，我们在回家的路上看到的自动贩卖机，在公交车站看到的带二维码的广告屏等，都是“在路上的场景营销”。那些你看起来着急回家、行色匆匆的路人，其实他们正在消费。

说到这里，可能有的人会提出质疑：路人只是看了一眼这些带二维码的广告，就能算消费吗？他们并没有产生消费行为。

根据斯坦福大学心理学家扎荣茨提出的“曝光效应”，这其实是一种心理现象，指的是看的次数增加了喜欢的程度。用到在路上的零售场景营销里，就是消费者会偏好那些自己熟悉的人和事物，当他每次在回家或去公司的路上看到你的广告，久而久之，就会喜欢上你的产品，从而产生购买行为。

所以，零售商和品牌商创造与消费者“在路上偶遇”的机会，便是做“在路上场景营销”的关键。

如何创造与消费者“在路上的偶遇”

关于如何创造与消费者“在路上的偶遇”，我有三个实操方法可供零售商和零售品牌参考（见图1－5）。

❶便捷式愉悦

消费者需求的满足，本质就是在短时间里获得便捷式的愉悦感，让购物的时间从“赶场”的状态，变成“享受”的状态。比如在各国彩妆品牌林立的夹缝中生存的国货品牌玛丽黛佳，就是利用这一招式，最终长成一朵绚丽绽放的牡丹，它为我们提供了一个很好的“在路上的场景营销”的样本。

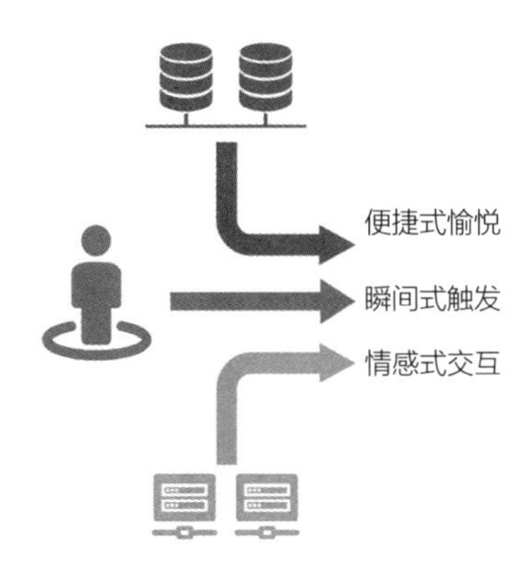

图1-5 创造与消费者“在路上的偶遇”的三个技巧

[案例]

玛丽黛佳色彩贩卖机开启彩妆贩卖新玩法

如果问大家以前怎么购买化妆品，大多数消费者都会回答说在网上、商场专柜、找代购等。那么问题来了，如果你在去公司的路上，或是去见客户的路上，再或者是去见男朋友的路上，发现没带口红，你会怎么办?

为什么我们可以在路上随处买到水、食品，却不能买到口红呢?这绝对是消费者的需求，于是，色彩贩卖机来了。

2018年7月，在天猫美妆节期间，玛丽黛佳联合天猫打造的无人色彩贩卖机首次亮相杭州西湖银泰城，一支口红9.9元，三天时间共卖出1 600支口红，一台机器单天售出的口红相当于玛丽黛佳在线下专柜一周的销量。

紧接着，玛丽黛佳把无人色彩贩卖机搬到了各大城市的

“路上”。女性消费者只需要在无人色彩贩卖机的屏幕上选择自己喜欢的色号，通过扫描二维码支付，就能在一秒之内拿到口红，方便快捷（见图1-6）。

图1-6　玛丽黛佳无人色彩贩卖机示意

玛丽黛佳无人色彩贩卖机不仅吸引了很多女性消费者，还有很多男性消费者也会在去见女友的路上，为了给另一半一份惊喜，在无人色彩贩卖机上购买口红。

9.9元就能买到口红的愉悦感，以及在路上随处都可以买到口红的便捷感让消费者享受其中。

人的欢愉并不是全部来自于玩乐，有时只是一瞬间的满足，即在琐碎事务中获得高效便捷渠道的一种纾解。所以，除了娱乐、休闲等业态，未来，满足人们便捷式愉悦的各种业态都能通过人工智能技术，衍生、优化出符合“在路上”消费需求的场景，创造便捷式愉悦感。

❷瞬间式触发

如今，正处于碎片化消费者市场的红利期，“在路上的场景营销”大多是抓住了消费者碎片化的消费需求。相比于带有目的性的消费，碎片化消费需求的产生大多是随机的。所以，“在路上的场景营销”大多是冲动性消费，消费者更在乎瞬间的满足感，它强调的是速度。

也就是说，零售商和品牌商在路上所营造的场景营销要有能瞬间触发消费者的能力，通过简单、便捷的操作，就能让消费者的需求在短时间内被唤醒，如阿迪达斯。

[案例]

阿迪达斯打造清凉户外

进入伏天烈日炎炎，你燥热了吗？

阿迪达斯携手博视得打造了一场“Climacool 清风系列，逆境开练”户外战役，通过使用红外线感应等技术打造创意玩法并且提供夏日清爽体验，吸引路人参与这场夏季户外秀（见图1-7）。

在路上的候车亭，当有人接近时，装置接收到感应信号并触发和打开屏幕中的门，随即阿迪达斯代言人彭于晏以阳光的形象出现并号召大家一起运动，画面极富真实感和冲击力，吸引着路人的注意力并驻足停留。

不仅如此，当路人靠近候车亭广告牌时，红外线感应装置还可以引发上方机械风扇的转动。开门的瞬间给路人带来清凉的感官体验，与门外的酷暑形成鲜明的对比，并借势传达了清风系列跑鞋的透气性能。候车亭互动体验不仅为路人带来了新鲜的互动玩法，也在炎热的夏日提供了凉爽的福利。

此外，在视频最后设置了产品二维码，有助于将线下消费者引流至线上微信平台，提升户外创意传播的社交性，同时增强消费者对阿迪达斯品牌和清风系列跑鞋的认知，进一步刺激消费者做出冲动购买的决策。这场户外战役选址于热门商区，同时兼顾路人的感官体验，以生动的科技和创意瞬间点燃了消费者的需求。

图1-7 阿迪达斯在候车亭的广告示意

❸情感式交互

要想在路上真正打动消费者，最好的方法就是与消费者产生消费行为之外的交流与互动，要做到这一点，品牌商和零售商就需要在“在路上”的场景营销里设计很强的交互性，如五芳斋。

[案例]

五芳斋要把无人智慧餐厅开到高速公路服务区、高铁站、机场

中华老字号五芳斋推出了首家无人智慧餐厅，刚开始，五芳斋把场景放在GBD商圈，从排队、点餐，到下单、取餐，整个用餐过程的核心环节全部依靠消费者独立完成。开业一个月，门店营业额同比增长超过40%，笔单价增长了14.5%；人效增长三倍，点餐时间大幅缩短，用餐效率显著提升。

尝到甜头后，五芳斋无人智慧餐厅的可复制性已经被证明。当五芳斋无人智慧餐厅意识到“在路上”是一个很好的产生交互性的场景，于是便把无人智慧餐厅开到“在路上”的高速公路服务区、高铁站、机场等地。

在高速公路服务区、高铁站、机场的消费场景下，消费者对效率的要求更高，他们希望能在最快的时间里，享受到优质的服务。而借助智慧餐饮和无人零售技术，消费者的痛点能够被很好地解决（见图1-8）。

图1-8 在高速公路服务区的五芳斋无人智慧餐厅

在高速公路服务区的五芳斋无人智慧餐厅，消费者只需要通过手机扫码下单，节省排队点单的时间。同时，设在高速公路服务区的智慧餐厅还加入了自动取餐柜，消费者在收到取餐码后，可自行取餐。此外，无人零售货柜区24小时营业，能够满足晚间服务区消费者的消费需求，增加消费者的选择，形成新的增量。

不管是在高速公路的服务区，还是在机场、高铁站，消费者想要吃饭，要的就是高效、便捷，五芳斋无人智慧餐厅就是利用这一特点，与消费者产生情感互动，让消费者走进餐厅。

当无人智慧餐厅不再局限于一个没有温度的屋子，而是通过一定的技术让消费者与其产生互动，也就更具人性，更能吸引消费者。未来，“在路上”消费场景的交互性或许可以不再局限于碎片式的娱乐互动，而是更能完成情感的传达，通过某类媒介实现人际互动。

场景，因人而动，因人而魅力无穷。在消费者离商家越来越远的今天，零售商和品牌商一定要“厚脸皮”，消费者在哪，你在哪，时刻创造与消费者“在路上的偶遇”，用瞬间式触发、情感式交互、便携式愉悦触及消费者“在路上”的碎片化需求的痛点，引领、激发消费者的需求，让消费者“看到即买到”。

请记住，不论场景如何变化、更新，始终都是为人服务的。

场景3：店里，被感知的场景体验才是有效的

在诸多常见的场景里，除了上面所说的线上的屏幕场景、在路上的场景，还有一种场景也是消费者接触最多的，即线下场景——店里。各大商场、卖场、购物场所和小商店，甚至那些智能化、自动化处理的无人售货店，都属于店里的场景之一。

线下场景，无法取代的体验性

对于消费者来说，尽管线上购物越来越普遍，但其体验性差仍旧是一个难以弥补的缺憾。举一个简单的例子，当我们想要上网购买一双鞋的时候，只能通过宝贝详情和图片来了解鞋的信息，至于鞋的质量、做工和用料到底如何，我们根本没有办法亲眼看到或亲手摸到，更不用说试穿了。

线上购物全靠我们的眼睛和感觉，一旦收到货，很可能会出现买家秀和卖家秀的惊人差别。

这就是线下零售无法被取代的体验性。互联网擅长信息流的“高效维度”，更快、更全、更便宜；线下擅长信息流的“体验维度”，更复杂、更立体。

以一个真实的故事为例：

宜家某床垫销售员在销售床垫的过程中遇到了一位顾客，这位顾客躺在床垫上体验舒适感的时候不知不觉睡着了，另一位顾客路过时看见他，还以为他是模特道具。之后销售员将熟睡的顾客叫醒，而这位顾客毫不犹豫地买下了床垫。

获得良好而真实的体验才是消费者下单的最直接原因。

没有场景的门店无人问津

既然线上网购无法取代线下门店的体验式消费，那么是不是意味着线下门店可以“稳坐钓鱼台”呢？

当然不是。在这个每天都会有新兴品牌诞生的时代，如何让自己的产品突出重围，成为消费者的心头好，是每个企业主都关心的问题。为什么同样开设实体店，有些品牌连条正经广告都没有照样天天生意火爆，有些却无人问津？爆红秘诀真的只是专注于产品？

我观察到，那些爆红的线下门店之所以能受到消费者的青睐，并非完全是由于偶然因素，而是用一种更为直观的方式——场景化体验，让消费者看见并接触到产品或服务，从而刺激消费者的购买欲，最终实现产品的销售。

假如你去购买水果，你的面前有两个摊位。摊位 A 上堆满带有绿叶的水果，绿叶上还有水滴；摊位 B 上只是堆满了水果。你觉得哪个摊位的水果更新鲜？

相信 80% 的人会选择去摊位 A 购买水果。为什么呢？

这就是绿叶效应所带来的销售效果。人们常说，好花还需绿叶衬。其实在门店里，要想告诉消费者水果是最新鲜的，同样可以通过这种方式来进行。事实上，有没有绿叶似乎对水果并没有多大影响，但在视觉上却会产生微妙的心理暗示——这些水果是最新鲜的。

所谓绿叶效应，就是把产品放到能够展示它卖点、价值点以及吸引力的小场景中，以达到快速销售转化的目的。MUJI 就是一个很好的例子。

[案例]

MUJI——我们卖的不只是商品，更是生活方式

早上，躺在MUJI的床垫上迎接清晨的第一缕阳光。然后起床洗漱，使用MUJI的护肤品和化妆品美美地打扮一番，接着穿上MUJI牌子的衣服。出门前，看一眼满是MUJI家具的房间，然后朝着MUJI咖啡厅走去，一边喝咖啡一边看MUJI的书，顺便想一想下周出差要不要提前预订MUJI的酒店……

这样的生活你是否觉得是异想天开？其实这完全不是凭空想象，MUJI已经在深圳开启了三合一项目，从旗舰店到餐厅、酒店，MUJI卖的不只是商品，更是生活方式。

在MUJI，我们不仅可以买到床、沙发等家具，还能买到各种琐碎日常物件，包括水杯、毛巾等。当你饿了的时候，可以去MUJI餐厅；当你想要学习充实自己的时候，可以购买MUJI文具书本……可以说MUJI的产品囊括了人们日常生活的方方面面，如图1-9所示。在MUJI的六层建筑旁，另有一家大型MUJI旗舰店，对于喜欢MUJI的消费者来说，无疑是进入了购物的天堂，在里面待上一整天都不为过。

图1-9　MUJI店

如今MUJI早已跨入酒店领域，这一点对于很多人来说都不足为奇，因为MUJI一路走来，从单品到品牌，再到生活方式，其所售商品已经超过了7 000种，力求一手包办人们的全部生活。不仅如此，MUJI在很久前就已经针对生活空间的设计打好了一定的基础。2011年，MUJI启动了MUJI House Vision项目，想要为消费者打造“家”的未来，这种构思是对梦想生活空间、方式和所传递的生活哲学的追求，为MUJI Hotel打好了基础。

MUJI想要通过人们对生活质量的追求和欲望来打造一个全新的市场，并以此来激发人们的欲望。基于此，我们见证了第一家餐厅Cafe&Meal MUJI、第一个书籍空间MUJI Books、第一个公共空间Open MUJI、第一个工艺品空间Found MUJI和第一家酒店MUJI Hotel……在不在知不觉中，MUJI已经在我们的左右，与我们的生活相关联。

也许很多人会说，MUJI的产品就算再多也要考虑商业机制，其产品线在不断复杂化，哪怕再大的空间也无法将所有产品展示出来。话虽如此，不过一旦将相互关联的产品摆放在一个场景中，如客厅、卧室、厨房等，那么消费者对产品的理解就会更加深刻，一切都会变得顺其自然。在如今的体验经济时代，没有场景的门店无人问津。

被感知的场景体验才是有效的

说到场景体验，那么是不是意味着所有的场景都能被应用到门店里呢？说到这里，我们先来看看场景的类别。

对一个产品来说，能被应用到门店里的场景大致可以分为以下三类（见图1-10）。

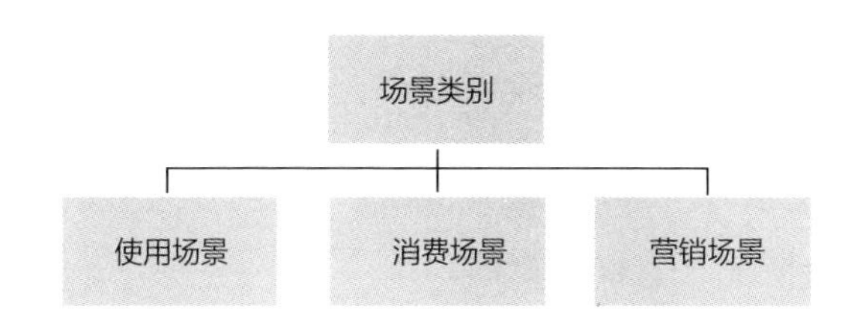

图1-10 能被应用到门店里的三类场景

❶使用场景

将品牌或产品与具体的应用场景联系起来，如家居、生活、健康、金融、消费品等；或者通过开拓全新的使用场景，如虚拟的、交叉领域的、未来式的场景，更好地吸引和连接消费者。

❷消费场景

根据消费者的需求和偏好，打造相应的场景以吸引其购买或消费。比如大规模的场景如“淘宝造物节”，小规模的场景如快闪店等。

❸营销场景

根据消费者所处的地理位置的即时使用和消费场景，运用大数据分析，预测其行为需求，比如各种应用型App。

以上三类场景，无论哪一类，都是围绕“空间+时间+

人物对象+事件+触发”来达成终极目的——为消费者创造极致体验。

那么，线下门店在设计场景时，是不是把以上三类场景都设计到场景里就能达到极致体验的效果呢？

根据泽瑟摩尔提出的“顾客感知价值理论”，线下门店商家在设计场景时，只有被感知的场景体验才是有效的。

“感知”是什么概念呢？

感知就是你要让别人想到这个东西时就去找你。我们现在手机里面有很多App，有多少个App已经很久都没有再用？如果你的App或者你的服务不能被大家所感知，那么某种意义上就说明你的切入点有问题了。

顾客感知价值的核心是顾客对感知利得与感知利失（或称感知成本）进行权衡，感知利失包括顾客在采购时所面临的全部成本，如购买价格、获得成本、运输、安装、订购、维护、修理以及采购失败或质量不尽人意的风险；感知利得是在产品购买和使用中的物理属性、服务属性、可获得的技术支持等（见图1－11）。

图1－11　顾客感知价值

营销的目的是为消费者创造价值，而体验就是让消费者感知到这种价值并为之买单。那么，线下门店应该如何设计能让消费者感知的场景，以达到销售目的呢？

设计能让消费者感知的场景的三个方法

结合对感知价值的解读，我们可以把消费者能感知到价值的“线下物理场景”划分为三个层次，分别是：物理场景→连接场景→感知场景。

❶线下物理场景：在店里设置小场景，促使消费者对产品进行体验

[案例]

迪卡侬——打造多维小场景，激活消费者

提起迪卡侬，想必很多人都了解一二，它是一家来自法国的体育用品零售商，在我国的大型都市商场中基本都有迪卡侬的身影（见图1－12）。

图1－12 迪卡侬门店

有人称迪卡侬为体育界的“宜家”。在全球范围内，迪卡侬有1 300多家实体店，其营业额超过了800亿元。之所以获得如此高的成绩，不仅与迪卡侬高性价比的产品有关，更离不开其新零售模式。

迪卡侬在选址定位的时候通常会将目光锁定在郊区，且面积多为1 500平方米左右，这样做可以满足其多维度小场景的搭建和内部动线的设计，还能为消费者划分更多的场景体验区域。

在迪卡侬门店里，消费者仿佛置身于家中一般，既可以看到免费篮球场，也可以看到其他的基础设施，比如15%的体验区，消费者在这里既可以做有氧运动也可以做无氧运动。

消费者在迪卡侬不仅能看到更具专业化、品质化的商品，还能真实体验运动带来的快乐，将运动产品与运动本身相结合就是迪卡侬为消费者带来的独家享受。

除此之外，置身于迪卡侬，消费者可以感受到一种自由的气息。你可以随意试用、试穿，没有人会打扰你，你可以自由穿梭于宽阔的通道，享受舒适、安全和自由的购物体验。

不仅如此，迪卡侬还有专门试滑板的地方，因此吸引了很多孩子，他们穿上店里的各种装备，然后在父母的陪同下尽情地玩耍。在该区域中还有两个乒乓球台，台子两边总是站满了人，当然，这些人也都穿着店里的试用品……迪卡侬的店员从来不会阻止消费者的试用行为，消费者也完全不用有所顾忌，可以尽情地享用和体验……

迪卡侬狠心割去弥足珍贵的卖场面积，做成宽敞的通道、处处可见的试衣间以及小场景式的运动场地，这样“浪费”空间，仅仅是为了提高消费者的体验度，这种舍弃“小我”的做法，终究会换来“大我”的蓬勃发展。

综上所述，迪卡侬之所以会获得如此好的成绩，首先得益于其专业的品牌所带来的差异性经营基础。其次便是其为消费者带来的良好的场景体验，在整个购物过程中迪卡侬一直在做减法，不管是店铺布局还是服务干扰，消费者丝毫不会受到影响，像在自己家里一样自由，这一点是很多零售商需要学习的。

毕竟，消费者不会主动告诉你他们为什么不愿意买，他们只会自己做选择。

❷连接场景：从“想顾客所想”到“想顾客未曾想”

[案例]

未来超市——最高级的场景体验

意大利米兰北部的 Bicocca Village 商业中心有一个未来超市，消费者步入超市的瞬间就可以开启自动化体验模式。

在“未来超市”中，很多货架上都有一个“大镜子”，当消费者想要触碰某个商品的时候，镜子马上会变成显示屏，将对应的商品信息展现在消费者面前。

除此之外，有些货架旁边会有一个交互式电子显示屏。当消费者想要看货架上的某个商品，伸手去拿的时候，货架边上的微软 Kinect 传感器马上会检测到这一商品，然后通过显示屏展现该商品的信息，包括营养成分表、生产日期以及注意事项等，甚至还会显示促销优惠活动和与该商品相关的其他商品的信息（见图1-13）。

图1-13　意大利的未来超市

未来超市中的所有商品都有自己的故事，比如消费者想要购买菠萝，那么该菠萝的果树信息、成长过程、施肥状况以及运输过程等内容都会展示出来。这些数据全部经过计算机处理，最终以清晰的图示呈现在消费者面前。

未来超市从模型展示之初便屡获殊荣，受到了人们的青睐。之所以如此，是因为它让所有商品都自己“开口说话”，从“想消费者所想”到“想消费者未曾想”，拥有属于自己的身份和标签，让消费者实现自动化知情消费，与消费者实现了互动。这就是最高级的场景体验。

❸感知场景：借助技术的力量，让体验更有温度

[案例]

三只松鼠，超越主人的预期

2019年7月12日，三只松鼠成功实现IPO，市值达到84.77亿元。

成立于2012年的三只松鼠，用短短七年时间，实现营收突破70亿元。这在零售业，几乎是一个传说。所谓“追本溯

源”，我们要研究三只松鼠的成功基因，就要从其起点开始分析。当我们站在这个维度上看企业时，才能看清楚究竟力该往何处使。

三只松鼠的成功自然离不开产品本身的品质，但各种消费者体验方式奠定了其成为国民零食品牌的基础，不管是鼠小箱、体验包，还是客服聊天，三只松鼠的服务细节均“以主人为中心，把消费者体验放在首位”。基于此，当松鼠小店开拓线下市场时，同样将消费者体验放在了非常重要的位置。

2017 年，三只松鼠与阿里巴巴合作创办了“感知零售”应用，只要消费者走入店铺大门，那么投食店中的摄像头就会通过阿里云的文本、语音、图像识别技术和 iDST 创新算法对消费者当前的心情进行预估，然后后台大数据会根据预估结果结合人流和货品流动来及时进行营销调整，给消费者带来更好的场景体验（见图 1－14）。

图 1－14 三只松鼠线下店

在三只松鼠的感知零售方式下，消费者踏入投食店的一瞬间，阿里云就会启动摄像头，三只松鼠的会员卡系统也随之启动。消费者走近货架，货架摄像头又会根据当前消费者的状况自动展示电子标签定价。

除了以上功能，感知零售还可以通过“懂你”引擎进行文本语义分析，以此得知消费者近期的购物心情。如果消费者心情不好，松鼠就会献上一个拥抱，让他们感到一丝温暖。不仅如此，“懂你”引擎还可以绘制“情绪热力图”，为未来的店铺了解消费者情绪、及时给予其最佳体验提供基础。

感知零售犹如一个人的眼睛和耳朵，通过鉴貌辨色的方式了解消费者的心情，让品牌更容易洞察消费者的想法，再借助体验感让消费者爱上三只松鼠。毫不夸张地说，这种做法将体验感拔高了一个层次。

三只松鼠通过互联网、大数据、人工智能技术以及传感器和算法，打通了线上线下“任督二脉”，以情绪感知实现了用户体验的进一步提高。科学技术听起来冷冰冰的，但却是打通人类情感的有效武器，当情感与科技有效融合时，才更容易抵达更加完美的境界。

因此，在线下门店的场景里，商家要做的是借助技术的力量，让体验更有温度，打造一个2.5次元的空间，带给消费者爱与快乐。

在消费升级的前提下，“场景消费”正给实体商业打开另一扇窗，也为实体商业的转型迎来新的曙光。最后，我想说的是：

这个时代一旦要抛弃你，连一句再见都不会说。

场景4：家里，让消费者“看到就能买回家”

我国人口统计结果显示：“80后”为2.28亿人，“90后”为1.74亿人，而“00后”则为1.26亿人。此外，《中国互联网络发展状况统计报告》给出的数据显示，到2019年年底，我国互联网普及率达到近60%，网民数量也已经突破8亿人。换句话说，除了“80后”“90后”和“00后”以外，40岁以上的“长辈”网民也已达到了近3亿人。

通过这些数据我们发现，中国正在走向“家庭网络化”，网络“完全连接”在不断革新着我们的生活，使人们的消费方式发生根本性的改变，从一个人到全家人，消费场景也逐渐从店里转到了家里。

受传统思想的制约，人们认为“家”是比较私人的空间，不可能成为消费或享受服务的地方。这种心理上的刻板印象使得各种上门服务类型的创新商业模式受到了一定程度的禁锢，因此即便是快递和外卖等人员上门，我们通常也不会让他们进门，而是自己出门去拿。

现在，传统销售和服务行业出现了颠覆式的发展，很多女性热门行业，例如美甲、美容、美发、按摩等服务项目均可以进入个人家庭，在相关平台前期的支持和补贴下，订单量甚至呈现出爆发式的增长。这一切都归功于一个字，那就是

“懒”。如今，“懒人经济”带动了上门服务消费，这种消费方式潜移默化地影响着人们的生活，渗透到日常琐碎中，让家中消费场景的入口更加多元化。

[案例]

海尔智能冰箱——会聊天的买手

出差回家，登机前忽然想起来家里的冰箱已经“空空如也”了。在外面吃饭这么久，本来打算回家给自己做一顿丰盛的晚餐，可等到家之后再去购物已经太晚了，这可如何是好？

遇到这种情况不用急，因为有海尔智能冰箱。拿出手机，打开微信，直接从上面的健康食谱中选购自己想要的食材就好了，等回到家中，1 号店的包裹差不多也正好送达……

没错，这种似乎只能从科幻电影中看到的场景，如今可以真真实实出现在我们的生活中。海尔的这款智能对开门冰箱一经上市便受到了广大消费者的喜爱，与此同时，“微信控制”也成为火爆热点。

消费者购买这种冰箱之后，只要绑定海尔智能冰箱微信公众平台，就可以对自家冰箱实施远程操控。即便你远在他乡，也可以随时随地查看冰箱中有什么食材，或者什么东西快要腐烂变质等，还可以根据需求开启速冷速冻、人工智能等储存模式，实现智能冰箱新体验（见图 1－15）。

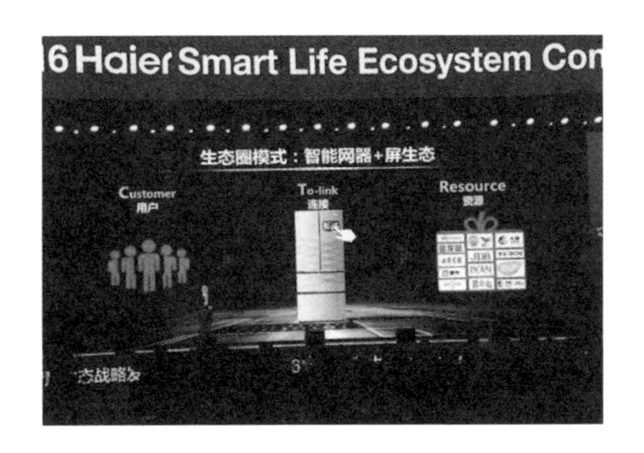

图1－15　海尔智能冰箱

除此之外，海尔与1号店的互利共赢模式，使得消费者一天24小时之内都能获得新鲜食材的供应。我们唯一需要做的就是在微信平台的健康膳食栏目选择订购，然后便可以收到1号店送来的新鲜食物，让我们足不出户就能拥有科技带来的便捷生活体验。

海尔智能冰箱还设有人体感应模块、TFT屏、音箱等功能，可以实现语音互动，包括预报天气、搜索菜谱、播放节目等。不仅如此，该冰箱还能对食物进行有效管理，及时提醒用户哪些食物马上就要过期了。

消费者还可以将自己的姓名、身高、体重等基本信息输入冰箱，注册之后冰箱的摄像头会对用户的面部影像进行采集，为用户建立饮食档案。经过一定的时间分析后，冰箱还会与各种用户“沟通”，根据不同人的特点制定差异化饮食方案。

这款海尔冰箱使得人们的消费场景从实体店直接转到了家里，让消费者足不出户便能感受到消费、体验人工智能带来的便捷，可谓一举两得。

其实不仅冰箱如此，我们日常生活中见到的诸如厨房、餐厅、卧室和厕所等场景都可以找到对应的商品，比如微波炉、餐桌、床头柜、毛巾等，只要可以在互动屏中找到，那么都可以下单购买，工作人员自会送上门来。换句话说，只要我们在家庭场景中可以看到的东西，都可以一键下单轻松买回家。

随着家庭式消费场景趋势的发展，对于商家来说，最重要的就是构建场景感，让消费者看到就想买回家。而要做到这一点，就一定要从消费者的角度出发，提升场景体验感。可以模拟生活、购物以及使用等各种家庭场景，从中找到消费者需求，然后据此有针对性地设计产品，提供特色式场景和服务。

那么，零售商家或企业如何构建家中的消费场景，让消费者实现“懒到家”呢？

零售商家或企业在构建家中消费场景时，要从以下三个思考维度来进行。

在家庭场景中，我们可以为消费者带来什么

［案例］

苏宁小店——消费者家门口的“共享冰箱”

很多职场人最常抱怨的一件事情就是买菜，在过去，大家往往都喜欢一个星期去超市进行一次大采购，然后放到冰箱里面储存好。而如今随着苏宁小店的出现，传统的购物方式正在发生潜移默化的改变。

作为苏宁生鲜和社区O2O赛道布局的主力业态，苏宁小店在2018年短短一年的时间里便增设了4 000多家店，其发展之迅速，势态之猛烈，已成为苏宁智慧零售大开发战略中的领头兵。

苏宁小店的目标之一，就是要为消费者提供冰箱式服务，成为消费者家门前的开放式冰箱，消费者不用提前囤货，什么时候想要，什么时候就能买到。这种方式无疑击中了拼搏在职场的所有消费者的痛点。那么，苏宁小店具体是如何做的呢（见图1-16）？

图1-16 苏宁小店

首先，从商品品种上来说，苏宁小店以生鲜品和日用品为主，同时还搭配有上门配送和帮客、邮局等互联网便民服务，消费者只需十分钟便可以实现消费目的，半个小时便可以收到商品或服务。

苏宁小店之所以会成功，是因为其找准了消费者的痛点——购物时间不集中。了解了消费者的核心需求之后，便对症下药，为消费者提供短时间内获得新鲜食材的服务。

除此之外，细心的人不难发现，大部分苏宁小店都位于社区周围或门口，这样不仅可以保证一定的配送时间，同时消费者也能到店消费，或者直接在苏宁小店 App 上下单叫外卖。

不仅如此，苏宁小店的便民服务模式还采用了当地独家定制的方式，满足了消费者的个性需求。比如北京和南京的苏宁小店与当地京五爷品牌合作，专门为那里的居民提供特色煎饼。还有上海的苏宁小店与崇明蔬菜、海航冷链合作，为当地居民提供他们非常喜欢的生鲜食材等。

苏宁小店这种全方位式的服务不仅可以有效提高消费者黏性，甚至很有可能会成为用户继家庭和公司之后的第三生活空间。因此，只有真正抓住用户痛点，知道他们要什么，清楚自己能为他们提供什么，才能从根本上提高用户黏性，保证一定的竞争实力。

在家庭场景里，消费者的痛点如何解决

[案例]

小米——妈妈再也不用担心我会触电了

小米科技非常看重用户的需求和体验，比如小米的一款插线板，不仅有电源插口，还有 USB 插口。考虑到很多父母会担心电源插口的安全问题，小米在设计插线板时，还专门设计了插孔保护门，形成双孔联动，两极全部插入后保护门才能打开，这样一来便满足了消费者的需求，避免了触电的发生(见图 1－17)。

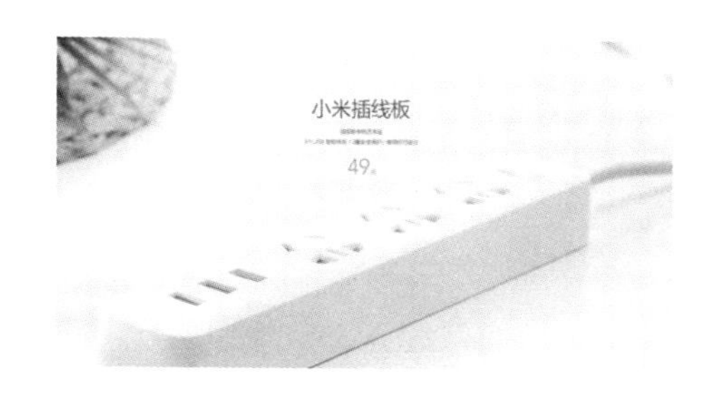

图1-17 小米插线板

[案例]

西贝莜面村——家长和宝宝一起学做菜

如今很多父母由于工作繁忙，很少有时间能陪伴孩子。除此之外，很多孩子都不爱吃饭，而家长本身也不爱做饭，基于此，西贝莜面村根据行业特点设置了两个有关做饭的场景。

场景一：设置亲子私房菜课程，鼓励父母带自己的孩子参与进来，与西贝大厨一起学习如何做菜。

场景二：设置儿童搓莜面比赛，让所有小朋友一边玩耍一边学习搓莜面，同时还能提升社交能力。

这两种场景方案推出之后受到了很多父母和孩子的喜爱，一些亲子私房菜也因此火爆，成为热门商品。西贝莜面村为什么会成功呢?

因为不管是亲子私房菜课程还是儿童搓莜面比赛，对于父母和孩子来说都是一种娱乐和体验，通过这种方式，父母有了和孩子在一起的珍贵回忆，而且即便是做饭这种不喜欢的事情也忽然变得温情起来。

西贝抓住了消费者的痛点，并以此为切入口，在解决其需求的同时，为自己带来了利润。购买其产品的人不仅是父母，还有普通大众和企业单位，父母购买后可以在周末带上孩子去西贝体验烧菜；普通大众购买后可以送亲朋好友；企业单位购买后则可以给员工发福利，体现企业的人文关怀（见图1－18）。

图1－18　西贝莜面村的亲子做饭

除此之外，亲子私房菜课程过后，很多父母甚至向西贝咨询其使用的厨具和食材，因此，西贝的厨具和食材也意外走红，成为热卖品。

通过以上两个案例，我们发现，小米插线板和西贝莜面村的亲子私房菜课程之所以会获得成功，是因为其解决了家庭场景中消费者的痛点需求，提升了其体验度。

在家庭场景中，消费者的参与度如何提高

对于很多电商平台来说，家庭场景营销更看重全员营销而不是个体营销，营销对象呈现多元化，而不单单指向家长或孩子。此外，在家庭场景营销中，通过细节服务更容易打动消费者，可以发掘各种“生活小时刻”，让自己的商品与消费者建立一种情感连接。

举例来说，亚马逊推出了家庭共享愿望清单功能，对于小孩子爱玩的玩具，将其目标群体定位在父亲身上，因为男人总是会在不经意的时候产生童趣；而对于少女关注的化妆品，会将目标人群定位在母亲身上，因为她们内心里还留着一份少女情怀。

采用这样的细节营销方式，就是抓住了家庭成员之间的情感共鸣。

当然了，大部分时候人们不会将自己的需求完全表达出来，商家必须设法巧妙触碰到他们的心理需求，这样才能得到他们的认可和信赖，促成情感连接。

同样的案例还有很多，例如小红书汇集了各大时尚、美妆博主，以导购为主要内容；宝宝树汇集了一大批儿童家长，他们在此分享育儿经验和采购心得以及厨艺料理……这一切都是很好的场景营销切入点。

家庭消费场景必须要将重心放在生活体验和消费者的参与上。

美国社会学家邓肯曾在自己的作品《小小世界》中提到：

小小世界，不断连接不同群体中的不同个体的方式就是场景。不同群体中的不同个体被场景连接在一起。这种连接所创造的独特价值，会形成体验、促成消费甚至创造个体生存意义。

众所周知，阿里巴巴拥有强大的个人及家庭消费数据，2019 年，其推出的“全域家庭战略”将营销重点放在了家庭场景上，加上与优酷、饿了么、高德地图等多平台合作，形成了丰富的家庭消费场景。此外，阿里巴巴的“双 11”战略规划图也朝着全面型消费场景转化，家庭全员营销的分量在不断加大，淘宝的“猜你喜欢”就可以体现这一点，将各色人等按照人生阶段、家庭背景、兴趣爱好分成了上万个精细消费场景（见图 1－19）。

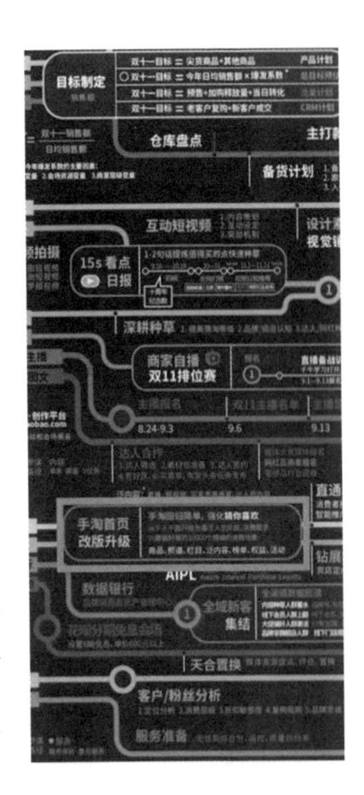

图 1－19 阿里巴巴的“双 11”战略规划图

以上就是构建家庭消费场景的三个思考维度。未来消费者买单件商品的需求越来越少，会更倾向于“家”场景的消费体验，如客厅、厨房、卧室等。我们看到“智慧家庭”正在兴起，其背后隐隐产生的，就是以家庭场景为根据地的“智慧零售”。正在新零售道路上摸爬滚打的探路者们，想要成功服务好消费者，就需要把自己的销售场景放进“消费者的家里”。

第2章　见内容

不仅要让消费者“见到”营销场景，还必须要有品牌的内容作为支撑，源源不断地与消费者进行交互。所以，零售企业和品牌商要做好内容营销，让消费者花时间“看”内容。

内容，已成为零售竞争新的制高点

2018年8月，腾讯公司董事长马化腾在回答《财经》记者关于“互联网是否正在从流量战争转向内容战争”的提问时表示：“未来内容的价值、IP的价值会越来越重要。流量和内容的比例将会从原来的八二，变成五五。同时，流量和内容，一个是入口，一个是制高点。”

很明显，在流量越来越贵的今天，内容必定会成为互联网竞争的必要手段。例如，淘宝二楼栏目下的《一千零一夜》，以及京东的发现新频道等。

那么，内容营销为何会如此重要呢?

原因很简单，因为内容可以吸引流量，只要有了流量，就可以提高成交量。据2018年相关数据显示，我国平均每人每个星期都要花费26.5小时的时间上网，而大部分人上网都是为了玩游戏、社交或者看新闻和视频等，与其相关的应用软件也如雨后春笋般相继出现。其实无论是看视频还是看新闻等，人们无非都是在消费内容，因此吸引消费者最好的办法就是让消费者“看见”内容，通过内容来吸引他们的注意力，从而进一步促成消费。

除此之外，随着物质生活水平的提高，消费者更喜欢做判断，而不是花费时间和精力去做选择。如今消费渠道的增加、商品品种和信息的繁杂，让消费者在选购的时候大为头疼，而解决这一问题也是内容板块出现的重要原因之一。淘宝头条、有好货、必买清单等都是基于此出现的，它们对商品进行挑选整合，然后通过文字、图片和视频的方式传递给消费者，如此一来便省去了消费者挑选的时间，他们只要根据内容做出判断即可。

在这方面，很多零售商家和企业早已窥探到了内容的重要性，内容营销也成为新零售竞争的切入点，常见的内容输出方式为短视频和直播等，门槛较低，而且去中心化显著。

[案例]

拥有60万抖音粉丝的国风男装店“古阿新”，实现月流水100万元

“古阿新”是苗族青年杨春林的苗族名字，也是其经营的古风男装店店名。2018年7月，本着助推淘宝店交易的目的，古阿新率先开通了抖音购物车功能。而这一举动，也帮助他创造了2018年“双12”交易额增长170%的销售神话。

不仅如此，“双12”过去后的一周，“古阿新”古风男装店的销售额依然呈现出了持续增长的状态，店铺日均销售额超过6万元，比之前翻了五六倍。

目前，“古阿新”国风男装店的所有商品基本都能直接添加到抖音购物车之中，月流水高达100万元左右（见图2-1）。

图2-1 “古阿新”在抖音的示意图

目前，“古阿新”国风男装店的抖音粉丝在淘宝的转化率为10%，淘宝店里有60%～70%销量来自抖音。瞧，这就是实实在在的内容红利。

事实上，不管是在抖音，还是其他内容输出平台，内容营销的本质是“好产品+好内容”，利用好内容激发消费者购买好产品，从而分享好物，形成疯传效应，这便是商家进行内容营销的全链路（见图2-2）。

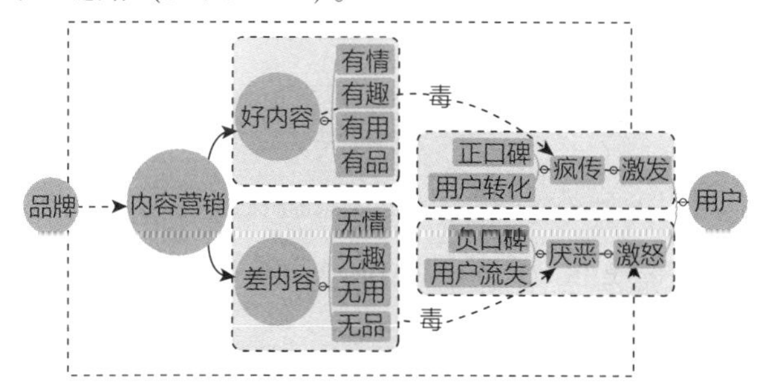

图2-2　内容营销的全链路

通过图 2-2“内容营销的全链路”，我们可以清晰地看到：在新零售时代，商家可以通过短视频、直播等内容形式，通过“有趣、有用、有情”的内容创意，实现内容营销。

那么，零售商家和企业究竟该如何做内容营销，让消费者花时间看内容呢？

下面我将以案例的形式帮助大家分析理解，从四个维度学会如何做好内容营销，塑造内容型产品。

源头：打造内容性商品

内容营销不只是一种后期营销方式，而应该从源头抓起，在产品萌芽之时便注入内容基因，打造内容性商品，形成自营销。那么，什么是内容性商品呢？

❶内容性商品有什么特点？

内容性商品通常包含以下几个特点：

1）可以为精准消费者人群建立身份标签，使其产生归属感；

2）可以在消费者与商品之间建立情感共鸣；

3）可以变商品为社交工具，当消费者使用这一“社交工具”的时候，便会与商品产生互动和连接，继而与其他使用该商品的人碰撞出一系列故事。

[案例]

泸州老窖——桃花醉酒还你一个三生三世

2017年，一部根据同名小说改编的电视连续剧《三生三世十里桃花》打破收视率，吸引了万千观众。在这部剧中，主人公非常喜欢喝“桃花醉”酒，这款酒也因剧情需要而反复出现。其实“桃花醉”只是原著作者杜撰的酒名，而世纪鲲鹏却从中看到了商机，第一时间将“桃花醉”与泸州老窖建立内容连接，形成了广泛营销。

除此之外，泸州老窖还根据自身品牌调性，打造出一款全新的酒——“桃花醉”（见图2-3）。

图2-3　泸州老窖的“桃花醉”

❷如何打造内容性爆款商品?

我们首先来为大家举 个简单的例了，比如烤箱，其实烤箱完全称得上是一款功能性产品，因为没有人会对一个烤箱产生情感，更不会天天围着烤箱转。而烤箱的种类繁多，作为一款功能性商品，其价格在不断降低，那么能不能利用内容营销来扭转其在市场的尴尬局面呢？

虽然价格在下降，但烤箱的市场份额还是在不断上升的，因为很多女性消费者开始追求独立的生活方式，自己在家中做烘焙，与此同时烤箱的需求也就有所提高了。那么我们一起思考一个问题，为什么女性选择烘焙蛋糕而不是蒸馒头呢？因为馒头难以满足人们的想象，就像比萨和包子一样。如果你问一个孩子是喜欢吃比萨还是包子，这个孩子一定会说比萨。因为单从外表来看，包子看不见馅儿，而比萨就不一样了，它的馅儿外表可见，而且每天都可以换不同的口味来挑选。同样的道理，没有一位女性朋友会跟别人炫耀自己蒸出来的馒头有多么好看，她们要的不是吃饱吃好，而是一种生活追求，一种生活方式，她们更关注好看，可以分享。

因此，我们完全可以从这一点入手，抓住机会，实现分享。那么具体该如何做呢？是将成品烤出来拍照分享呢？还是将整个过程分享出去呢？请大家看图2－4这一款新的烤箱，这是一款可以“直播”的烤箱，通过这种烤箱，消费者可以体验到烘焙的快乐，因为烤箱已经被内容化了。

图2－4　一款可以直播的烤箱

这究竟是如何做到的呢？原来这款烤箱中安置了摄像头，

因此烘焙的整个过程都可以以直播的形式展现在人们面前，通过抓拍延时摄影，一款烤箱就这样成为具备内容性的产品。

除此之外还有海尔的烤圈 App，为自己的品牌烤箱创办了烘焙生态圈，将所有爱烘焙的女性连接到了一起。

在新零售时代，那些难以内容化的功能性产品终究会沦为简单的工具，而未来的商品也很可能被归为两大类，一类是工具性商品，另外一类是内容性商品。毕竟，万物取得关联的基础是万物有灵、万物有声、万物有眼。

价值：成为购买链条中的一个体验环节，力求带来更好的消费体验

很多商家和品牌越来越感受到内容营销的重要性，因此会将内容营销渗透进购买流程中，以此来提升消费者的体验。通过内容营销，消费者可以二次感受商品的内涵，了解其价值所在，甚至可以强化或形成一种生活方式，在提高产品或品牌黏性的同时，实现二次购买。

[案例]

700Bike：用内容传递一种生活方式

700Bike 是一家主打城市美学的自行车和运动周边产品品牌，只要你留心观察就会发现，700Bike 无论是产品、官网，还是微信、微博等社交媒体和线上线下活动，无一不体现出其本质并非一个简单的自行车品牌，而是一个自行车连接生活的

社群。

消费者通过访问700Bike的官网（见图2-5）或查看其微信公众号推送，便可以看到火热的自行车资讯，包括与自行车有关的趣闻故事，和以自行车为主题的独特的生活方式等。

图2-5 700Bi官网

700Bike的内容营销虽然源于自行车，但又不受其限制。首先，从消费者购买700Bike自行车开始，品牌与消费者之间便建立起连接。然后通过内容营销，让消费者持续受品牌感染，并逐渐内化为消费者的一种生活方式和生活态度，使其产生长久与700Bike建立联系的动力。

700Bike的官网集内容、线下营销活动、购买方式和社区于一体，消费者只要访问官网便可以全面了解商品信息，进行选择和购买。除此之外，700Bike官网上还有很多与自行车有关的故事和生活方式，消费者也可以在社区讲授自己的故事和生活。

在700Bike创立初期，其微信内容大多以酷车、装备、生活方式、新鲜事、图集、逛店铺、Bike Girl、推广等为主，基本上将与自行车相关的人和事全部联系起来了，包括自行车资讯、车店和骑行故事等。这种多元化内容让品牌与消费者之间得以连接，让更多的消费者了解骑行，喜欢骑行，进而打造出一种骑行的生活方式。

通过700Bike的内容营销案例我们发现，自行车已经不是简单的代步工具了，它更是一种生活态度。消费者对自行车的需求也不再是满足简单的骑行，而是有故事的骑行生活。700Bike之所以会成功，是因为其内容所传达的自行车精神给用户带来了美好的体验。

主题：让普通人影响普通人+重度区隔化

❶让普通人影响普通人

这里所说的“普通人”，指的是那些真实而又充满个性的大众消费者，他们不是一个个数据的统计和堆砌，而是内心丰富、充满情感的人。只有抓住普通人的心，才能让他们之间形成互相影响，让更多的人与商品之间建立情感共鸣。

[案例]

百事可乐的“家有儿女”打动回家人

百事可乐在春节期间与爱奇艺合作，推出了《2017把乐带回家》微电影广告，广告重现了12年前的情景喜剧《家有儿女》，并由原班人马上演，带给观众一种“国民家庭”的情感凝聚。为给消费者呈现出一幅独特的“家”的温情，百事毅然选择了《家有儿女》IP，成功将“有爱，就是一家人；

在一起，才是家的意义”这一主题表达得淋漓尽致，让消费者感受到广告背后那种真实的情感真谛，颇具实际意义。

❷尊重年轻群体的“代际感”，将年轻群体喜欢的内容“重度区隔化”

除了抓住“普通人”之外，内容营销还应尊重年轻群体。如今，年轻群体喜欢消费的内容，已有了区隔性较强的文化标签，并有一定的“代际感”。随着“90后”和“00后”的崛起，谁能抓住这些年轻群体的心，谁就占据了未来红利的半边天。因此，很多商家在做内容营销时都会设法朝着年轻人的喜好主动靠近。

我们以“二次元”群体为例，首先需要清楚什么是二次元。以空间概念来讨论，所有存在于二维平面空间的图像都是二次元。

“二次元”群体中进行沟通的时候，会使用充满二次元色彩的词语或符号，对于其他人来说可能完全听不懂他们在说什么，这就是为什么在很多年长者心中，二次元是一种奇怪的存在。

尽管如此，随着互联网的发展，二次元已经成为广大年轻人喜闻乐见的娱乐和社交方式。

表现形式：与技术整合，让内容更有质感、体验感

随着数字营销技术的发展，内容营销的表现形式也在日益

创新。如今，内容和技术的融合，不仅让内容更具有质感，更带给消费者良好的体验。

如今，许多零售企业对“内容”有一个普遍的“理解误区”，很多人对内容的认知还局限于把文字做成视频、图片、H5等形式，这让绝大多数的内容营销未能脱颖而出，最终掉进了互联网的“兔子洞”里。正如可口可乐欧洲营销副总裁维尔·桑切斯·拉米拉斯所言：

与营销相关的科技似乎正以“天”为单位迅速更新，而这些科技也常被称为能革命性地改变新产品的创意效力，为其营销添砖加瓦。但是，让消费者被品牌的情绪感染、打动，才是关键。

在数字化营销盛行的今日，零售企业和品牌应该思考的是：如何在追求数据与趋势的情况下，让自己的品牌有灵魂与情感。比如淘宝用大数据解读“小众文化潮流趋势”。

[案例]

淘宝用大数据解读“小众文化潮流趋势”

淘宝和《IDEAT理想家》合作，推出“淘宝小众文化潮流趋势图谱”。该图谱用大数据解读了20个青年小众文化圈的时尚风貌（见图2-6）。

通过这种内容营销形式，在淘宝上这些服装的销量迅速暴增。比如流苏是嬉皮风的代表元素，淘宝每秒卖出6万多件流苏服饰；“和风”搜索量每月200万次，其中40%是“90后”

搜的……

这就是与技术整合，让内容更有质感、体验感最典型的案例，值得品牌商和零售企业借鉴使用。

以上就是消费者愿意花时间看内容的四个维度。俗话说“物以类聚，人以群分”。内容营销也是一样，好的内容自带传播属性。今天的内容营销，能够把大量的人聚集在一起的，是一些垂直领域的“大V”。比如吴晓波给你推荐一本书，我相信你一定感兴趣；张大奕给你推荐一件衣服，你也很可能会购买。

图2-6　淘宝用大数据解读“小众文化潮流趋势”

从“价格”到“人格”，　新消费用价值观选品

[案例]

丧茶凭什么这么火？

随着喜茶的爆红，与其相对立的丧茶应运而生，并在短时间内吸引了一大批消费者。为了映衬“丧”这个字，丧茶店

铺在装修上以黑色为主，店铺门口还专门设置了一只双眼无神、嘴角向下，看起来很丧很无奈的羊（见图2-7）。

与此同时，店铺有六款奶茶推荐，这六款奶茶下除了注有个性名称和价位之外，还有相关文案介绍，例如：

图2-7 丧茶的点单牌

“你的人生就是个乌龙玛奇朵——20元

多努力都难分胜负的人生球场，好希望中场休息时能有碗热汤。”

“你不是一无所有你还有病啊乌龙茶——18元

浑身上下都没能通过抑郁测试，除了那个一天到晚乐呵呵的胃。”

“加油你是最胖的红茶拿铁——18元

时常担心被人误会不求上进，好在体重显示我一直有在努力。”

丧茶之所以能够吸引上百万流量，是因为在“丧文化”流行的趋势下，其抓住了年轻人的从众心理和内心独白。随着工作压力的不断增加，每一个人都急于寻找一种方式释放情绪，而丧茶恰恰将人们内心的种种无奈以调侃的形式表达了出来，其火爆也就是自然而然的事情了。

作为一家快闪店，丧茶的火爆同时让我们看到这样一个现实：未来零售，不能只将关注点放在销售商品上，有时候气质要比品质更容易打动人心。比如丧茶，虽然它只是一杯奶茶，但其身上被赋予的自黑、调侃、毒鸡汤和负能量等气质，使小小一杯奶茶充满了恶趣味，也戳中了年轻消费者的痛点。

喜茶与丧茶的成功，都离不开良好的内容传播，如今年轻人的消费需求侧重于精神上的理解与服务，单纯物质上的满足很难吸引他们，自然也就难以形成有效传播。除此之外，在这个纷繁复杂的世界里，很多人都渴望寻一处安静优雅的场所安放心灵，而喜茶也抓住了消费者这一需求。只要你留心观察就会发现，喜茶店铺里的装饰与星巴克大同小异，不仅环境好，而且格调高，真正迎合了消费者的需求。

综上我们可以总结出，新零售时代的买卖双方以及产品之间，一定要做到价值观的输出，这种价值观既可以体现在内容上，也可以体现在商品上。如同社群电商一样，那些火起来的网红电商一直在对消费者输出自己的价值取向，赞同这种价值取向的人自然会聚集起来，成为他的粉丝，并爱上他的内容。当然，在内容输出的过程中，网红电商会通过推荐自己正在用的产品或喜欢的服务来实现销售的目的，而归根结底这种看似跨类目的销售方式就是在用价值观选品。

从价格上升到价值，让消费者为价值观买单

有时候我们会遇到这样的奇怪现象，不同的店铺卖同一件商品，一家店铺价格低但销量也低，而且消费者还抱怨贵；而

另外一家店铺价格高销量却火爆，人们排着队也要前来购买。

之所以会出现这样惊人的差异，是因为虽然商品一样，但在不同的店铺中，商品的价值感却不一样。当竞争对手为商品赋予更高的价值感时，消费者也会自然地认为其价格非常合理，而你的商品之所以卖不出去，是因为你没有赋予商品更高的价值感。

在这个消费升级的时代，人们购物时更看重商品的附加价值，因此商家可以在消费体验、消费环境以及品牌文化上做文章。就像桃园眷村，能将普通的油条卖到6元一根，包子卖到13元一只，烧饼卖到25元一个，自然有它的道理，其优质的消费环境为商品带来了附加值，让人们即便排很长的队也愿意进店消费（见图2-8）。

图2-8 桃园眷村店

进入桃园眷村我们便可以看到墙上挂着泛黄的老照片，还有充满儿时回忆的黑板画和旧款自行车，开放式的厨房、家书做成的装饰灯，还有碗底惊喜的“情话”，都让人回味无穷。

这种难忘的就餐经历让每一个人都感到与众不同，散发着高端魅力，自然也就让口中的食品变得更加高端。

马丁·戈德法布曾在自己的《认同力：超越品牌的秘密》中解释了这一现象，他提出，想要理解市场集体共识的功效，就一定要从人们的价值观入手。如今很多营销推广都会以故事的形式传递一种价值观，从而引起消费者共鸣，促使其消费。

只要让消费者产生认同，就可以发挥超越品牌的力量。如今，市场上商品的同质化现象严重，模仿跟风的情景一再上演，想要在这场激烈的竞争中脱颖而出，就一定要设法长久地与消费者保持关联。

除此之外，消费者本身的需求也在不断升级，单纯的物质产品已经很难满足他们，而他们追求的是一种超乎现实的价值信仰，这种追求很难把控，可一旦形成连接，就会发挥惊人的力量。所谓缺什么就更想要什么，很多人缺乏信仰，所以品牌信仰更容易抓住消费者，满足他们那种抒发价值观的需要，品牌理念恰恰迎合了这一点。所以，很多消费者因品牌价值观纷至沓来，他们也心甘情愿为品牌价值观买单。

在自媒体时代，商家只有形成自己的价值观，才能满足消费者的精神需求，与他们进行深度交流，形成长久联系。要想做到这一点，就必须从内容上不断革新，跟上年轻人的步伐，将商品价值观成功传递到消费者心中。

那么，具体说来，如何才能将商品价值观以内容的形式传递给消费者呢？相信以下三个方法可以帮助到商家。

人格化

其实市场上的很多商品都被赋予了特定的人格，比如当我们看到江小白白酒的时候，就会想到充满文艺范的男女青年；看到小茗同学冷泡茶饮料的时候，就会想到可爱的小学生；看到肯德基的时候，就会想到白胡子的老爷爷……

这些商品或服务来自于不同的行业，但却有着同样的特点，那就是我们前面提到过的人格。当其中一款商品被提及时，我们心里马上会产生与其对应的一个人物形象，让这个商品如同真人一样被赋予人性，也就是商品的人格化。

商品人格化使得本来冷冰冰的商品变得充满人性。在消费者的脑海里，它不再是简单的符号或画面，而是拥有了人的形象，被赋予人的特征，可以与之交流互动的既真实而又虚拟的存在。

需要注意的是，使商品人格化的最终目的是为了带动消费者情绪，拉近其与商品之间的联系，所以更适合那些同质化现象严重、信息和决策较为简单的商品。例如服装类和食物类商品等，消费者对于这类商品的情感需求大于理智需求，所以比较适合人格化。但有些商品信息较为复杂，需要谨慎做出决断，理智需求大于感性需求，因此没有必要进行人格化设定。

通过将品牌人格化而实现营销目标的商品数不胜数，例如杜蕾斯、宝马、爱马仕、星巴克、苹果、罗辑思维等。下面我们以江小白为例来进行分析。

[案例]

江小白是“文艺青年”

江小白是一种自然发酵并蒸馏的高粱酒品牌，其定位人群为小型社交群体，比如同学、兄弟、闺蜜小聚等。在江小白的瓶身上设计有不同的文案，根据不同的场景需求，消费者可以选择标有不同文案的江小白，这种经典小瓶装“江小白表达瓶”受到了广大年轻人的喜爱。

实现情绪表达对于年轻消费者来说十分重要，这让他们在复杂喧嚣的生活中找到了宣泄的出口。那些让人深有同感的瓶身文案很容易戳到消费者的心，当大家举杯之时，也正是彼此忘记是非的时候。

对于年轻消费者来说，他们购买的不仅是瓶中的液体，更是瓶身文案所包含的深刻含义。也许父辈或者祖父辈们喝酒喝的是品质，但年轻人喝的是一种感觉，一种对过去时光的怀念，对真情实意的不舍……

江小白一改传统媒体的营销方式，采用微博、论坛、抖音、知乎等新一代年轻人聚焦的社交平台进行营销推广，并与消费者积极互动，成功创造了自有品牌 IP，抓住消费者需求，使其与商品产生长久性关联。

如图 2-9 所示，单从文案来看，你能猜出这是什么商品吗？不清楚的人光看文案就已经被灌了一碗“鸡汤”，这种深入人心的内容场景营销自然会收获很多粉丝。江小白的瓶身文案本身就是优秀的场景制造示范，很容易让消费者产生代入感，适合朋友、兄弟、闺蜜间聚会，很多年轻消费者只是因为简单的一句文案就会举杯喝一口酒。

图2-9 江小白的瓶身文案

除此之外，江小白文案与商品本身相脱离的现象，符合年轻人的生活和内心。日常生活中有很多让人们感到沮丧的地方，比如无故加班、赚钱还房贷等，这些痛苦和压迫藏在他们内心中，而江小白采用文案的形式感知并说出了消费者想说的话，让他们觉得这个商品更懂自己。

品牌要实现人格化，就必须回归本心，想清楚到底要用什么样的方式与消费者产生文化和价值观上的连接。品牌人格化的目的就是要让品牌有温度，让消费者体会并认同品牌文化和价值观。

仪式化

让商品更有仪式感是什么意思呢？马云为阿里巴巴定下了一个使命，那就是“让天下没有难做的生意”。十几年之后，阿里巴巴成为世界上最大的电商平台。“让天下没有难做的生意”这一使命，以仪式化的形式，帮助阿里巴巴创造了商业奇迹。

除此之外，著名的“双 11”也在阿里巴巴的造势下从“光棍节”变成了“购物狂欢日”。2015 年，阿里巴巴的“双 11 晚会”甚至以新型晚会形式获得了大半个华人娱乐圈的关注，“双 11”的销售也因此创下了令人叹为观止的纪录。

在过去，互联网追求的是产品功能的不断完善，而当这一需求达到一定高度的时候，产品同质化现象就变得越来越严重。如今，人们进入了体验经济时代，用户需求、体验以及产品功能都是企业关注的重点，一些企业甚至将重心放在用户体验上，注重用户内心的感受，从生活理念入手，通过传递产品价值观的形式与消费者建立连接。

所谓的仪式感，是传递价值观的重要表达形式，消费者通过体验产品功能、交互操作，产生心理变化，最终建立起品牌价值观，获得更高层次的享受。

这种仪式感其实是可以设计出来的，那么具体要如何实施呢？

我们以上菜为例帮助大家理解。外婆家的上菜动作受到了广大青年消费者的喜爱，在外婆家，服务员上菜的时候会将一只手放在身后，另一只手将盆子举起来，然后大喊一声："叫花鸡来喽……"这种做法很容易引起消费者的注意。

遇到打折的情况时，又该怎么做呢？我们以西贝莜面村和伏牛堂举例来说，在西贝莜面村，服务员会跟消费者一起玩石头剪刀布，只要消费者赢了，结账时就会减去5元，若能连着赢，最高可赢十局，减免50元；在伏牛堂，服务员会跟消费者玩"牛掰"游戏，也就是掰手腕，只要消费者能赢，整顿饭就可以免单，但是输了就必须付双倍的价钱。

西贝莜面村和伏牛堂将平日里普普通通的打折优惠活动通过充满仪式感的设计，变成深受消费者喜爱的各种游戏。这种方式不仅让消费者在玩游戏的过程中得以娱乐，记住自己的店铺，还能帮助店铺节省开支，避免损失。

同样高明的还有巴奴毛肚火锅，这里的服务员会提醒消费者，要不断将毛肚从锅里捞出，七上八下，15秒之后吃起来的口感是最好的。七上八下就是一个量化动作，也就有一种仪式感，它不仅让消费者感觉吃毛肚也有乐趣，同时还能为他们提供关于品牌的谈资，以加深对品牌的印象。

消费者关注的不单是菜品，更是充满仪式感的各种场景设计，要让他们在体验商品的同时，感受到高于商品的满足感。

社交化

除了人格化、仪式化，还有一种价值观选品的方式也是值得推崇的，即社交化。有社交属性的产品更容易获得消费者的关注与购买。

在传统的内容营销时代，只要有广告的轰炸，就可以塑造一个品牌。而如今随着社交媒体和自媒体的崛起，消费者既是传播的终点，也是传播者，能将品牌的口碑急速放大。

通俗地说，以前是电视等传播大平台帮你传播，现在是成千上万的消费者帮你传播，也就是口碑传播。在这样的趋势下，具有社交属性的产品，是最容易获得消费者关注与传播的。

所以，如何让自己的产品具有社交属性，便成为内容场景营销优先要考虑的问题。

为什么这些年很多品牌或门店的销量一直在下滑？为什么很多品牌一直喊着“年轻化”的口号，却没有年轻人买单？

因为这些品牌或门店没有将产品社交化，有钱的疯狂砸钱做广告，没钱的在线下拼命搞促销。这种掩耳盗铃式的自嗨，这种赤裸裸的利益诱导，还有多少消费者会被打动而去购买？

那么，如何让产品具有社交属性呢？

一个最直接的方法就是让产品本身成为话题。比如苹果发布了自己的新款蓝牙音箱，一时间成为社交媒体上大家关注的热点，而杜蕾斯就利用了这样的热点，对自己的品牌价值进行诠释和包装，并通过新媒体进行传播（见图2－10）。

再比如，奔驰在高考时期，充分利用高考热点，做了一组令人称赞的营销海报（见图2－11）。

图2-10　杜蕾斯利用苹果音箱发布做的内容营销

图2-11　奔驰借助高考这一热点开展的内容营销

这些案例很好地说明了一个有社交属性的产品，除了很容易引来消费者的关注，更能热销。

哈佛商学院教授克莱顿·克里斯坦森说过一段流传甚广的话：

> 消费者并不是在购买产品，而是雇佣品牌来完成一项工作。比如雇佣品牌来打发无聊时间、增进与孩子们的感情、让自己的生活变得更美好等。我们改善人际关系、满足社交需求，则是通过雇佣具有社交属性的品牌来完成。

“社交话题＋营销内容”的有机结合，就像是“导弹＋核弹”的有效结合，由此才能够形成真正的作战力量。

以上就是将商品价值观以内容的形式传递给消费者的三大

方法。在新零售形势下，用价值观选品是未来消费需求的趋势，换个角度来看，新零售其实也是一场价值观选品 PK。

价值观、品牌素养，需每日精进、不断前行。

也许某一天，你可以顿悟，形成一种扣人心弦的价值观。那一刻，将是你开启品牌之路的关键时刻。

人生总是这样，平日所有的努力，都是为关键时刻做准备。

不能激发消费者的情绪，就是内容失败

这是一个内容为王的时代，通过内容“上位”的案例到处都是，比如“蛇精病”创意被刷爆网络，带货量甚至超过淘宝网红；利用各种节日进行海报营销，为产品获得无限好感；文案标杆杜蕾斯的借势营销等。

通过内容营销可以直抵消费者内心，这种方式便捷有效，但想要真正做到却是一件非常困难的事情，因为消费者每天接收的信息量过大，想要在众多信息中脱颖而出，就必须在短短几秒钟的时间里吸引他们的注意。在视频行业有个“九秒定乾坤”的说法，意思是所有的视频基本上在九秒钟之内就会被消费者关掉，可见，无论内容有多好，想要真正打动人心，就必须激发消费者的情绪，让消费者对内容产生共鸣，否则一切都将是徒劳的。

内容的本质是情感的共鸣和情绪的平衡

在新零售时代，很多商家都想要自己的商品能够直抵年轻消费者的内心，而想要做到这一点，就必须抓住年轻人的情绪。很多成年人都不会轻易发泄情绪，不管内心有多彷徨、多伤感，都会让理智战胜情感，保持冷静。相对而言，很多"95后"年轻人的世界观则大不一样，他们常常带着小情绪，如果商家能充分利用这些小情绪，就可以帮助自己打好营销这场仗，在市场上占据一席之地。

[案例]

江小白瓶身文案，喝的不是酒，是情绪

江小白是如何在内容营销中脱颖而出的呢？请大家看下面这幅内容营销图（见图2-12、图2-13）：

"不是我戒不了酒，而是我戒不了朋友。"一句话简单而又彻底地将江小白的调性表达出来，抓住消费者的心理。他们对朋友讲义气，他们为了朋友可以不醉不归，这就是一种调性，一种潇洒的态度。

图2-12 江小白内容营销示意

“我在杯子里看见你的容颜，却已是匆匆那年。”这句话表现出年轻人的一种随性情绪，他们敢于表达，绝不压抑自己的内心，因此文案内容也颇具代表性。

图2-13　江小白瓶身文案

江小白的每一个内容文案都抓住了消费者的情绪，这些看起来不经意的瞬间成为江小白的内容营销切入点，因此在短时间内火爆于线上和线下市场。虽然仍旧有部分人吐槽江小白的口味不怎么样，但人们喝酒喝的是一种调性，江小白正是抓住了这一点才能成功在市场上突出重围。

当消费者读到江小白的文案时总会产生情绪共鸣，心里涌动着一股热血，如同烈酒一样，没有必要进行伪装。江小白的文案直击消费者内心，能够引起他们的共鸣，同时也使得品牌自身实现了年轻化。

不仅如此，我们在前面章节中所提到的丧茶，以及可口可乐的“神对手、闺蜜、有为青年、臣妾做不到、纯爷们”等昵称瓶，也是采用同样的办法，从消费者情绪入手以实现内容营销的。

内容营销的本质是情感的共鸣和情绪的平衡。若不能让消费者在10秒钟之内形成共鸣，那么就很难促成购买。只有产生情感共鸣，彼此之间才更容易理解并产生情感，但情感共鸣有时会加强一些负面情绪，这一点大家需要注意。

举例来说，当一个人不开心的时候，若去找一个跟自己处境相同的人诉苦，那么两人只会越来越伤心。

与情感相比，情绪持续的时间较短，而且容易受其他因素的影响。试想一下，当我们看幽默笑话的时候内心会有一丝快乐，而当我们看恐怖片的时候，内心会存在一丝恐惧，但只要隔一段时间，这种情绪很快就会消失。总之，情绪比情感更容易唤醒，但来得快去得也快。

由此可见，在新零售时代，商家最好在耗费时间较短的内容中融入情绪，而在时长不受限制的内容中融入更多的情感因子。

那么具体如何做才能为内容增加情绪因素呢？

如何让消费者和你的内容“同悲同喜”

内容营销想要调动消费者情绪可以从以下三个角度入手。

❶精准洞察情绪

人的情绪有很多种，总体上可划分为：喜、怒、哀、惧。欢喜时，大部分人会分享；愤怒时则容易产生攻击性或非常强硬的立场；哀伤的人渴望得到他人的认同；恐惧的人则渴望安心，想要有所依赖。这四种情绪驱动着人类的基本行为，因此零售商家一定要学会精准洞察情绪，做好内容营销。

利用内容激发消费者情绪可以从正向和负向两方面入手。

1）正向：激发积极情绪

比如江小白，充分利用消费者的怀旧情绪，推出了“表白瓶”系列，激发了消费者的购买欲望（见图2-14）。

图2-14　江小白瓶身文案

2）负向：刺激消极情绪

除了积极情绪之外，消极情绪也可以做内容营销的切入点。当然，这样做存在一定的风险，毕竟所有人都渴望积极阳光的生活，因此一定要谨慎，否则会走入尴尬的境地。比如以下文案：

“报纸上天天宣传吸烟的害处，让我戒烟，于是，我把报纸戒了。”

不过，消极情绪把控得当，也可以形成良好的负向刺激，最典型的案例就是王老吉。其广告宣传语“怕上火，喝王老吉”，便充分利用消费者害怕上火的恐惧心理，通过负面刺激，促成其下单购买。

同样的道理，以微整形为主的更美 App 也是从消费者的恐惧心理入手，通过“变老”，“变丑”，甚至“失去美好生活”的恐惧刺激，负向激励消费者进行微整形（见图2-15）。

图2-15　更美 App 文案

在新零售时代，商家必须要清楚，消费者只为能够打动自己的商品埋单。

❷形成生理唤醒

刺激消费者情绪之后，想要消费者真正做决策，还必须对其进行生理唤醒。

从情绪转化为行动力，还要经过“生理唤醒”的一环。乔纳·伯杰在《疯传：让你的产品、思想、行为像病毒一样入侵》中提到：“唤醒是被激活并准备随时待命的状态，此时，你的心脏跳动加速，血流加快”，“任何事情，只要能激活我们，形成生理唤醒状态，我们的行为就会被触动”。

“生理唤醒”对于内容营销来说是极为重要的，只有对消费者进行生理唤醒，才能真正激活其情绪，促进决策的实施。

当然，不同的情绪唤醒的状态也会不同，《疯传：让你的产品、思想、行为像病毒一样入侵》中指出，敬畏、消遣、兴奋（幽默）等积极的情绪和生气、担忧等消极的情绪为高唤醒，而相对的，积极情绪中的满足和消极情绪中的悲伤则是低唤醒（见表2-1）。

表2-1 不同的情绪唤醒

	高唤醒	低唤醒
积极	敬畏、消遣、兴奋（幽默）	满足
消极	生气、担忧	悲伤

比如杜蕾斯经典的父亲节内容营销，只是平平常常的“父亲节快乐”，用了一个现实生活中可能会发生的场景。对于那些没有想法的年轻消费者，利用他们不想一不小心就成为“父亲”的恐惧情绪，引起想要避孕的人群的共鸣。这就是高唤醒。

❸场景解决方案

消费者在生理唤醒之后便会进入情绪打开的状态，此时商家必须及时设定场景解决方案，引导消费者进行决策。

举例来说，2018年7月，时尚博主黎贝卡通过自我形象和价值观的输出，为MINI车设定了“追求更美好生活”这一价值意义，有效调动起消费者的购买冲动。接下来黎贝卡及时给出了完整的场景解决方案，彻底打开卖货空间，仅仅四分钟的时间就将 100 辆 MINI 车全部卖了出去，突破了 3000 万元的销售业绩（见图 2 - 16）。

图2-16 MINI 汽车

在内容营销的过程中，情绪的重要性愈加凸显，它体现出当今时代的消费已从过去的功能性消费升级转化为现在的情感需求消费。此外，在移动互联网的带动下，内容营销的机会也在不断增加，一些互动营销话题很容易通过社交媒体形成病毒式传播。

需要注意的是，营销的成功不是单纯地挑起煽动性的情绪就可以了，比如 2017 年“奥迪二手车”事件就是一个典型的失败案例。奥迪二手车将女性比喻成二手车，这种做法很快引起众怒，虽然得到了关注，但却给品牌带来不利影响，很快奥迪便将广告撤回并致歉。

奥迪二手车的失败案例告诉我们，依靠引起众怒的方式带动负面情绪的做法是不可取的。同样的道理，盲目跟风也不会达到你想要的结果，比如继“丧”文化之后的消极杯、“没希望”酸奶等，一味跟风，除了“丧”，消费者从它们身上看不到任何独特的产品定位，随着“丧”风气的过去，所有与之相关的跟风品牌也都逐渐被人淡忘。

因此，商家想要真正做好内容营销，就必须从消费者的真实需求出发，通过精准洞察，调动唤醒他们的情绪，及时给予合适的场景解决方案，加以品牌温度的感染，才能在真正意义上抓住消费者，促进其做出决策，让内容营销带来良好的体验效果。

在产品同质化的时代，谁的内容更能引发情绪、引起共鸣，谁就快人一步。

第3章　见体验

第三个“见”的是“体验”，即让消费者看得见的体验。光把产品做好是不够的，还要学会在体验感上“搞事情”，让顾客看到你就“尖叫”。体验是可以被设计的，找准并精心设计这些瞬间，赋予其更多的意义和力量，就能轻松掌控情感乃至行为。

个性化体验：
千人一面　千人千面　一人千面

在本节的开头，我想问大家一个问题：这个时代最显著的消费特征是什么？

相信在回答这个问题的过程中，有一个词是时隐时现的，这个词就是：个性化。如今，个性化是最为鲜明的标签之一。在产品丰富的今天，消费者已经完全掌握了话语权，“我就喜欢我的最爱”，这样的理念已经成为消费观念的主流。个性化消费时代早已来临。

如今，只要我们逛一下商场，就会发现各式各样风格的产品，令人眼花缭乱。或许我们认为他人的风格有些另类，但在他人的认知中，这种另类的选择才是自己个性的表现。比如，某一天我们上班时，发现与同事撞衫了，相信这其中的尴尬不言而喻，恨不得立即去换一件衣服再来上班，这就是个性化消费时代最典型的事例，也暗示着消费者强烈要求自我的心理诉求。

所以，个性化消费不仅是一种经济现象，其背后折射出来的是更深层次的文化现象。纷繁复杂的“平行文化”已经打破了以往一统天下的“大众文化”，消费者的个性化体验越来越趋于多样化——从传统的千人一面到千人千面，再到一人千面。

千人一面：互联网时代

不可逆转的个性化消费趋势，让许多零售企业和品牌意识到，以往千人一面的老一套方法已经不管用了，这就倒逼并驱动零售企业和品牌转变思路，向千人千面的个性化定制方向发展。

为什么传统零售的千人一面会向千人千面发展呢？主要源于以下两个原因。

❶产品同质化竞争

同一类型但品牌不同的产品，通过互相模仿外观设计、性能、使用价值、包装、服务，以及营销手段等，使产品的技术含量、使用价值逐渐趋同，这就是产品同质化现象，而基于同质化现象的竞争就是同质化竞争。

产品同质化实际上就是“脸谱化”，这在当今的中国市场十分常见。例如，在手机行业，各种品牌的手机一般都是“超长待机，双卡双待”“四核处理器，运行无卡顿”“金属机身，曲面设计”“800万像素前置摄像头”等，让人耳熟能详。

这在以前还能吸引消费者的目光，而如今已经很难在消费者内心激起波澜，消费者已经不会再对这些卖点买账。

产品同质化竞争在销售模式上也趋向统一：厂家将货品提供给经销商，然后再由经销商将货物提供给分销商，最终再卖给消费者。从专卖店到连锁店，从超市到商场，花样众多。但关键问题在于，你会的手段与花样，其他人也会，这说明你很难在竞争力层面战胜竞争对手。在消费者眼中就是千人一面，毫无新意。

❷流量广泛推送

曾经，搜索引擎与网站广告几乎霸占了互联网广告的天下。在 2004 年，淘宝与 eBay 通过网站广告的竞争博弈，使互联网行业中超过百万的中小网站，在短时间内获得了超过 80% 的互联网流量。经此一战，网站广告成了网络营销界的新贵。

淘宝与 eBay 的博弈的背后，也是谷歌与百度的竞争，是搜索引擎对高额商业利润的争夺之战。这同时也让广告主们对好的广告位与好时段的争夺，进入了白热化的阶段，各种手段层出不穷，真可谓是煞费苦心。

千人千面：移动互联网时代

到了移动互联网时代，在消费升级和消费者需求的个性化不断增强的背景下，零售业在努力摆脱千人一面、跑量销售的古板印象，开始转向千人千面。

与千人一面相比，千人千面有以下两大特点。

❶消费者在不同的消费渠道上呈现出不同的社交属性

千人千面使得消费者在不同的消费渠道呈现出不同的社交属性。比如，一个女孩可能会同时使用抖音、小红书等 App，这些 App 其实都属于消费渠道。但在抖音上，女孩可能更喜欢拍摄视频记录自己的故事；而在小红书上，她会更喜欢分享自己使用的化妆品。由于每种渠道都有自己的特色，所以消费者在不同的渠道也会展现出不同的特点，扮演不同的角色。

基于此，零售企业和商家为了搭建更好的场景体验，一定要清楚不同社交媒体的属性。

❷同样的消费者会有不同的标签

同样的消费者会有不同的方面，可以被贴上不同的标签。零售企业和商家要针对一个消费者的不同标签来设置不同的消费场景。比如，良品铺子会根据不同的场景和消费者的需求开发不同的产品。

[案例]

良品铺子，根据消费者的需求开发不同的产品

在开发一款新的坚果时，良品铺子会针对消费者需求将消费场景分成四类：

第一类：过年过节送礼或自己囤货的场景；

第二类：给身体补充一定营养的场景；

第三类：解馋的场景；

第四类：当零食来打发时间的场景。

除此之外，Tiffany 也通过千人千面为消费者打造出了极致场景。

[案例]

Tiffany，开设首家 Style Studio 新零售概念店

在新零售的大背景之下，奢侈珠宝品牌 Tiffany 除了开咖啡店卖早餐外，新的操作也是接二连三。2019 年，Tiffany 开设了 Style Studio 新零售概念店，这家店与 Covent Garden 商业区（奢侈品零售商业区）相邻，占地约 200 平方米，是全球第一家 Style Studio 新零售概念店（见图 3-1）。

图 3-1　Style Studio 新零售概念店

在这家店内，消费者可以购买到 Tiffany 珠宝的 Tiffany T、HardWear、1837 和 Return to Tiffany 系列。除珠宝外，消费者还可以在此购买各种礼品、皮具与居家产品。

为了方便消费者购买，Tiffany 还将最新款的香水、现雕珠宝与皮革压花产品等，摆放在 Style Studio 的自动售货机中，供消费者快速购买。另外，消费者还可以将自己想要的元素自由地绘制在自动售货机的屏幕上，供雕刻师现场参考并雕刻，制作出带有客户自己设计的元素的吊坠或其他产品。

Style Studio 将营业时间延长到晚上8点，并不定时在店铺后方的场地中开设各种展览、派对，以及客户活动，这吸引了大量的本地消费者与游客入店体验。Style Studio 不仅在经营方面灵活开放，在员工的管理上也十分人性化。例如，员工可以不用穿职业装，选择更加舒适的休闲装。

Style Studio 站在新零售领域的前沿，通过经营管理的开放化，重新定义了新零售模式下的千人千面。在与客户的互动中，给客户提供放松的环境与沉浸式的体验，从而在人们心中打破奢侈品高不可攀的、传统的、刻板的印象。

通过这些案例，我们会发现，越来越多的品牌正在大踏步向纵深推进品牌千人千面的个性化体验。在新科技层出不穷的背景下，模糊了品牌商与零售商、线上与线下的界线。千人千面的个性化体验简化了营销流程，让品牌和商家可以直接与客户对接。那么，如何努力创造品牌、产品与消费者之间的深层交互体验，融合传统零售、品牌店与生活方式等多种元素，无疑成为眼下各大零售企业和商家实现突破的新端口。

一人千面：个性化规模时代

万物互联的概念已经随着5G网络的成功落地，顺利地进入了现实场景之中。特别是在B2B领域，5G网络与万物互联的结合，将会对工业制造业的传统生产模式造成极大的冲击，促进其改进与变革，最终形成“工业互联网＋智能制造”的全新生产模式。

这种全新的生产模式促进了以“万物互联”为主导的新零售工厂模式的诞生，不仅能够最大限度提升企业的生产效率、降低生产成本，还使制造业的战略重心实现了“制造——新零售服务”的转变。由此引领市场和消费者进入到一人千面的新消费时代，彻底改变人们的生产生活方式。

相信大家都知道斯芬克斯之谜，斯芬克斯是希腊神话中一个有着狮身躯干、人面的有翼怪兽，它就是一人千面。1949年，神话学大师约瑟夫·坎贝尔把它写在了自己的封山之作《千面英雄》里。70年之后，我们似乎重新洞察到了神话与现实之间的玄机。

事实上，我们每个人都有千面，在互联网平台和各大基础设施的共同服务下，我们每个人都可以成为“千面英雄”。

如果我们仔细观察就会发现，“德邦物流”变成了“德邦快递”；“菜鸟网络”投资了“点我达”；美团有了美团闪购；苏宁上线了苏宁秒达……这些商家的一系列动作只为一个目的，即全力满足消费者最微小的需求。在当今时代，消费者最微小的需求代表的是追寻意义和生活的象征。

[案例]

衣邦人，中国“新定制”

衣邦人是一家提供服装信息、上门和售后服务的互联网高端定制平台，该平台创办于2014年12月，推出了“互联网＋

上门量体 + 工业 4.0”的 C2M 新商业模式，消费者通过手机 App、官网、微信公众号和小程序等均可以预约下单，还有专门的服装顾问免费上门为其量身定制。

如今，服装行业由于难以满足用户需求，单靠预测制衣，出现了高库存现象。不仅如此，服装产品加价倍率高，而且传统定制又相对小众化、价格较贵难以形成规模，因此衣邦人推出“中国新定制”，就是按照消费者的需求进行定制，先下单后制衣，形成了新目标客户以及新商业模式和新技术（见图 3-2）。

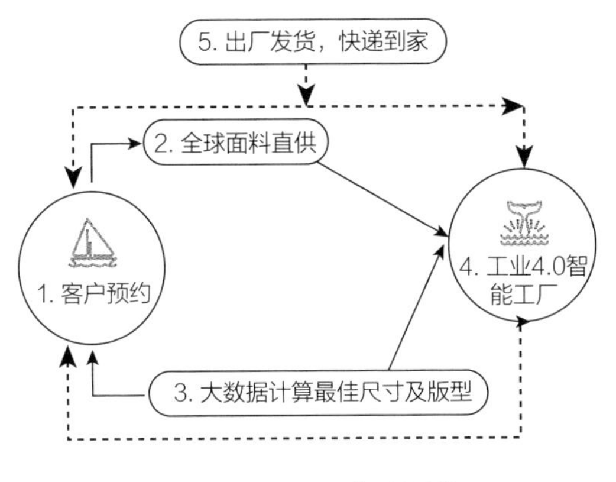

图3-2 衣邦人“新模式”

从消费人群的角度来说，中国新定制面对的大部分是“70 后”和“80 后”的高层管理人员，他们收入相对较高，而且大多接受过高等教育，居住在一、二线城市。

为了满足消费人群的需求，完善新供应链，衣邦人与世家宝、切瑞蒂 1881 等十多家全球面料品牌形成独家战略伙伴，引进国际面料，同时还与国内的鲁泰纺织、庄吉、拉峰等近

20 家服装智能制造生产企业达成合作共识。

除此之外，衣邦人的服装品类从西服、衬衫、毛衫、大衣、运动休闲，到羽绒服等应有尽有，并且仍在不断扩充。

除了衣邦人之外，尚品宅配全屋家具定制、星巴克等在一人千面上也做得非常好。比如星巴克与饿了么、盒马、淘宝、支付宝、口碑等合作，扩充了其线上零售渠道。通过以上任一平台以及星巴克的自平台，消费者都可以访问全新的星巴克线上新零售智慧门店，并享受各种数字体验服务，如积分、社交礼品、电子商务、移动订阅和交付等。

除此之外，星巴克还计划将俱乐部会员系统与各平台入口连接，让每一位消费者都能实现个性化定制，实现一人千面的新体验。

虽然我们已经进入一人千面的个性化规模时代，并且一些零售企业和品牌在这方面已经做出尝试，并取得了成绩。但诚实地说，在当下的商业环境中，零售企业和品牌商想真正实现一人千面，恐怕还有些差距。即便是那些做私人定制的品牌，比如衣邦人、星巴克等，也只能满足一小部分顾客的极其微小的个性化需求。想要在一人千面的基础上，完全满足消费者个性化的需求，并形成解决方案，即便能够顺利实现，其所耗费的成本也非常巨大，并不是每一个企业和品牌都能够承受得起。

然而，在 5G 时代的新零售场景中，人工智能技术会令品牌具有人格化的洞察机制。这种洞察机制，将使得品牌迅速读

懂并理解某一个特定消费者的一人千面特征，并通过不断学习，制定符合特定消费者的消费心理、需求特征和消费习惯的解决方案

那么，在5G时代，零售企业和品牌商如何向一人千面的个性化规模转变，让消费者能“见”到体验呢？这里有“五步行动”。

第一步行动：改造基础设施，适应5G环境。这一步将会帮助零售企业实现在工业互联网基础之上的万物互联。

在当前形势下，仍有许多不具备工业互联网基础的零售企业，因此这些企业中的部分企业将会在未来陆续进入工业互联网模式，特别是那些大型生产制造企业。在不久之后的未来，部分微小的创业型企业甚至可能会在工业互联网方面实现创新。

第二步行动：通过完善品牌的核心价值观促使品牌人格化。与消费者消费观和价值观相似的企业品牌核心价值观，能够加深品牌企业与消费者之间的智能交互的程度，并在对话交互、人机交互的过程中凝聚具体的、系统的人格化形象。

第三步行动：提高品牌对市场大数据的收集、筛选、整理及消化能力。即时交互的基础是品牌与消费者保持同等水平的知识储备。而通过大数据的消化可以使品牌智能化，快速与消费者持平。

第四步行动：品牌需要提高制定个性化、智能化的服务体验的能力。其方法论的本质在于通过交互，使人格化品牌能够及时感知消费者的情感与诉求，并能够在情感变化上与消费者情感实现步调一致。

每个时代都都会喷发出带有时代特征的商业模式，在普通人眼中，似乎5G万物互联只是象征着网速变得更快；在部分无法以动态的眼光去看待市场的商人眼中，5G万物互联才刚起步，认为其带来的变革是一个缓慢的、渐进的过程，因而并不重视；只有商业精英们才会发现5G万物互联时代蕴含的巨大商机与发展前景。

“燕雀安知鸿鹄之志哉!”眼光的高度决定格局的大小，零售企业与品牌商应该从更高的层面去看待5G万物互联带来的挑战，并将挑战变为自身发展的东风，借势而起。

最后，我想以维斯拉瓦·辛波斯卡《万物静默如谜》中的一篇“旅行挽歌”来收尾，颇有深意：

“无数，无穷，但一丝一毫各有特色；沙粒，水滴，然一城一池皆是风景。”

便利性体验：无人零售的关键，做好四大便利性服务体验

第一批无人商店都快关门了，买买买的未来在哪里

很多人对于未来商店的猜想都会停留在无人店的开设设想上。为了顺应“智能+未来”时代的到来，我们身边开始出现一波又一波无人零售商店，但往往都是出现时悄无声息，退

场时无人关注，无人店已经可以被理解成“无人进去的商店”。

为了简化购物流程，为消费者提供无忧、快捷的购物体验，零售企业一直在寻找实体店购物新线索。近年来，网上零售店的数量增多，竞争激烈，使零售企业获得线上流量的成本剧增，让零售企业的线上发展进入了瓶颈期。无论是国内还是国外，线上市场几乎都被零售龙头企业独占，而其他零售企业无法再在线上市场分一杯羹，只能慢慢转向未得到深度发掘的线下市场。

在2016年，亚马逊身先士卒，转向线下市场，开设了线下第一家无人体验店——Amazon Go。这在电商行业中掀起了一场开设无人店的热潮，然而这场热潮在一年内就已冷却。

京东为了提高自身的竞争力，紧跟时代步伐，也效仿亚马逊，在2017年开设了第一家无人超市，并通过人脸识别与无线射频识别技术实现了无人超市的智能化，这也开启了智能化的先河。随后，阿里巴巴也开办淘咖啡无人快闪店，这让“快闪”这一名词逐步出现在人们的生活中。

中国电商界的两大龙头企业阿里巴巴与京东的行动，带动了传统零售商苏宁、高鑫以及大量实体零售商、物联网创业团队进驻无人店领域，如猩便利、果小美、缤果盒子等（见图3-3）。这些零售企业与团队一进入，各类无人店的开设可谓是遍地开花。

图3-3　缤果盒子无人便利店

令人扼腕叹息的是，无人店还处在萌芽的阶段，便被扼杀在摇篮中。目前许多无人便利店正处于岌岌可危的状态，急需能人异士为其点亮指路的灯塔，拨开迷雾，找到前进的方向。

虽然“星星之火，可以燎原”，无人便利店为中国传统便利店的数字化与智能化提供了转型的“星火”，但还需借助东风才能形成“燎原之势”。

就目前的形势来看，无人店的生存周期十分短暂，在一年之内，甚至是几个月之内就会完成“开张－倒闭”的过程。

无人零售店的三大误区

总结起来，无人零售店之所以逃避不了门可罗雀的命运，主要因为以下三大误区。

❶无人便利店应该无处不在的错误想法

新零售的核心是人、货、场的关系管理。在移动互联网将时间与场景的局限打破之后，5G 物联网继续发力，让信息的传播更加方便与快捷，客户随时随地都能获得信息，碎片化与场景化成为客户消费主要特征。这样的变化趋势，显示出了未来零售的发展趋势偏向于场景零售，无人便利店也不例外。

无人便利店作为零售小业态的一种，其本质是：提供便捷消费、即时消费体验的微型商超。它适应地铁、机场、学校、智慧园区、办公写字楼等可以让客户放松的场景，使客户可以进行无忧的、快捷的消费活动。

这些场景中的人员一般表现得素质较高、社会责任感强，利于无人便利店的开设。而在闹市街边或者老居民区则不适合开设无人便利店，因为人员鱼龙混杂，素质也良莠不齐，再加上人员对价格的关注度和无人技术的接受程度不同，会使无人便利店在这些场景中无法深度发掘市场，无法获得持续增长的利润。

❷无人便利店就是无店员零售的错误认知

物联网 RFID、AI 机器视觉、人脸识别等智能技术使无人便利店可以进行智能收银，将员工从收银工作之中解放出来，即使员工收银的成本在总费用中的占比并不高。

除了收银工作之外，便利店的运营工作还包括订单处理、仓储管理、物流配送、新品促销、消费者数据的收集与管理，以及产品的上架、盘点、价格调整等众多工作内容。无人便利店通过对新技术的运用，使其比传统便利店更为智能、先进。

将员工从收银工作中解放出来，是使便利店智能化的第一步，并不能完全实现门店效率的提升。就目前的形势而言，有许多无人便利店虽然省去了人工收银的环节，但在其他管理方面增加了人力配备，反而比传统零售耗费的人力资源更多。所以“无人店就是无店员零售”与“无人店人力投入成本低”是错误的认知（见图3－4）。

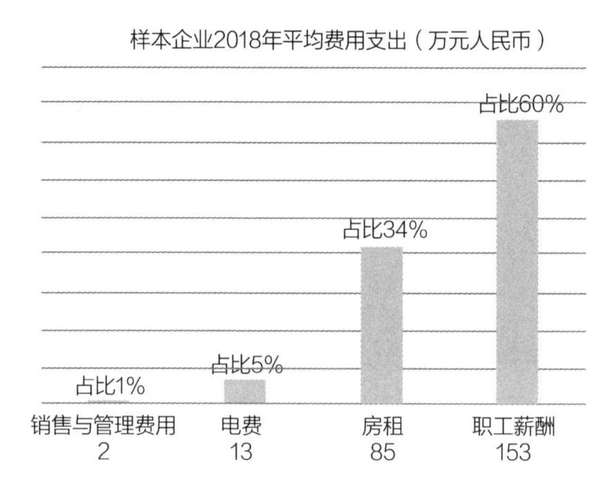

图3－4　2018年样本便利店企业的费用支出比例

（数据来源：2018CCFA便利店调研）

❸无人便利店≠无人服务

无人便利店并不是要将人力从便利店的运营中剔除，而是在将人力资源运用到其他运营环节的同时，融合智能科技与普通门店的所有优势。正如老子认为的“有生于无”，无人便利店就是通过减少门店服务人员，达到“无”的状态，从而融合一切优势，达到“有”的境界。其最终达到效率与效益的双重增长，这也是无人店诞生的初衷。

在日常生活中，24 小时营业的便利店，需要 6 ~ 7 人运营。而无人便利店一般只需要 1 ~ 2 人承担店长与店员的职责。在白天，店员可以为消费者提供新鲜的食物或者其他高利润的产品；在晚上，无人便利店就可以开启人工智能管理模式，将员工从值班的工作中解放出来，这也是人性化的管理方式。

虽然无人便利店的店员很少，但对店员与店长的要求比传统的便利店高。因为无人店的运行需要将店员的职责合并，这意味着一个店员既要承担起数据管理的责任，还需要承担起全渠道服务的职能。

而对店长的要求更高，他除了需要承担起店长的责任之外，可能还需要以社区运营者和电商拼团团长的身份，承担相应的工作职能。这是一个优秀店长的厉害之处。

无论如何，无人零售店的本质还是便利店，为消费者提供便利体验才是核心。

如何实现便利性体验

这是一条布满荆棘的赛道，能跨过去前面就是康庄大道。

在 2018 年的零售行业中，中国便利店的发展速度最快。据数据显示：便利店销售额在 2018 年突破了 2 264 亿元，便利店数量增至 12 万，使整个行业增速达到 19%。便利店零售的绩效再创新高，主要源于无人零售，即通过大数据、人工智能、互联网传感与 5G 网络技术的结合，实现智能化、数字化的驱动链，促使便利店零售在提高效率、降低成本的同时，不断地提升便利性服务的水平。便利店“无人零售”的创新与改革最终也会促使其他零售业态走上改革创新之路。

方向与趋势绝对正确。若无人零售想要走出迷雾，就不能仅让便利性体验体现在“购物时间的节约”与“购物距离的缩短”上面，还要从以下四个方面苦下功夫，才能在效率与效益上超越传统零售（见图3－5）。

图3－5　做好便利性体验的四大方法

❶接触便利性

基于移动和社交的发展，线下零售店的功能也被重新定义了，原来是卖东西的零售场景，现在可以成为一个分仓，变成了一个体验中心、配送中心。

比如，阿里巴巴旗下的新零售品牌“盒马”，就是在物流上实现了“30分钟内必达”，从而受到广大消费者的青睐。

[案例]

盒马鲜生，30分钟内必达

2019年3月31日，阿里旗下生鲜新零售品牌“盒马”宣布将在北京和上海的全部25家店开启24小时配送服务，在

22:00 至次日早 7:00 间的闭店期间，用户依然可以使用手机 App 下单，并享受和白天一样的 30 分钟送达服务。

除鲜活水产等少数品类外，夜间配送服务将涵盖店内绝大多数品类商品，现做夜宵将提供至凌晨 1:00。夜间配送用户需支付八元配送费。盒马还为用户提供“家庭救急服务”，承诺“30 分钟内必达”。

24 小时配送是盒马迈向社区生活中心的重要一步，新零售不仅可以打通线上线下，还能连接白天黑夜。在不断满足消费者便利性体验需求的过程中，盒马以用户为中心，重构三千米生活区，甚至优化人际关系，实现“让远亲更近，让近邻更亲”的家庭和邻里关系（见图3－6）。

图3－6 盒马鲜生店开业

“盒马鲜生”的成功就在于“让商品更便捷地接触用户”。曾经有记者问盒马鲜生的创始人侯毅：“在盒马鲜生已经拥有的所有资产和全部优势里，你觉得哪一项是必不可少、必须存在的？”侯毅的答复是：“30 分钟即时配送。”

❷决策便利性

消费者希望能够有更多更好的帮助，以简化购物决策过程，Amazon Go 就是最好的案例。

[案例]

Amazon Go，即拿即走

基于计算机视觉系统，亚马逊开设了计算机智能收银的 Amazon Go，其原理类似于汽车的自动驾驶原理。亚马逊的智能收银技术是世界上最先进的购物技术，被称为“Just Walk Out”，意为“即拿即走”，这也是其便利特征所在。

消费者只需要用手机扫描门口的二维码就可以进入 Amazon Go。在店内，消费者的每一个行动都会被有计算机视觉系统的 AI（即人工智能）感知。消费者拿起商品时，AI 将会自动地将这件商品放入虚拟购物车之中；当消费者将商品放回货架时，商品则会从虚拟购物车中移除。计算机视觉系统通过遍布全店的感应器、上百个摄像头，让 AI 可以准确地了解消费者的购物活动，并为他们提供便捷化的服务（见图3-7）。

图3-7　Amazon Go 的内部展示

消费者选择完商品，不需要立即支付就能直接拿走商品，消费者在离开之后可以在 Amazon Go 的应用程序上支付费用。而 AI 可以准确地锁定需要支付账单的人的账号所在，不会出现错收、漏收的情况。

Amazon Go 还会根据消费者的购买记录与购买偏好等数据，为消费者量身制定个性化的服务。例如，向有需要的家庭赠送样本商品，向消费者推荐其可能感兴趣的商品的广告等。这样可以在最大程度上简化购物流程，消除消费者的不愉快的购物体验，从而围绕亚马逊的首要任务——为消费者提供无障碍的购物体验，开展行动。

不论何时，更好的体验，才是真正令人们在购物时喜欢机器胜过人的地方。Amazon Go 的“拿了就走”支付体验，在增强消费者便利性体验的同时，也替消费者节省了时间。

❸交易便利性

[案例]

AlipayHK，无障碍购物

2018 年 9 月 11 日，阿里巴巴旗下的 AlipayHK 在香港九龙奥海城设立的无人零售商店正式开业。

为了体验“未来人”是如何“剁手”的，我在去香港旅游时，特意坐车前往这家无人店体验了一下无人超市的支付体验。

当我走近无人零售店时，门旁的电子屏幕在通过镜头识别我的脸部表情后，会生成一个二维码，用 AlipayHK 或者支付宝扫描二维码，就能“芝麻开门”进入店内。在进店购物完毕后，我只需把挑好的商品放上感应区的台面，就能在三秒内迅速准确识别商品，再用 AlipayHK 或者支付宝扫描二维码，就能完成支付成功出门。

整个消费过程简单、快捷、方便，省去了传统意义上的柜台结账和收银员环节。这就是交易便利性最好的典型。

❹购物后便利性

孩子王在“购物后的便利性”上做得尤为出色。

[案例]

孩子王，购物后专业服务

孩子王首创了“妈妈后援团”，团员们全是 25～45 岁的妈妈，育儿经验丰富，她们负责配送，解决了陌生男性上门送货的种种不便。“妈妈后援团”主要有三项工作：

一是准时送货；

二是提供专业的育儿知识，近距离指导产妇遇到的一系列问题，必要的时候，她们还会为宝宝做推拿；

三是为妈妈们提供全程顾问式关怀及产品导购建议，从孕妇第一次购物到孩子三岁前，团员们会一直跟进服务。所有的这些服务，带给了顾客全新的服务体验。

除此之外，孩子王还配置了 2 000 多名育儿顾问提供专业化的贴心服务，注重人性化的关怀。比如，为带着婴儿购物的顾客提供全程陪护，为哺乳期的妈妈提供专区，售前了解顾客需求，售中全面讲解产品知识，售后交流育儿知识经验，这种全程化社区商务的营销模式，在国内还是第一家（见图3-8）。

图3-8 孩子王

孩子王能够在新零售中引领潮流，主要因为其能为用户提供购物后的便利性体验。孩子王关注的不仅是流量，还具备典型的超级用户思维，在企业和消费者之间，建立一种可持续、可信任的关系。

以上就是无人零售走出迷雾的关键所在——做好四大便利性服务体验。便利性服务体验不仅会成为无人零售发展的动力，同时也为零售领域的其他变革和创新提供了基础。未来，便利性会与使消费者生活更轻松的所有事情密切相关。因此，便利的概念会不断发展。此外，随着移动零售解决方案的逐渐复杂化，便利性的概念还将会发生新的变化。

一体化的购物世界已经到来，只是离普及还有距离。回头看，虽然第一批无人店关闭一片，但消失的只是外壳，智能的内核依然留存，断杀后留下的经验都是希望。

先驱经历了 100 种失败经验，才有后继者的一条成功之路。

性价比体验：设计“低价格+高品质/高逼格/高价值”的产品

这个世界有两种生意谁都会做：一是商品质量好但价格高；二是商品质量差但价格低。最难做的就是商品质量好价格低，这是很多商家都做不到的事，如果做到了，就能成为行业的标杆，比如优衣库、宜家、Costco。

不管什么时候，性价比体验永远是零售的通行证，也是消费者能“看见”的最好的购物体验。

事实上，无论哪个行业都在追求性价比体验，纵观各个成功的零售企业，不管是小米、优衣库，还是宜家、Costco、名创优品，无一不是通过高性价比突出重围的。所以，新零售就是要打造性价比极高的产品，让消费者花合理的钱买到高品质的产品。

那么，零售企业和品牌如何才能给予消费者良好的性价比体验呢？说到这里，很多人往往认为性价比体验就是“低价”。

这样的认识是错误的。性价比体验不等同于低价，并非价格越便宜，性价比体验就越好。比如，在自助餐市场，我去吃过298元的海鲜自助餐，觉得还可以，如果有机会我还会去；但我在吃过39.9元的自助火锅后，觉得很失望，以后再也不会去。

这背后的原因就是性价比体验。所谓性价比体验，可以简单地理解为在不牺牲品质的情况下的低售价。“不牺牲品质”是前提，在这个前提下，售价越低性价比越高。一旦以牺牲品质为代价，那就没有性价比优势，最终会被消费者抛弃。

产品要好，价格要低，这看起来矛盾的。而优衣库的创始人柳井正认为，企业就是要解决这个矛盾，才会有最大的商机。比如优衣库又薄又暖又便宜的HEATTECH系列在全球销售量超过600万件，一般企业做不到的就成为护城河。

总结起来，性价比体验要符合以下三大特点：

特点一：追求品质；

特点二：追求设计；

特点三：追求价格。

这三个特点，缺一不可。依照这三大特点，零售企业和品牌要做好性价比体验，需做到“三高”。

如图3-9所示，所谓的“三高”指的是高品质、高逼格（高颜值）、高价值，在满足“三高”的同时，还要配合低价格。

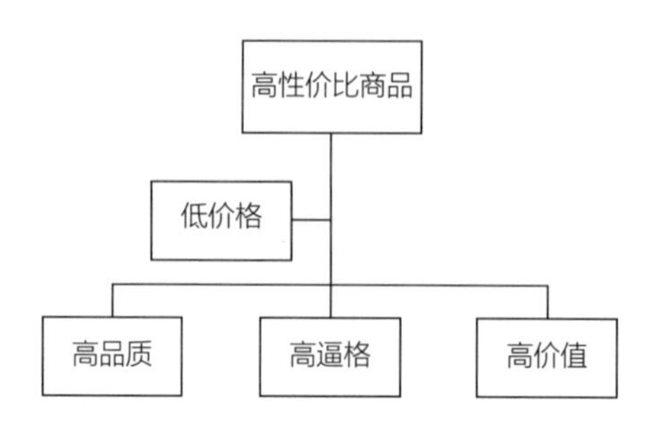

图3-9 打造性价比体验的“三高”

低价格、高品质

[案例]

小米的“三高”

小米一直以做价格公道、感动人心的产品为理念，将其内化为一种价值观，并以实在的低价和高品质践行着这种理念。

提起小米，很多人的第一反应就是性价比高，能够做到这一点是非常难能可贵的。如果一个产品本身就卖不动，那么便宜一点没什么，但若有钱赚，销路又很好，此时再坚持高性价比就非常可贵了。我们不妨思考一下，若总共有10万部销量，手机售价分别是3 000元和6 000元，最终下来会形成多么大的差距？这样大的诱惑又是多么难以抗拒？但小米却能够直面诱惑，至今都在坚持“高性价比”的价值理念，因此受到了消费者的一致认可。

小米成立于2010年，是一家年轻的公司，旗下员工也多以年轻人为主，因此很在乎创新和对技术的追求。比如小米的电饭煲装载了Wi-Fi联网功能，很多人会觉得奇怪，这样的点子是怎么想出来的？正因为没有做过电饭煲，所以在这些年轻人的眼中，电饭煲可以联网、可以测气压，亦可以测海拔，思维不受限制，做出来的东西就更具品质感和科技感。

低价格、高品质不仅是小米的价值理念，同时也是用户对小米的认知，通过这种认知，用户对小米更加信赖，同时也打通了线上和线下渠道。

例如小米在“有品”上推出的小米众筹，他们将设计较为新颖的产品放在小米众筹上，然后观察用户的动向，以此来测试产品的认可度。结果出人意料，小米众筹在一星期之内卖出纸巾66万包、床垫1万张、内裤18万条。虽然这些产品看起来很普通，并没有科技感，但特殊之处就在细节，比如纸巾是竹浆的，非常环保。这些惊人的数据为小米创造了一个个纪录。

2018年，小米众筹上出现了一款石头品牌自有扫地机器人，该产品上线不到四个小时就全部卖完，销售额突破1000万元。小米在消费者心中的认可度可见一斑，这也与其“低价格、高品质”的价值观理念有着分不开的关系。

除了小米之外，名创优品也非常看重产品的低价格和高品质。也许在很多人的印象当中，名创优品的价格并不低，但为什么还是有很多消费者对名创优品趋之若鹜呢？原因很简单，现在大部分消费者看重的不只是价格，而是产品的品质是否能够超越他们心中的附加值。因此，只有在一定的低价基础上给予产品高品质保障，消费者才能感受到良好的消费体验。

那么，商家要如何做到低价格、高品质呢？

❶好的供应商才能开发优质的产品

要想生产出低价格、高品质的商品，首先要找到好的供应商，这样才能确保产品的质量，保证持续而稳定的供应，否则产品没有保障，消费者自然不会对品牌产生信任。好的供应商和差的供应商最大的区别就在生产习惯和管理习惯上，在寻找供应商的时候一定要擦亮眼睛，向一流的供应商看齐。

以名创优品为例，其刀叉价格为 15 元两件，但供应商选择的是双立人品牌，该品牌已有 200 年的生产经验，第一个中国客户是钓鱼台国宾馆，名创优品是他们的第二个中国客户。除此之外，名创优品的眉笔和眼线笔也非常便宜，供应商却是迪奥和欧莱雅……可以说名创优品选择的供应商都是一流的品牌。

❷与供应商不只是在做生意

找到合适的供应商之后，下一步就要与其建立合作关系，注意与供应商之间不是简单的做生意，而要做到你中有我、我中有你。比如小米创始人雷军专门创设了一个生态链，用来与工厂建立超出生意的关系。

生态供应链是企业与供应商之间的一种新型生产关系。名创优品为了参股一部分优质的供应商也做了生态链，并培养出部分核心供应商。名创优品计划在未来将已有的上千供应商缩减到 200 个左右。

参股供应商必须要满足两个基础要求，第一要对供应商的原材料和成本了然于胸；第二要与股东建立信任。只要成功参股，那么供应商只需要保证产品品质即可，没有必要考虑其他的事情，这对于产品品质的提升来说是大有益处的。

低价格、高逼格

有了优良的品质，还要在低价格的基础上追求“高逼格”，因为这是个看“脸”的时代，消费者对产品的颜值也有很高的要求，而想要提高产品颜值，就要从设计入手。

比如：苹果公司的商标是一个被咬了一口的苹果，这个LOGO有很深的寓意，首先亚当和夏娃正是吃掉苹果以后才有了智慧，而牛顿也是被树上的苹果砸了以后才改变了物理学界，苹果公司想要改变的则是数码世界。除此之外，苹果的LOGO也非常好记，很多小孩学习的第一个英语单词就是apple，因此这样的LOGO也便于人们记忆。

从LOGO入手，大家试想一下自己的产品名字好不好记，有没有设计感呢？

一款优秀的产品，不仅会注重设计，同时还会嫁接设计。经过设计后的产品会更有颜值和格调，也使消费者认为产品价值超出了其价格，因而心甘情愿下单购买。

[案例]

名创优品的“低价格、高颜值”产品

产品颜值高自然就会更受欢迎，有设计感的产品就更容易

被消费者追捧，这就是为什么名创优品的产品总能被一抢而空。

每年名创优品花在设计上的钱都不计其数，他们甚至专程从日本找来一位合伙设计师。如图3-10为名创优品的一款矿泉水包装，这项设计获得了德国的IF奖和红典奖，为了做出这种锥形瓶矿泉水设计，名创优品总共开了十几次会议。

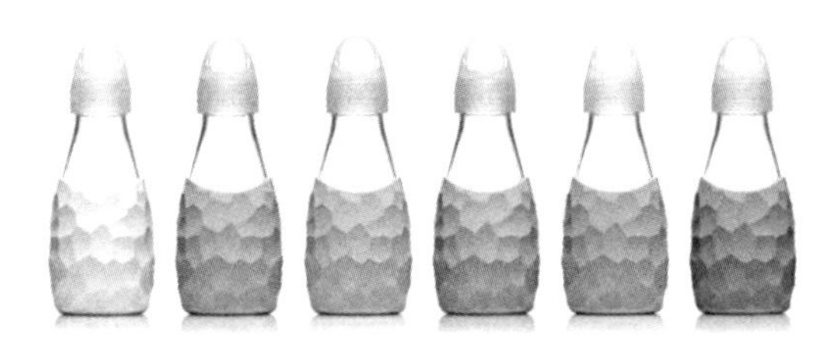

图3-10　名创优品的“水立方”系列水杯

很多消费者喜欢用“简约而不简单”来形容名创优品的产品，其旗下有四款产品因设计简约、色彩鲜明，集功能和美学艺术于一体而获奖，尤其是水立方水杯，让人看后爱不释手。

水立方瓶的灵感源自于水泡的自然形态，瓶身是玻璃做的，瓶套采用硅胶材质，做成水泡纹理，既美观又能防止烫伤，安全实用，非常值得购买。

波浪笔盒、便携粘毛器和储存罐这三款产品也都在细节和创新方面做得非常好，带给消费者一些意想不到的“小惊喜”。

波浪笔盒表面是好看的花纹，这些花纹不仅耐看，而且还有小功能。当我们在用笔的时候，暂时需要将笔放到一边，而又不想收纳到笔盒里，就可以将笔放到花纹上，如图3－11所示。这种设计不仅美观，而且也对笔盒的用途进行了完善。

图3－11 名创优品波浪笔盒

只要细心观察我们就会发现，名创优品的每一款产品背后都有巧妙的心思，但总体上又简约优雅，这种大气而充满趣味的设计美学引领着消费时尚，并且传递出一种可持续发展的态度。名创优品主张“回归自然，还原产品本质”并受到了全球消费者的支持。

在高颜值的设计理念下，名创优品深知高价格等于将消费者拒之门外，最有格调的做法是既要有颜值，又要实惠有品质。因此名创优品才能在保证优质低价的基础上，不断挑战自己，受到了消费者的认可和喜爱。

不仅名创优品，小米手机也在低价格、高逼格的品牌调性上满足了广大消费者的需求，比如那些买不起苹果手机但又想炫耀，或者买得起苹果手机但又不想从众的消费者，就可以买小米手机来满足自己的心理需求。

那么，商家和零售企业要如何打造出“低价格、高逼格”的产品呢？

❶什么才是“高逼格”产品？

要打造出“高逼格”产品，我们首先要弄清到底什么才是“高逼格”的产品？

所谓“高逼格”产品，就是能够区别自己和他人不同的产品，让使用者产生一定的独特性和优越感，满足他们的虚荣心。

归纳起来，“高逼格”产品有以下三个特点（见图3－12）。

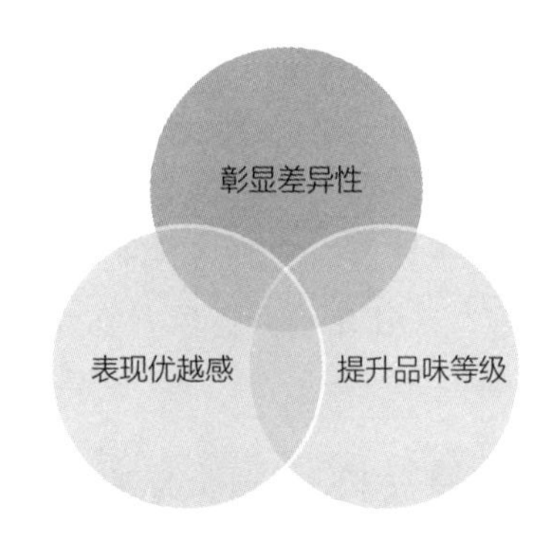

图3－12 “高逼格”产品的三大特点

❷如何做“低价格、高颜值”产品？

想要做低价格、高颜值的产品，可以从设计和象征两方面入手。

1）设计一定要足够新颖独特

产品的设计不仅可以帮助产品本身提高附加值，还能整体提高企业的艺术感，而且当人们的物质生活达到一定的水平之后，自然会更加追求精神上的满足，只有设计出美的东西才能让他们在精神上得到美的享受。

2）要给予产品新的象征

比如我们买小米手机不是为了便宜，而是因为我们是“发烧友”。对于消费者来说，一款产品可以有三种价值，分别是性能价值、体验价值和象征价值。性能就是我们利用产品可以来做什么；体验就是通过拥有产品我们可以感受到什么；而象征则是使用产品会给我们带来什么形象感。

很多产品虽然性能高、体验好，但就是因为没能给消费者带来象征价值而难以形成广泛传播。同样的道理，消费者在购买产品的时候也会权衡：虽然这款产品性能好，体验价值也高，但若是购买会不会影响我的气质呢？

为了避免消费者产生这种疑虑，商家和零售企业可以在产品象征性的维度上进行调整，使其社会地位的象征度降低。一般情况下产品的象征有社会、个性、情感和群体四个维度，定位于社会维度的产品自然会让消费者想到自己的社会地位，比如很多人买小米手机是因为“为发烧而生”。这一概念将产品的象征维度进行了巧妙的切换，从社会维度变成个性维度，让消费者认为自己买小米并不是因为没钱，而是因为自己是个性的“发烧友”。

由此可见，既想走低价路线，又不愿意让消费者产生“影响身价”的想法，就要通过营销和暗示的方式，将产品的社会代表维度转换到其他维度上，用个性或情感来调动消费者的购买积极性。比如可口可乐，虽然很便宜，但没人觉得喝可口可乐的人是因为没钱而选择的。

除此之外，还要设法创造差异化，当消费者使用你的产品之后可以感受到与众不同的优越感，那么就会降低他们对价格的关注度，更容易促成交易，消费者愿意将这种产品定义为自己的个性偏好，而不是图便宜才购买。比如消费者可能会说“我用某某手机并不是因为它的性价比高，我又不是缺钱的人，主要是这款手机的木质后盖吸引了我”或者“我去优衣库是因为那里的衣服设计简单大方，符合我的品味”。

低价格、高价值

高价值就是要提高产品的附加值，如前面所讲，通过精心设计让消费者感到商品物超所值，这样他们才会心甘情愿购买，而只在价格上做文章最终是把自己逼向死胡同，只有保证一定的价值、颜值，然后再比价，才会更有竞争力。

[案例]

优衣库的高价值产品

2018 年对于优衣库来说是不平凡的一年，其不仅蝉联了服装品类的销售冠军，而且还在整体品类中排名第四位，比魅族和海尔还要靠前，仅次于小米、华为、苏宁易购。优衣库之所以会取得如此多的成就，在很大程度上要归功于其产品设计与价值主张。

举例来说，优衣库的HEATTECH系列针织衣不仅保暖，而且轻薄，解决了消费者既想要温度又害怕臃肿的烦恼。不仅如此，HEATTECH系列不会产生静电，而且还包含了三种产品，包括温暖内衣、倍舒暖内衣和高舒暖内衣。通过纤维、纱线和面料结构的差异，依次改变三款内衣的温度，以供消费者选择。

除此之外，优衣库还设计了ULD高级轻型羽绒服，轻到只要一个气球就能把它带上天。很多消费者试过这款羽绒服，知道它只有两个鸡蛋的重量，但真正看到它飘起来的样子时仍旧感到很诧异。

很多人可能会问，为什么这款羽绒服会那么轻呢？因为ULD羽绒服没有内胆，直接加入高品质羽绒，并配有超轻尼龙细支纱材料，不仅轻盈，而且还很保暖。

在当下，单纯用来保暖的羽绒服已经成为过去式了，消费者要的不仅是保暖，还有时尚便捷，需要的时候可以穿，不需要的时候最好能塞到小细缝里。而ULD则满足了消费者的这些需求，不仅保暖时尚，而且可以被压缩到各种小空间中。在博览会的极限压缩实验中，ULD羽绒服曾被成功压缩到一个公文包、一只球鞋，甚至一个马克杯当中。

在优衣库，消费者花甚至低于一般羽绒服的价钱就能买到ULD羽绒服，这已超越价格敏感性，形成价值敏感性。这就是“低价格、高价值”的产品。那么，商家和零售企业要如何打造出“低价格、高价值”的产品呢？

❶从消费者的痛点需求入手

任何产品或服务到达消费者手中时都要产生一定的价值，通过价值的实现达到商业盈利，因此企业必须要有明确的价值主张，这样才能连接产品服务和消费者，重塑商业模式。

当我们提到高端瓶装水时，第一时间想到的往往是依云，但农夫山泉也做过高端水，不管是水源还是设计，都非常高端。但是每当与依云等品牌摆在一起销售的时候，其销量总是不尽如人意。其实单纯从水质来说，很多人是喝不出农夫山泉与百岁山有什么区别的，因为它们的水质都很好，但由于产品定位和价格不同，所以才导致出现这样的差距。农夫山泉的品牌形象偏于平价，因此消费者很少会去买同品牌贵一点的水，对于品牌来说，消费者的认知是非常重要的。

因此在价值主张方面一定要抓住目标消费者的痛点下手。不同的消费者对于品牌的认知度有所不同，有些人关注品质，有些人关注价格，而还有些人关注的是颜值。正因为消费者的关注度不同，所以企业的价值主张不能只针对一类消费者，对不同的群体要设计不同的价值主张。

举例来说，爱彼迎针对其房客所采用的价值主张分为两种，对于关注情感体验的房客，其价值主张是“预订独一无二的房源，像当地人一样体验城市”；对于关注功能性的房客，其价值主张是“赚取额外收入来为自己的日常爱好和需求埋单”。

❷用“高价值”抢占消费者心智

想要第一时间抓住消费者的心，就必须成为第一。比如，很多人知道第一个登上月球的人是阿姆斯特朗，但很少有人知道第二个登上月球的人是谁。同样的道理，世界第一高峰是珠穆朗玛峰，但第二高峰和第三高峰又有多少人知道呢？这就是心智的力量，也被称为“卡位”。

当我们提到一个行业的时候，往往浮现在脑海中的是该行业的领军者，例如可口可乐、通用电气等，只有成为第一才能抓住消费者的心智。

再比如，盒马鲜生是第一家将新零售模式做好的公司，因此自然具有一定的传播优势，虽然它还有很多需要改进的地方，但第一永远是消费者心中难以抹去的最好选择。

商家和零售企业在初期想要成功占据消费者心智是一件非常困难的事情，因此要设法将价值观简化，逐渐在消费者心里占据一席之地。

巴菲特曾经说过“投资就是一场滚雪球游戏，关键是找到够湿的雪和够长的坡道”。有市场需求的产品，就是够湿的雪；而高品质、高逼格、高价值就是长坡道，让雪球越滚越大，保持长时间的盈利，实现企业基业长青。

技术化体验：
5G 时代下，让消费者所见即所得

人机交互、人人交互方式的变革与颠覆，几乎是每代通信技术升级的必然结果。

2019 年 2 月，华为、中兴、小米等中国知名手机品牌商在 MWC2019 世界移动通信大会上，集体“晒”出 5G 手机，使 5G 成为 2019 年手机行业的热搜词。

大哥大首次实现的即时通讯，标志着 1G 时代进入了高潮阶段；通过短信发送祝福、表达情感，是 2G 时代的潮流；“看图说话”成就了 3G 时代；短视频、网络直播的实时互动成为 4G 时代的标志（见图 3－13）。那么 5G 时代又将给市场带来哪些变革呢？对于消费者而言，5G 又将带来哪些全新的体验呢？

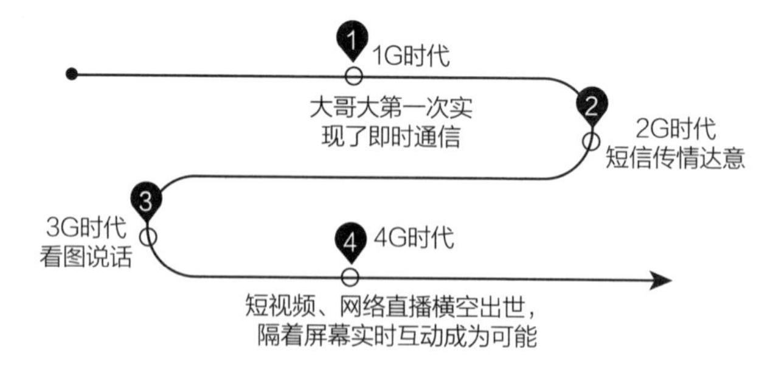

图 3－13 1G 至 4G 时代的演变发展

5G时代能实现所见即所得

拥有超高传播速度与实时能力的5G，即第五代移动通信技术。这项技术，能够将空间的每一个部分串联起来，打破空间局限，在整个空间内实现全链接。在5G时代中，VR虚拟现实技术，将会给消费者提供愈加接近真实的产品体验。

在5G链接的全空间里，产品将会愈发智能化，会根据消费者的需求“自荐枕席”。在未来，每个人都可能拥有人工智能，它在作为人们生活与工作的助手的同时，还会成为身份的第二证明。

在如今的新零售场景中，如天猫试衣，有许多人反映：如果长时间佩戴VR头盔或者眼镜就会感到头晕、恶心。出现这种情况并不是因为VR技术不合格，而是由于VR数据的传输速度延迟了人体大脑、眼睛的反应速度。5G将会使VR数据的传输延迟时间降低到1毫秒，从而在一定程度上减少头晕、恶心情况出现的概率，这将为消费者提供更加完美的体验。

曾经，这样的消费场景屡见不鲜：你逛街时试穿了几件衣服，却陷入了选择纠结的困境之中，不知道买哪一件。这时，你可能会在朋友圈里求助，也可能会站在镜子前与朋友视频通话，让他帮忙拿主意。但有时，这样的操作花费的时间太多，会使消费者的购物体验变差。

而在5G时代，只需要手指轻轻一点，就可以直接将朋友带到眼前。这是因为VR/AR中的全息投影技术，让用户双方随时随地，都能够以虚拟形态出现在对方面前。

5G时代使网络数据传输速度再创新高，将延迟降到最低，让用户可以有身临其境的体验，实现所见即所得。同时，VR/AR内容处理、储存等都会在云端空间进行，不需要通过实体设备的操作，也能实现对VR/AR的内容处理，在最大程度上降低了VR/AR技术的使用成本，这是VR/AR可以普及的前提。

VR/AR技术的运用，可谓是将广大的男同胞从“水深火热”之中解救出来。以后陪同女朋友逛街，可以不必再从街头走到街尾，在家玩游戏的同时也能陪同逛街，女友有令也可以随叫随到。这样的场景你想拥有吗？

人们可以通过VR头盔用眼睛在全球范围内购物，即使身处中国，也能逛遍米兰的蒙特拿破仑大街、美国的第五大道、日本的东京银座等。5G时代，将全球商圈搬至线上已经不再是无法企及的梦想，而是触手可及的未来。

除此之外，5G技术推动了大数据技术、云计算、物联网等技术的发展与普及运用，更使新零售得到了更高层次的发展，为零售行业带来了另一个春天。

[案例]

“街都”3D智能门店，让你体验神奇的虚拟试衣间

“街都”VR通过其掌握的VR核心技术，给实体商家提供VR技术支持，并试图据此打造一个全面数字化的城市。以3D技术与VR技术为基础建立起来的3D智能门店，是“街都”

支持的第四代全新的门店形态。它将传统实体店与线上网店结合在一起，实现虚实一体化。

3D智能门店可以通过VR技术对产品实现720度的、全面立体的展示，让消费者有身临其境的产品体验（见图3-14）。在对产品的全景体验过程中，消费者还可以进行分享互动，这极大地提升了消费者的购物愉悦度。

图3-14 3D试衣间

“街都”的3D智能门店使实体店的场景数字化、线上化，让消费者动动手指就可以体验到最真实的购物场景。

消费者可以通过“街都”App的3D试衣间进行虚拟试衣，从而体验到全新的购物过程与乐趣。3D试衣间可以通过将消费者选择的衣服，精准地穿在消费者的人体模型上，从而让消费者了解试衣的真实效果。试衣效果的最终模型展示，突破了时间与地点的局限，消费者可在任何时间、任何地点，通过任何终端设备查看模型展示的效果。

综上所述，“街都”就是将现实场景与产品虚拟化，让消费者在虚拟的空间内搭配产品，从而达到预览效果。不仅是虚拟试衣间，家居装饰、园区设计、发型设计等其他任何需要进行搭配、组合的场景都可以运用这项技术。

科技在不断发展，扫码、人脸识别系统、AR 技术、VR 技术、一键导航、一键购物等都已经应用到零售当中，零售新技术开始遍地开花，智能化消费模式逐渐被接受。很多零售企业一味追求技术创新与突破，忽略了技术应用的初衷“以用户体验为中心”，从而耗费了高昂成本，却换不来用户的回眸。所以，新零售企业要做“技术控”，但不能被技术控制。

5G 时代如何实现所见即所得

那么，传统零售企业、品牌商应该如何认识 5G 时代下的新零售？如何在 5G 时代下，实现技术化体验，让消费者“所见即所得”，突破业绩的增长瓶颈，实现持续倍增呢？

❶数字化模拟，让身临其境的未来不再遥远

在 5G 时代，高速的数据传输与超强的实时能力，使 VR/AR 能更加精准细腻地捕捉人体的语言、动作、神态等，使人体的虚拟模型呈现出更为真实、自然的状态。换言之，如果突破数据传输的局限，会让虚拟无限趋近于真实。人们在网上的沟通与交流，可以算得上是真正实现了“面对面”。

在科幻小说与电影之中出现的全息会议、跨空间的全息指挥对战，将不再是幻想，也许在未来会成为人们的真实生活场

景（见图3-15）。

图3-15　全息投影会议

据网络消息称：Aromyx，一家总部在美国硅谷的创业公司对外宣称“已经掌握了将香味与味觉数字化的技术”。这一信息预示着将人们的五官感觉数字模拟将不再遥远，实现真正的身临其境未来可期。

身临其境的未来就是：你躺在床上就能欣赏到日本漫山遍野的樱花等风景，足不出户就能游遍天下；吃饭时就能通过最好的视角观看演唱会，不用蜂拥而上也能追随偶像；在购物主播推荐一件衣服时，抬起手就能感受到衣服材料的质感；看着主播吃东西，也能一同大饱口福，还不用担心长胖的问题……

这样的虚拟体验几乎是每个人神往的未来。

❷万物互联，让“货”随心动

5G移动通信技术，不仅能够加强人与物之间的互动，还可以加强物与物的交互。

作为英特尔前CEO的安迪·格鲁夫与微软前CEO的比尔·盖茨为IT界的发展做出了极大的贡献，甚至促进了业界重要定理的诞生，如著名的“安迪-比尔定律”。内容是“安迪提供什么，比尔就拿走什么”，即硬件不断提高的性能，很快就会被软件消耗。

带宽消耗就是“安迪-比尔定律”在物联网的体现，即：无论带宽（信号所占据的频带宽度）多高，都能被消耗。我们可以通过修路来解释这一现象。在将道路修宽、车道增多后，会有更多的车在车道上行驶，并不会出现“路变宽了，但没有车在上面行驶”的情况，这与带宽消耗同理。

5G 能够极大地拓展带宽，使更多的人与物、物与物进入带宽的“车道”之中，从而实现“万物互联”的目的。

Gartner，一家著名的 IT 研究公司通过对物联网设备的数据统计与分析，预估在未来物联网设备数量将会不断攀升，在 2020 年将会达到 204 亿。如果在未来，物联网设备达到预计数量，将会使各个零售企业或品牌商在降低成本、提升零售效益方面“更上一层楼”。从而，实现产品的高智能化，让“货”跟随消费者的心而动，提升消费者的购物体验。

当后台数据了解到某一会员的消费倾向后，就可以为这位会员赠送她可能会喜欢的产品样本，增强用户的体验；

当某一热销产品的库存即将告罄之时，会被货架的传感器准确地感知到，方便及时补货。而补货的整个过程也会被实时监控到，提高了补货的速度与效率；

当人工智能通过对后台数据进行分析，发现粉底液与卸妆棉的销量之间存在超高的关联性后，就会自行将粉底液与化妆棉组合摆放，并将这一信息传送给仓储系统，实现同步跟进。

万物互联给消费者的生活方式与习惯带来了巨大变化。其智能化、人性化、数字化的服务，将消费者想要的产品准确、及时地送到眼前，与消费者的心理一致，可谓是“心有灵犀一点通”。在这方面的佼佼者有许多，TakeGo无人店就是其中一员。

[案例]

TakeGo无人店

深兰科技的快猫智能零售项目TakeGo属于阿里巴巴旗下。就在2019年下半年，娃哈哈早期创始人宗泽后对外宣布与深兰科技达成战略合作，签下了三年10万台无人商店，预计总金额高达近百亿元人民币，并计划在未来十年间扩大到百万台的规模。

当顾客走进TakeGo无人零售门店并拿起商品时，不管商品的位置是在顾客手上、怀中、口袋还是背包内，系统都能监测与识别，顾客离开商店时会收到对应的账单，并被系统自动扣款（见图3-16）。

图3-16 TakeGo无人店

TakeGo还有人店对话系统。通过定向声源原理和算法，TakeGo零售店可以一对一向顾客进行语音产品推荐，根据顾客之前的购买记录判断出其喜好、偏向，向其推荐类似商品。

❸超强的实时捕捉、计算，让产品“真假难辨”

通过5G技术，终端设备可以对细节进行更为细腻、实时的捕捉，并将需要计算分析的数据结果上传至云端空间，经过云端的计算与精准匹配之后，消费者可以在终端体验到“真假难辨”的产品。例如，天猫推出了“天猫魔镜”与“天猫虚拟试衣间”可实现虚拟试妆、试衣。

目前，许多计算都是直接在终端设备上进行的，是对本地储存的内容的筛选与计算，因此会被设备终端的储存空间、运算内存与计算能力限制，其范围的顶点决定了消费者的体验上限。

而5G时代将运算过程移至云端的超级服务器，并与云端总数据中心链接，从而模拟出产品最真实的虚拟形态，让消费者难辨“真假”。

在科幻电影《她》中，对人工智能有这样的描述：只要你将它与互联网数据连接，它就能够与你心意相通，成为你的得力助手、“贴心小棉袄”，甚至可以成为最亲密的“亲人”“爱人”。

5G时代让这样的描述可以变为现实。例如，天猫精灵就算得上是“她”的前身。天猫推出的新品——天猫精灵CC，可以将用户的数据经初步计算后传送到云端，从而发挥云端群体智能的运算能力，这让天猫精灵能与用户的认知、行为保持一致（见图3-17）。例如，出差坐飞机，登机前没有听完的歌，在飞机起飞后会通过飞机配备的耳机继续播放。

图3-17 天猫精灵CC

❹无人配送，让消费者不再为“包裹”担忧

在5G时代AI可运用到人们工作生活的各个方面，AI技术引领的智能化将会成为发展的常态。除了虚拟试衣间等智能化产品体验外，无人配送的物流系统也开始走向全面智能化、数字化的道路。无人机与无人送货车正在被广泛地投入使用。AI技术的运用，必将把人工从那些低创造、高重复的工作中解放出来，而物流配送行业是第一个被改造的对象。

无人配送机器人可以通过高带宽、低延时、抗干扰的5G技术，实现实时通信与安全运行。实时通信使无人配送机器人不再只通过GPS导航系统运送货物，而是利用如人眼一般的智能视觉能力，穿梭在房屋密集、环境复杂的城市道路之中，真正地做到无人配送（见图 3－18）。

图 3－18　京东无人配送车

除此之外，5G 技术还可以赋予无人配送机器人 DtoD 的特性。DtoD 是“Door to Door”的简写，即“门到门”，是“上门服务”的意思。每一个区域都会设立物流网络系统，在同一系统之下的无人配送机，能够互相传递信息情报，使无人配送机能够配合得更加完美、高效，为整个区域系统下的消费者提供更快捷、优质的配送上门服务。

在实时监控、实时通信下的配送过程，使无人配送机真正地实现“所见即所得”。在 2019 年 6 月，美团与联通强强联合，以“将 5G 网络和车载通信技术融合到无人配送的领域之中，提高无人配送的服务水平”为主题，达成合作意愿，并签订了合作协议。这在增强用户对无人配送的体验感的同时，也推动了无人配送的高速发展。

物流配送行业成为“第一个吃螃蟹的人”，率先进行了解放人力的改革。在此之后，教育行业、服务行业等都会陆续实现改革，用 AI 取代人力、解放人力。

马云认为："看不见""看不起""看不懂""来不及"这四个阶段，是人们在面对时代变革带来的商机时，产生的四种认知层面。"看不见"的人只能成为"不知不觉的消费者"；而经历过"看不起""看不懂""来不及"的过程的人只能成为跟风者；只有先知先觉的人才能及时把握变革带来的机遇，在风口之上赚取巨额财富，获得成功。

5G时代为我们描述的未来生活场景与提供的智能化体验，就已经让人心生向往。许多人都十分急切地想要知道何时才能真正地体验到这些高度智能化的服务。

2019年5G手机正式面向世界发出声音，同年6月，5G商用牌照也成功终于落地，因此2019年可以被认为是5G的商用元年。根据现有信息分析，可以预知5G的大致发展阶段与方向。

在2019—2021年的区间内，云端运算及智能技术是发展的主体，智能手机与相关软件应用将会使自身的发展重心由终端转向云端；AI技术是2021—2025年之间的发展主体，会得到快速发展，并走向成熟，连接更多的终端设备与硬件设施，为万物互联打下基础；在2025—2030年，人与人、人与物将实现高度交互，"万物互联"时代降临。

注重提供便捷服务与提升用户体验的新零售时代，是一个发展的好时代，也是一个危险的时代。为传统的实体门店快速转型提供了技术支撑与理论基础的同时，还带来了挑战。传统实体店应该选择优秀的合作伙伴，及时地把握时机，进入发展的风口，才能顺应时代的发展。

第 4 章　见频次

“场景-内容-体验”仅仅代表消费者和产品或服务产生了第一接触和联系，频次则检验了消费者对“场景-内容-体验”感兴趣的程度，决定其是否会再次回头。

所谓见频次，就是你的产品或服务，有可能消费者只看了一次就一去不复返，也有可能消费者会频频回头；如果能让消费者把时间花在你的产品或者服务的各个场景中，沉浸在内容里，体验在情绪里，购物的可能性就会越大，对你的产品或服务的忠诚度也就随之提高。所以，零售企业和商家要想办法做好“场景-内容-体验”，通过频次验证哪个环节可以调优，进一步设计产品与消费的接触频次，提高与消费者的接触频次，让消费从低频变高频。

跨时空：提高与消费者的全场景接触频次

频次是可以被设计的

世界上最赚钱的产品不是利润最高的产品，而是消费频次最多的产品。同样是100元的产品，消费频次越快，代表资金周转得越快，带来的利润自然越多；反之，消费频次越低，资金周转越慢，利润积累也越慢。

任何一个传统行业，要想加上新零售的翅膀，首先要审视一下自己这个行业，是“低频消费”还是“高频消费”，因为不同的频次决定了完全不同的方向和策略。

在图4-1中，X轴为消费频次的数值，Y轴显示了客单价的高低，展现出一些具有代表性的零售行业的消费频次与消费客单价的情况。

例如，殡葬行业在最左侧，其消费频次最低，一人一生只有一次，但其客单价处于中游水平。排在殡葬行业后的是婚嫁与母婴行业，其消费频次较殡葬行业有所提升，但依旧处于低频次水平。从左至右，从房产、汽车、教育等一直到餐饮，消费频次逐步转向高频次水平。

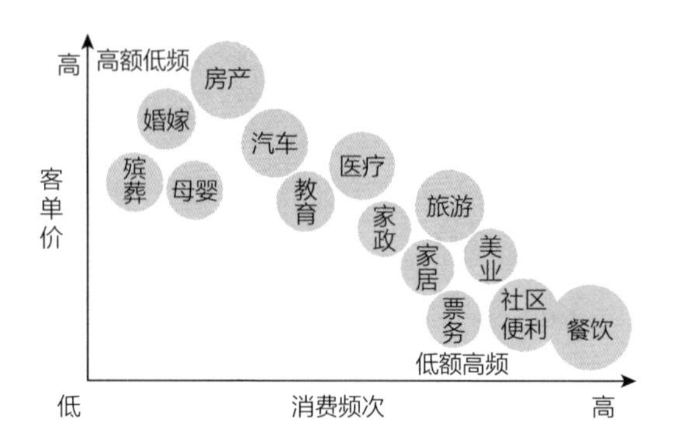

图4－1　零售业中的代表性行业的消费频次与客单价对比

该图表现出的规律为：处于消费中、低频次水平的行业的客单价一般都比较高；处于消费高频次水平的行业，其客单价往往较低。

那么，对于消费频次低的产品或零售行业来说，有没有一种可能，让低频变高频，从而增加客户的复购率呢？

答案就是：设计产品与消费的接触频次。比如小米，就是最好的佐证。

[案例]

小米之家，低频变高频

小米新零售的关键打法，就是低频变高频在起作用。小米之家，就是实现这种转换的重要介质。

小米的主打产品——小米手机，是典型的低频消费产品，大多数人一两年才买一次。而小米之家的定位是快时尚品牌，开店的位置都是最繁华的地段（见图4－2），那么小米之家能赚钱吗？

图4-2 小米之家

在过去几年，小米投资了不少生态链企业，有充电宝、手环、耳机、平衡车、电饭煲、箱包以及自行车等。在小米之家里，现有的商品有二三十个品类几百种，如果所有的品类一年买一次，相当于一个消费者每半个月就会进小米之家消费一次。

传统的手机售卖店，顾客进去之后都是闲逛一圈，然后去了另外的店对比价格，一天也卖不了几台手机。但是在小米之家，今天消费者可能是购买了一款手机，过几天会买一个手环，下次可能会购买一款蓝牙音响。

小米之家把一年买一次的手机的低频次消费，变成每半个月来一次的高频消费，实现了与消费者的全场景接触频次。

所以，虽然产品是有消费频次的，哪怕你的产品只是一个低频产品，比如手机，只要通过设计，提高与消费者的全场景接触频次，你的产品也可以从低频变成高频。

提高与消费者的全场景接触频次的三个方法

关于如何提高与消费者的全场景接触频次，下面有三个方法。

❶占领消费者 24 小时分配权

游戏玩家中有这样一句话："要么肝，要么氪。""肝"是指时间，"氪"则是指金钱。对于零售业来说，也是同样的道理，通过占领消费者的时间，来获取消费者的金钱。

如何更多地占领消费者的时间？这个问题说复杂便复杂，说简单也非常简单。只要让消费者在购买产品时能第一时间想到你，他的时间就是你的了。这就是说要抢占消费者的 24 小时分配权。

这个概念这样说会比较空泛。不如让我们先来看几个广告文案。

"饿了别叫妈，叫饿了么"

"今年过节不收礼，收礼只收脑白金"

"怕上火就喝王老吉"

这些句子是不是很熟悉，是不是听到开头马上就能补上后面的内容？

在这种通过产品文案描述直接对准消费者需求场景的宣传中，送礼是高频的，饿是高频的，上火也是高频的，而"送礼＝脑白金，饿了＝点外卖，王老吉＝败火"的概念会深植于消费者的脑海中。这就是对消费者时间分配权的占领。比如，百草味就通过频次设计，抢占了消费者的24小时的分配权。

[案例]

百草味，涵盖全天候的消费场景需求

百草味最初只是仿照来伊份线下连锁零食店模式，店中也只有少量的零食品类。然而经过了十几年的品牌发展，如今的百草味早已超越了来伊份，成为休闲零食业的巨头之一，零食品类也逐步拓展为涵盖了消费者全部消费场景需求的全品类零食（见图4-3）。

图4-3　百草味休闲零售系列

早餐包括2018年新上的“粥系列”，午晚餐有各类卤味肉食，还有专门为喜爱夜宵的人群定制的“夜伴小卤”系列。

而针对国人年节送礼的需求，百草味还推出了“年的味道”系列，并且针对春节进一步细分了场景、细化了产品，像“全家的年夜饭”“外婆的灶台”“小伙伴的鞭炮”等产品，都是在此基础上推出的。同时，这类产品的包装设计，也全面贴合了消费场景。

现代的品牌营销战，从某种意义上讲，就是一场对于消费者时间的争夺战。全球人均在线3.9小时，中国4.2小时，消费者一天在线上的时间大概是四五个小时。只有成功抢占消费者时间的分配权，在消费者心中形成清晰定位，消费者在产生相关需求时才能条件反射般地想到这个产品或品牌。

❷全渠道，让空间不再成为消费的限制因素

全渠道就是打通线上和线下，让传统渠道和线上渠道融合，让空间不再成为消费的限制因素；改变企业和消费者的关系，让消费者无论在任何时候，在任何地点，用任何方式都能买到自己想要的东西。

比如咖啡外卖的逐渐流行，预示着咖啡消费方式的变迁，从功能性的咖啡馆向家庭、办公室等空间拓展，异地下单的咖啡外卖使得咖啡的社交属性从线下转移到线上，为消费者开启随时随地随心的新零售生活体验。

[案例]

随时随地一杯星巴克

2018年9月，星巴克与阿里巴巴达成了合作共识，将会与阿里巴巴旗下的饿了么、淘宝、支付宝、天猫、口碑等多个业务线达成业务合作。双方在上海共同宣布了这一项战略性合作的消息，引发了业界人士的广泛关注。

星巴克与阿里巴巴的合作是实现优势互补的过程，可谓是“强强联手”。星巴克试图借助阿里巴巴的新零售基础设施与成功经验，来实现创新，在为消费者提供“随时随地”的服务体验的同时，推动星巴克向前发展，一展其青云之志。

2018年9月，星巴克与阿里巴巴的合作让消费者体验到了“随时随地一杯星巴克”的服务。

阿里巴巴旗下的饿了么为星巴克提供了较为成熟完备的物流配送体系，使星巴克实现大范围的外卖业务成为可能。在这一基础之上，星巴克计划在北京与上海的重点商业圈内的150家门店内进行实验，观测外卖业务的可行性与需要改进之处。

在北京与上海的实验取得了圆满成功后，星巴计划在全国范围内全面推广外卖业务，并计划在2019年年底实现覆盖30个重要城市中的2 000多家门店的目标，从而为更多的消费者提供更加快捷的服务。

“品质如一”是星巴克对消费者的承诺，这一承诺也被贯彻在星巴克与饿了么的合作之中。饿了么为星巴克提供了专业的外卖配送团队，在细节之中也不放弃追求完美，让消费者不仅能够体验到快捷方便的配送到家服务，还能感受到与门店一致的高品质体验。

除了与饿了么进行物流配送上的合作，星巴克与盒马的合作更为深入。双方以新零售配送体系为基础，创建了星巴克外送厨房。

星巴克抢先涉足“外送厨房”，试图在未来创建门店与“外送厨房”的新组合销售模式，实现双管齐下，在提升配送品质与范围的同时，为消费者提供更优质的服务与体验。这是星巴克应对市场变化的、具有前瞻性的战略措施与方案。

星巴克与阿里巴巴的“双枪合璧”开创了星巴克零售智慧门店，为消费者创造了全新的消费与生活的体验方式。在这一过程中，生活空间、工作学习空间、线下零售门店、线上零售平台之间所有的限制壁垒，几乎被完全突破，使消费者真正能有随时随地随心的体验。

星巴克这一举措，全面突破了线上与线下的界限，打破了时空局限，可以与消费者时时保持联系。消费者不论身处何方，在星巴克门店还是线上平台，都能通过手机客户端点单，或者在星巴克官网进行购买 。除此之外，消费者还可以体验“用星说”社交礼品服务以及线上客服咨询等各种服务，享受升级版的、具有个性化的优质体验。

多渠道、跨平台、全空间融合的星巴克新零售智慧门店，也将为星巴克新零售业务在中国市场的拓展打下良好基础。

❸全场景营销，让品牌无处不在

天气热了想要凉爽，天气冷了想要温暖，换季了想要添衣服，去户外运动想要添装备。消费者产生的任何一个想法，都与具体的场景分不开。哪怕是“没什么想法就是不开心，想要买买买”这种心态，其实也是商家潜移默化的场景营销宣传的结果。

所以，零售企业和商家要倾力布局全场景营销，让场景成为营销赋能的“双核”。在这方面，OPPO 就走在了行业的最前沿，构建了全场景营销，开创了一种真正迎合当下商业环境、用户特征的营销思路，这种“全场景”营销的做法能够真正构建出一个与用户良好沟通的品牌文化生态系统。

[案例]

OPPO的全场景营销

OPPO是国内手机品牌商中将线下渠道的价值挖掘到极致的厂家。随着电商的兴起与发展，各个手机品牌商都将宣传与销售的重点转移到了线上渠道。而OPPO却放弃主流，将销售重点放在线下门店的渠道上。

遍布大街小巷、各大商场的OPPO门店可以分为以下两类：

其一为OPPO体验店，其持有者一般为OPPO本身或者经销商；

其二为与商场、卖场、运营商合作的店中店，或者商场/卖场专柜。

OPPO通过体验店基本上实现了区域全覆盖，再通过店中店与专柜等形式填补未能覆盖的区域，使中国的每一处城镇都进入到OPPO的销售“网络”之中。

OPPO对智能手机有独特的理解：智能手机不应该成为千篇一律的标准商品，而应该是带有消费者个性的多样化的消费商品。

而OPPO的线下渠道比线上渠道更容易为消费者提供智能手机个性化的服务。在门店，消费者可以向店员说明自己的需求，店员可以根据消费者的明确需求，推荐满足其个性化需求的手机，从而提升消费者的体验。

在为消费者提供个性化体验的过程中，OPPO 还在不断地调整线下门店的布局。例如，调整同一区域的门店数量，优化销售效率较低的门店等，从而全面提高线下渠道的销售效率。

在 2017 年 12 月 24 日，OPPO 首家超级旗舰店在上海正式开业，并邀请杨洋助力开业活动（见图 4-4）。OPPO 的本次举措是为了提升销售效率与业绩，更是为了实现零售终端的成功转型，为品牌形象升级，从而使 OPPO 在实现“全场景”营销上迈出第一步。

图 4-4　杨洋助力 OPPO 全球首家超级旗舰店

消费者是新零售体系中的运营核心与营销起点，因此运营的目的在于加强品牌与消费者之间的联系。OPPO 在品牌与消费者的沟通方面采用“明星营销”方式，通过组合超人气明星“CP”吸引消费者的关注，制造品牌话题，从而以明星作为“桥梁”，实现品牌与消费者的直接沟通。这一策略获得了较为热烈的市场反响。

实现“全场景”营销除了需要有反响强烈的营销策略之外，还需要优秀的设计团队。OPPO 的设计团队，拥有高超的设计能力，其中“90 后”占据主流。因此其团队更能与当代年轻人产生共鸣，可设计出年轻消费者群体喜欢的、需要的优质手机商品。OPPO优秀的团队使其能够准确地把握消费者的需求，促进“全场景”营销的开展。

综上所述，OPPO通过上述营销方式构建了“全场景”营销，在加强品牌与消费者联系的同时，也使品牌与消费者形成了闭合回路，这是符合新零售时代环境与消费者需求的营销新思路。

OPPO冠名、赞助各种热门综艺节目，在机场、地铁等场景中投放线下广告，在各个城镇实现门店覆盖，建设线上商城等营销手段，都是为了提升品牌与消费者之间的全场景接触频次。这是OPPO在新零售时代的立足与发展之道。

当代的商业竞争，是一场看谁能更快、更近距离触达消费者的赛跑。在物理空间上尽可能全面地布局和铺设，打破空间局限，实现线上线下一体化；再通过全维度场景化渗透消费者，占领消费者心智，增强品牌黏性。谁做到了这些，谁就能成为未来零售战场上的胜利者。

跨业态：跨界复合店的玩法

新零售业态发展的新趋势与新思路

在韩剧中，经常会出现这样的情节：某日春光明媚，女主角与闺蜜悠闲地在咖啡店喝完咖啡，然后一同买衣服、看看书，顺便逛逛家具店……这样悠闲舒适的生活方式几乎是每一个人向往的。

如今，各种“书店＋餐厅”“零食店＋花店”等跨界组合随处可见，让韩剧中的情节在现实中得以实现。

诸如此类的跨界组合还有许多，例如主卖化妆品的悦诗风吟与咖啡店合作，将美妆与美食结合，给消费者提供双重的快乐。在悦诗风吟组合场景之中，原木质地的座椅、鲜翠欲滴的植物，为消费者打造了一个清新自由的活动场所（见图4－5）。让消费者在品味咖啡的过程中，感受到生活的希望与美好，从而更愿意为自己的精致生活投资，例如购买护肤产品、面膜等。

图4－5　悦诗风吟供应的甜点以及内装

悦诗风吟打造了美妆与美食两者结合的跨界复合店，而共禾京品则是打造了多方位于一体的跨界复合店。其主体是餐厅，但结合了家居、咖啡、美酒、烘焙以及花艺教学等方面的业务。在共禾京品，消费者不仅能够满足味蕾的需求，释放自己的购物欲望，还能学习到花艺知识。

共禾京品的多样化服务让消费者乐不思蜀，对于消费者而言，共禾京品是餐厅还是家居店已经无关紧要，安心享受才是“正道”。

越来越多的实体店开始打造跨界复合店，为消费者提供更为个性化的服务，提升消费者的体验，这是目前新零售时代实体店运营的主流方向。例如，西西弗将书店与咖啡相结合、歌莉娅将女装与摄影融合、万物想实现了零售与培训的结合等。

以前，零售业态变革主要沿着以下三个维度展开。

一是成本变化。零售新业态朝着低成本的方向变革。新业态具有明显的成本优势，将成为传统单一业态的强有力的竞争对手。这促使已有的单一业态不断地进行变革，强化自己的成本优势。

二是产品线宽窄。新老业态为了能够在竞争之中占据先机，都在不断地扩展自身的产品线宽度，成为跨业态的新组合。这种复合模式有效地提升了竞争优势，实力迅速攀升并碾压已有业态，成为零售市场的重要组成部分，可谓是前途无量。

三是地理范围。新技术与完善的管理方式使实体流通企业取得了竞争优势，并通过拓宽产品线宽度，招揽与其他业态不同的客户，形成稳定的客户群，这使其在竞争激烈的商圈中争夺到了发展的一席之地。

传统业态围绕这三个维度，不断发展，但形成的组合只能在“大规模、快捷、低价”三者之中，任意选取两种作为组合业态的优势。例如，百货、大卖场等只能兼顾“大规模、低价”这两个特征；便利店、折扣店等只能选择“快捷、低价”这两个特征。

在旧有的形式之下，任何一种业态都无法跳出“三选二”的尴尬境界，不能同时拥有大规模、便捷、低价的竞争优势。

在这种环境中，移动互联网、大数据、云计算、物联网等技术应运诞生，为各业态实现“大规模、便捷、低价”三位一体创造了机会。零售商打破了时空的局限，与消费者实现交互，各种信息技术功不可没。

零售商可以通过分析消费者的大数据，全面了解消费者的偏好与需求，从而进行更为精准、更具个性化的营销，再加上其他信息技术的辅助，使消费者能够迅速购买并接收到商品。

零售商通过信息技术的运用，彻底跳出了商圈规模、过窄的产品线以及时空局限，为消费提供多样化商品以及低价、快捷的新业态服务。例如，橙家就是跳出局限、转向零售新业态的佼佼者。

［案例］

橙家，体验全新的生活方式

大面积的儿童区与阅读休息区，是橙家最新一代体验店最引人注目的部分。橙家在阅读休息区放置了自家的进口沙发，利用书架制造隔断的休息区，并与饮品吧台连接。其装修设计为消费者创造了一个舒适休闲的环境，使消费者能够获得更加优质的体验。

橙家抓住了当今“80后、90后”的消费习惯与偏好，即注重消费体验，不仅迎合了消费者的喜好，还使消费者在体验与情感方面的需求得到满足。

橙家作为家居零售商，不再提供单一的售卖家具服务，还开始售卖场景、售卖体验。消费者在橙家逛完之后，可以选择坐下来喝杯咖啡或者阅读一本书，甚至还可以通过VR技术看一看装修后的家。橙家提供的服务，将消费者暂时从快节奏的生活与工作中解放出来，享受片刻的岁月静好。这一举措，实现了消费者的体验升级，提升了消费者的认同感。

橙家的成功为其他新零售业态提供了发展思路，即抓住消费者的消费习惯与偏好，提升消费者的体验，满足消费者的心理与精神诉求是不可忽视的因素。

跨界复合店的兴起

跨界复合店就是不同业态组合形成了多业态混合的实体店。换言之，跨界复合店摒除了单一的、传统的业态，将两个甚至或者更多的业态，融合到一家实体店中，从而产生新的消费热点，为消费者提供多样化的消费服务与体验。

跨界复合店使消费者能够在同一门店内购买更多种类的商品，在最大限度上提升消费者的购买概率。这种跨界复合店实现了“1+1>2”的市场叠加模式。

万事皆有因，跨界复合店的出现也不例外，其是在多种“因”的相互作用中诞生出的“果”。以下为影响跨界复合店诞生的具体因素。

❶消费者需求与诉求的转变

随着我国经济的高速发展，人们的生存诉求与基础物质需求得到满足，这使人们将需求重心转向精神与心理方面。

如今的“80后、90后”已经成为消费主力军，他们认为买衣服不仅是为了遮羞蔽体、打扮得体，更是表达了对精致生活与快乐生活的追求；吃饭也不仅是要满足口腹之欲，而是慰藉心灵、治愈自己的一种方式。他们希望能够在满足自身购物、吃饭需求的同时，还能满足自身的心理与精神需求，享受个性化的服务，获得多元化的体验。

正因如此，紧抓消费者需求的跨界复合店，顺应了新零售时代的发展规律与趋势，在市场之中获得了发展空间。

❷线下实体店遭遇经营危机

前所未见的危机是传统实体店不得不走上转型之路的根源。如今，零售行业不仅需要创新，还需要与消费者产生交互，打造吸睛、可信赖的企业与品牌形象。这些行业的新要求，使传统的零售行业纷纷转型，试图通过打造跨界复合店，实现“沉浸式营销”。

在这方面，零售行业取得了较好的成果，不仅拥有了利润创造的业态，如餐饮、美妆、服饰等；还拥有了满足消费者心理诉求与精神需求的场所，用来吸引人流，如书店、娱乐设施、咖啡店等；使消费者可以享受线上店铺无法提供的服务与体验。这是传统零售业应对电商冲击与经营危机的重要手段。

❸零售行业的内部竞争

零售行业内部的竞争依旧十分激烈，传统实体店为了能够在内部竞争中抢得先机，增强自身的竞争优势，要将自己打造成为跨界复合店。

在此基础之上，各个跨界复合店除了进行商品的全面升级之外，还通过增加多元化业态与多样化功能区，实现了内容与服务的增加。增加门店的亮点，让消费者体验更多的消费乐趣，增强消费者的消费欲望（见图4-6）。

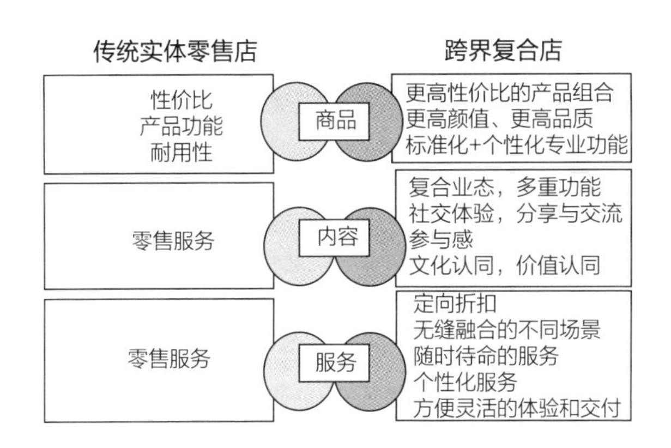

图4-6 传统实体零售店与跨界复合店的对比

时代的变化和激烈的市场竞争使传统实体店不得不转型，从而使跨界复合店诞生了，这是市场发展的必然趋势，也是市场选择的最终结果。

跨界复合店的几种玩法

跨界复合，简简单单的四个字，但要将其落到实地却十分困难。各种跨界复合店花样百出，力求吸引消费者，提升接触频次。但从整体上来看，跨界复合店大致可分为以下三种模式。

❶业态集合店：复合业态的叠加

业态集合店是最基础的模式，是单纯地进行多业态叠加。一家实体店在夯实主体业务的基础上，创建其他行业的业务线，最终实现门店升级的目标。其中主体业务是创造利润的支撑点，其他业态的业务提供附加值服务，提升消费者的体验，增加主体业务的利润。

此种模式虽然操作起来方便快捷，但也容易暴露问题，即“神不匹形”。“形”是指多业态叠加形成集合店模式，“神”是指对复合店铺的整体定位以及主题定位。

例如，深圳万象天地引进的 SPARKO，是华南第一家 SPARKO 店。该店是女装、针织、配饰、眼镜、生活用品、花店、咖啡店、照相馆、画室等多业态复合店，拥有很强的综合性。该店以零售为主要的利润支撑点，以其他业态为辅助，但最终效果差强人意，销售量一直达不到预期效果。

造成 SPARKO 复合店失利的原因有以下两点。

其一是缺乏引流的业态与品牌，无法聚集客流量。构成 SPARKO 店的业态都是比较普通的业态，没有吸引消费者的亮点。除此之外，SPARKO 也没有明星品牌产生聚客效应，无法吸引消费者前来消费。

其二是没有整体定位与统一的主题。SPARKO 的业态复合更像是在东拼西凑，没有用一条主线（如统一的色调、主题等）将各种“性格迥异”的业态联系在一起。这让消费者并没有在逛一家店的感觉，而是走进了某个大卖场。

如同SPARKO复合店的业态集合店是一种较为基础的业态复合玩法。在这种玩法中，各个业态之间虽然有一定的关联，但关联不自然、不流畅，给人一种东拼西凑之感。在这种业态复合模式中，各业态依旧是各自为营，其跨界组合显现出僵硬与死板的特征。

业态集合店虽然有较大的弊端，但依旧可以做得很好，只不过需要解决品牌组合与精细化运营这两个难点。以下为解决难点的参考方法。

首先，各个零售商应该先给自己的店铺制定一个能够包容其他业态的、明确的定位。这样才能使多业态达到“和而不同”的状态，并在此种状态下确定可以与之匹配的品牌，将整个店打造成一个包容性强的整体。

其次，寻找几个主力品牌，作为引流、创收的主要支撑点。

综上所述，打造复合店铺需要制造“精神内核”，如整体定位、某种消费者认同的价值观、某个品牌等，从而使业态复合店实现“形神合一”。

❷主题复合体验店：复合业态+主题定位

主题复合体验店是业态集合店的升级版本，用一个主题将产品理念与设计、品牌组合、空间处理、环境布置等因素串联起来，有效地解决跨界复合“神不匹形”的问题。其主要有以下特征。

其一，不同场景的无缝衔接。在主题复合体验店中，所有的业态的环境布置、灯光和情景小品等视觉元素都趋向统一风格，不仅能够更好地凸显主题，还可无缝衔接各业态，让“个性不同”的多业态组合不会显得生硬。

其二，内涵与高颜值并存。实体店的规模无法与购物中心的规模媲美，无法用超大空间引流，只能以巧取胜。通过有格调、有气氛的店内环境设计，利用小空间的视觉冲击凸显主题，制造情感冲击，从而迅速抓住消费者的目光。这就是用颜值与内涵的取胜之道。

其三，强调艺术化与人文精神。主题复合体验店用主题使自己脱离了多业态拼凑的阶段，用艺术化与人文精神打造了一种全新的购物场景，使人有惊艳感，最终实现差异化发展，在市场之中争得发展空间。

在众多主题复合体验店中，做到极致的当属诚品书店。

[案例]

苏州诚品书店——实现主题化定位

“净探聚”是诚品书店制定的主题，致力于打造“人文阅读、创意探索的美学生活博物馆”的主题理念，将文创、家居、音乐、餐饮、展演等业态串联起来，实现“形神合一”的效果。

店内展示的所有产品的设计与摆放都大有讲究，展现出了具有高品位、高审美的人的精致生活与生活情调。

其店内的地下一楼还设置了展示苏州优秀的传统工艺的特色空间——诚品生活采集 X 苏州。该空间的设计装潢多采用原木质地的材料与明亮灯光的组合形式，让消费者在这种舒适、优雅的环境氛围之中，细细欣赏苏绣、苏扇、核雕、木刻年画、缂丝等独特的工艺美。这些独具匠心的设计都是为了塑造环节细节，以达到凸显“净探聚”主题定位的目的。

诚品书店打造主题复合体验店的成功为其他跨界复合店打开了新思路。例如，娃娃集就是小规模复合店中实现“复合业态＋主题定位”的典型代表。

[案例]

娃娃集——粉色少女主题的吸睛操作

“娃娃集”是一家位于深圳卓越 INTOWN 购物中心的娃娃机与餐饮的复合店。其打造的主题为“粉色少女”，受众定位十分明确，即怀有少女心、“公主梦”、喜爱粉色的年轻女性群体。该主题一经推出，便使娃娃集成为大量年轻女性必去的拍照打卡场所和休憩场所。

娃娃集“粉色少女”主题的打造，主要体现在情景小物的设计与布置之上。例如粉色的桌椅、墙壁上投放的“粉红豹”视频等，打造出一个充满少女气息的梦幻空间。这种主题场景的打造，使每一位消费者几乎都会为娃娃集驻足，近而被吸引进店体验，甚至还吸引了部分淘宝店主来此取景拍照。

几乎每一个女人在少女时代都有一个粉红色的公主梦，梦想自己能够生活在一个粉色的城堡中，拥有一个充盈着粉色的房间。但这对于大多数人而言是个遥不可及的幻想。而娃娃集打造的“粉色少女主题”，可以弥补消费者少女时代的遗憾，使消费者获得心灵上的慰藉与满足，获得“情感体验”。

诚品书店和娃娃集等主题复合体验店，通过对主题的打造，使跨界业态形成一个整体，在满足消费者精神需求与心理诉求的同时，增强了消费者对店铺的认同感，使主题复合体验店具有了精神内核，获得了长久发展的生命力与驱动力。

❸IP 线下体验店：复合业态 + 主题 + IP

“IP”一词成为各行各业的热门名词，意为：可以进行多维度、多层次开发的文化产业产品。一个优秀的 IP 的商业价值潜能也十分巨大，可以进行电影、电视剧、游戏、音乐、动漫、创意周边产品等二次开发，并通过 IP 的热度迅速吸引大众的目光与关注，提升销售业绩。

某一领域之中的某一 IP 在有名气之后，必然也会带动其衍生产品的出现，并逐步扩展到其他领域，联合各个能够带来实际利润的实体零售业态，从而获得 IP 的主体利润与衍生品利润。促使 IP 体验店诞生的灵感便来源于此。

IP 线下体验店的重点就在于拥有一个具有中高价值的 IP，即一个热门文化符号。一般而言，零售商获取 IP 的渠道有两种，向版权方购买 IP 的授权，或者由出版方自行开发、授权。

在拥有 IP 之后，将 IP 的独特性与实体店的商品、装潢、形象以及消费者体验结合，在尊重业态差异性的基础之上，实现创新。

IP 线下体验店的最大特点就是将某一热门 IP 作为实体店的唯一主题元素，达到引流的目的。IP 的选择也有许多，如《秦时明月》等知名动漫、《盗墓笔记》等读者众多的小说、《权力的游戏》等红遍大江南北的电视剧以及某个突然兴起的网络热词等，都是零售商可以选择的热门 IP。借助热门 IP 的影响力，快速吸引消费者的目光。

LINE FRIENDS CAFE & STORE 是玩转 IP 线下实体店的佼佼者。其在深圳海岸城开设的新店，虽然门店面积不大，但打造出了极具韩国特色的主题场景。以 LINE 旗下各种卡通形象为热门 IP，塑造出绚丽多彩而又不失清新的环境氛围，有组合周边零售（带有 LINE 元素的衣服、文具、配饰、鞋包等）、轻餐、酒吧三种业态。

这种以热门 IP 为核心的跨界复合新玩法，为 LINE FRIENDS CAFE & STORE 吸引了大量消费者前来体验，即使是工作日，店内也座无虚席。

“复合业态 + 主题定位”的 IP 线下体验店是跨界复合店的高级玩法，在中国才初露锋芒，其具体实践过程还会面临许多困难。但随着迪士尼、漫威、DC、三丽鸥等外来品牌在中国大刀阔斧地扩张，展示出 IP 强大的影响力和吸金能力，并且随着 IP 变现能力和变现形式的多样化，已经能窥见它的发展势头将越来越强劲。

玩转跨界复合的注意事项

综上所述，各位零售商想要成功跨界复合，应该摒除东拼西凑式的简单业态叠加，要将复合业态与主题定位完美融合。以下是各零售商和品牌商在实现融合的过程中，需要注意的问题。

❶保证调性相符

所谓“调性”的相符，就是选择在某些领域具有“相通性”的业态，并制定连接多种业态的主题定位。这两种“调性”的相符，可以促进多业态的跨界组合，使各业态能够更好地连接成一个整体。保证调性相符是跨界复合成功的基础与关键。

❷控制业态数量

业态数量并不是多多益善，而是要根据实体店的空间大小来确定。许多实体店的空间面积并不大，如果选择的业态过多，就会使店内显得十分杂乱无章，在引流方面甚至可能会起到反作用。

对于空间有限的实体店而言，应该选择几个契合度较高的业态，一般2~3个较为合适。随后集中全力将选择的业态做精做细，吸引消费者进店体验。

❸筛选品牌

品牌的筛选必须与消费者群体定位挂钩，各个零售企业与品牌商只有根据自身的“定位”“主题”“IP”等选择合适的品牌，才能抓住目标消费者群体的需求，最终达到引流获利的目的。

零售企业与品牌商在打造跨界复合店时，必须打破思维局限，抛弃“跨界复合就是搞副业”的浅薄认知，转变“安稳”的营销模式，打造零售新形象，打造主题、引爆话题、打造热度。在不断满足人们日益增长的精神需求的同时，不断地实现自我超越，从而获得更加长远的发展机会。

跨品类：
跨领域、跨思维地打破产品品种及品类边界

本节开始之前，我们不妨先来回忆一下：在 2018 年的电商节，有哪些商品令人印象深刻。

是故宫淘宝推出的仙鹤、螺钿系列彩妆？还是泸州老窖推出的香水？又或者是 RIO 推出的六神风味限量版鸡尾酒？

故宫彩妆上线当天便连续追加了三批预售份额，预售期从“双 11”当天一直延续到春节后。

5 000 瓶六神花露水风味的 RIO 鸡尾酒从上线到售罄，只用了 17 秒。

泸州老窖香水不但被一扫而空，还带红了泸州桃花醉这款

商品。

除此之外，卫龙推出的辣条口味粽子，阿芙推出的“万福金油”卸妆油，欧莱雅推出的“喜茶色”口红，均取得了辉煌的销售业绩。

这些打破产品品类边界，脑洞超大的跨界营销，一进入市场便以一骑绝尘之姿将同类产品远远甩在了后面。对身经百战的消费主流人群来说，想要引起他们的关注，只凭价格、服务已经远远不够了。于是，跨品类应运而生。

所谓跨品类，也是跨界营销的一种，即根据不同行业、不同产品、不同偏好的消费者之间所拥有的共性和联系，将一些原本毫不相干的产品进行融合、互相渗透，进而彰显一种新锐的生活态度与审美方式，以此赢得目标消费者的好感与信任。

换句话说，跨品类就是跨领域、跨思维地打破产品品种及品类边界。比如，现在最流行的“茶饮+”，就是跨品类最好的玩法。

[案例]

茶饮行业的跨界“卖茶”

目前，新茶饮将售卖的重点由售卖茶饮饮料转至为售卖空间服务，这一转变使茶饮变为刚需消费的一种。新茶饮店的空间似乎不大，但在提供线上与线下售茶服务的同时，还提供相关衍生品的售卖服务，可谓是“麻雀虽小，五脏俱全”。

除了通过线上线下结合引流，扩大服务范围之外，茶饮行业的零售商也在积极地寻找茶饮零售与电商结合的关键点，试图将茶饮行业引上零售电商之路。

各种零售电商类小程序的成功研发，为茶饮行业的零售电商提供了新思路。依托于小程序，为消费者提供更便捷的消费平台，从而帮助茶饮行业的零售电商快速地将用户与粉丝转化为消费者。

在新零售形势之下，多品类正逐步发展成跨界经营的主流，茶饮行业也不例外，正呈现出全方位、多品类的混业经营状态，并在经营过程中强调线上线下结合，用数据赋能实体店。

在新茶饮行业，茶饮与欧包等产品的组合模式几乎已经成为行业标配，茶饮行业经历了跨业态复合的过程。而今茶饮行业正在转向跨品类的营销，进行跨界“卖茶”。

例如，茶饮 + 咖啡。咖啡似乎是百搭的产品，特别是现磨咖啡，可以为许多行业带来新的盈利增长点。咖啡“加盟”茶饮行业也为茶饮实体店带来了更高的利润。

在茶饮店中，各类产品的界限正在逐渐消失，茶饮、甜品和咖啡等融合，为消费者提供了更多的口味，极大地丰富了茶饮店的业务线，并通过各类产品的融合与相互作用，增加了茶饮行业出现周边衍生产品的机会与盈利渠道。

再例如，“茶饮 + 火锅”。火锅行业发现茶饮具有高流量、高利润的特点，且消费场所一般与餐饮行业的消费场所相连，于是火锅行业也开始进军茶饮市场，并试图借助茶饮行业的优势实现进一步的利润增长。这为餐饮行业的发展提供了新的发展方向。

不论是否跨界，零售企业与品牌商都需要在把握市场的基础之上，提升自身产品的专业度，以形成完整完善的产品供应链。只有这样的品类扩张才能经得住市场与时代的检验。

随着消费升级时代的到来，年轻消费群体更看重消费体验。现制饮品消费与休闲类场景重合度很高，其中美发、美甲、KTV、按摩足疗、游戏厅是消费者们喜欢到店消费的其他场景，这给行业商家提供了丰富且实际的跨品类营销机会，从而提升了产品与消费者的接触频次。

那么，零售企业和品牌商如何实现跨品类，提高消费者的接触频次呢？

品类的跨界开创“三步法”

关于跨品类，这里有品类的跨界开创“三步法”。

❶第一步：机会点分析

分析机会点就是寻找开拓市场的切入点与机会，这是各个零售企业与品牌商在进行跨品类之前应该进行的工作。通过以下“四看”，可以迅速地寻找到机会点。

1）看自己：明确自己的核心优势是什么

一个跨界品类的产品能够取得成功，往往与企业和产品自身的核心优势密不可分。如果零售企业与品牌商无法明确自身与产品的竞争优势所在，在产品定位之上很容易会偏离原本的轨道，使产品丧失核心竞争力，最终被其他产品取代，或者被市场淘汰。

2）看对手：了解竞争对手的弱点与优势

跨界品类的开创不仅要“知己”，还要“知彼”，这样才能“百战不殆”。了解竞争对手的弱点，不仅是为自己树立前车之鉴，以此为出发点击败竞争对手，还是为了在其弱点中发现新的消费诉求与利益增长点。

看对手，可以让零售企业与品牌商吸收竞争对手优秀之处，将同类产品做得更好，还可以抓住其他同类产品不具备的功能。例如，云南白药牙膏的成功就在于了解到其他牙膏“重清洁、轻护理”的弱势，并将这一弱势转化为自身的优势，从而获得了新的利益增长点。

3）看消费者：了解消费者需求、消费偏好与趋势

满足消费者的物质、精神需求与心理诉求是开创品类跨界的前提与重要途径。不能满足消费者需求的产品，几乎没有价值与意义。跨界品类的开创一定要在掌握消费者确切需求的基础之上，筛选出符合消费者心声的品类，而不是想当然地在海量产品品类中寻找。

4）看发展趋势：整体把握市场，对“势”要形成宏观认知

许多品类“应势而生”，也该“顺势而为”。“势”不仅在宏观上指代局势、社会大势、时代趋势，还指代市场之中的各种趋势，例如消费者的心理趋势、某品类的发展趋势等。开创品类就是需要零售企业与品牌商，以上帝视角去观测市场，

精准掌握各种“势”。

❷第二步：捕捉消费场景，跨品类融合

寻找到跨界融合的机会点之后，零售企业就可以以机会点作为跨界融合的支点与切入点开展行动。

跨界融合就是将不同行业的不同元素进行拆分重组，这如同自行组装电脑，会根据电脑的最终用途，选择最合适的硬件并考虑它们的兼容性，最后组装出一台运算速度快、具备高性能的电脑。

不论零售企业与品牌商做出何种决定，其终极目标都没有发生变化，即为消费者提供更好的消费体验，扬己之长，攻敌之短，最终获取更大的市场份额，赢得更多的利润与发展空间。

目前最好的跨品类融合的方法就是通过捕捉消费者的消费场景，找到覆盖消费人群的切入点，以此找到最契合的合作对象。消费升级并不单指产品价格的升级，还有消费者对于产品内在价值需求的升级。比如，RIO 在推出了六神花露水口味鸡尾酒之后，紧接着又联合英雄墨水推出了墨水鸡尾酒。

[案例]

RIO“墨水”鸡尾酒——深挖消费场景，寻找最佳契合点

RIO“墨水”鸡尾酒的创意，来自俗语“肚子里有墨水”，“肚里有墨水，敬你是英雄”的宣传文案，非常精准地戳中了目标消费者对于本土文化情怀的价值升级需求点（见图 4－7）。

图4-7 RIO墨水鸡尾酒

这一款墨水鸡尾酒，天猫首发6 000瓶，一分钟之内被一抢而空。这一个接一个爆款的背后，是RIO对消费环境、消费趋势的准确把握。

“创新式的猎奇口味反差”充分满足了目标消费群体追求新奇、追求个性的需求。一个是自带文化底蕴的国货品牌，一个是自带新潮气息的酒类品牌，这种“年轻与怀旧的结合”，挖掘出了跨品类的消费者。这种跨品类创新，经过沉淀、转化之后积累了大量的新晋消费流量。无论是对酒类饮品新场景的重塑，还是对于行业品类的延伸，都具有相当深远的影响；无论是对酒精饮料饮用新场景的构建，还是对预调酒行业的品类突围，都将有革命性的影响。

跨品类只在产品上进行创新是远远不够的，对不同品牌的消费场景进行挖掘，找到它们之间契合的切入点，才是跨品类营销的重点。

❸第三步：品类定位

品类定位的本质就是解决“我是谁”的问题，即明确产品品类的方向。一般而言，有以下三种方法可进行品类定位。

1）优势定位法

零售企业与品牌商需要洞察产品在文化、科技、品质等方面，其他产品无法超越的优势，并借此实现产品品类的定位。例如，可折叠自行车的优势就是传统自行车与电动自行车无法超越的。因为折叠自行车拥有自行车的普遍优势，并将这类优势发挥到极致，还拥有其他自行车没有的优势，其优势具有独特性与排他性。

2）功能定位法

产品品类的切入点在产品的实用功能上，产品的实用价值往往是消费者决定消费的首要动机，因此零售企业不仅需要在宣传中凸显产品的实用价值，还需要不断地提升产品的实际功效，达到“名副其实”的境界，从而增强消费者对产品的信任。

例如，“怕上火，喝王老吉”的王老吉凉茶，就是在突出功效的基础之上，不断地提升自身的实用功效，从而赢得消费者的信赖。

3）人群定位法

这是指根据目标受众的特殊性与其他属性来为品类定位的

切入点。通过这种方法，可以使零售企业根据产品属性逆向寻找目标受众，再根据目标受众的需求，提升产品的专用性，或者直接生产目标受众没有使用过，但又有使用需求的专用性产品。

跨品类的三点思考

❶打破固有模式，发挥协同效应

跨品类需要打破固有的思维模式，充分发挥跨品类品牌的协同效应。可以这样说，跨品类营销的本质，是多个品牌从不同角度诠释同一个用户特征。

❷以用户体验互补为依据

跨品类对于联合品牌的选择，是以用户体验互补作为依据的。而不是流于表面的产品功能性的互补。就像 RIO 与英雄墨水的合作，就是文化怀旧与新锐潮流的用户体验互补。

❸对目标群体做市场调研

在策划跨品类营销活动时，需要对目标群体进行详尽的市场调研。跨品类面向的是高度重叠的消费群体，深入分析用户消费习惯及消费心理，是营销工作的依据。

最后还有一点需要注意的是，当通过跨品类对品牌进行重新定义之后，一定要注意重新注入的元素与品牌原有特色的协调性，否则会令消费者对品牌印象产生混乱的观感，反而得不偿失。

未来零售业将会继续蓬勃发展，企业应时刻分析，了解顾客的生活方式和购买习惯，以应万变。与此同时，品牌会越来越多，市场细分化趋势也会愈加明显，跨时空、跨业态、跨品类经营必不可少。当然，核心要素只有一点：合适的才是最好的。

即

（效率）

便利体验

Chapter Two

第5章 供给型供应链到需求链的转变

所见即所得中的“即”就是“快”，让商品以最快速度到达消费者的手中，给予消费者良好的体验。而快的前提就是消费者需求的准确性，精准会使销售更快、周转更快、库存更低、损耗更少。在新零售时代下，传统的供给型供应链已经不再适用，只有基于需求，你的供应才有价值。

价值链条重塑，供应链转化为需求链

关于供应链转化为需求链，我想从“7－11”说起。

[案例]

“7－11”的六次迭代路径

2018年3月，“7－11”宣布将它们一直使用的信息系统，改称为需求链信息管理系统。“7－11”在这次需求链信息系统的转型升级中，可谓是耗资巨大，投入接近200亿元。

“7－11”便利店在将信息系统转变为需求链信息系统的过程中，一共历经了六次迭代升级。前两次属于常规性的迭代升级，与现在我们所见的情况大致一样。从第三次迭代升级开始，就发生了新的变化（见图5－1）。

第三次迭代升级是单品管理系的升级。在新零售行业，大型购物广场和小型的便利店，两者在零售市场的规模与市场占有量上势均力敌。但是，两者在商品的呈现方式上却大不一样。在大型购物广场里的商品数以万计，可谓是种类繁多，从产品采购到产品上架，都有一套完整的流程。

而像“7－11”这样的小型便利店，商品的呈现主要通过单品来完成。商家会精确关注每一个单品的营销情况，并且针对商品的运行情况，及时进行战略调整与产品替换。从采购到上架环节，每一个单品都会被密切地关注。

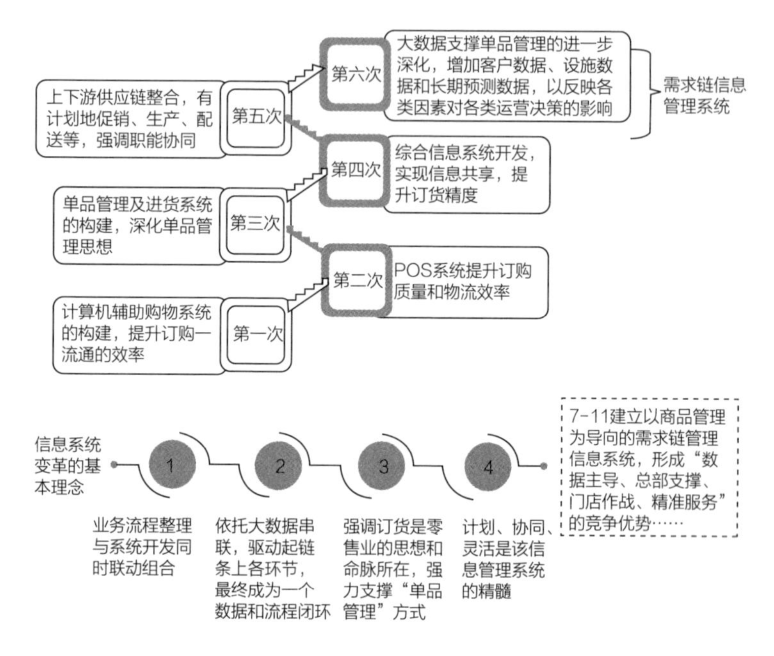

图5-1 便利店“7-11”的信息系统的变革

第四次迭代升级是信息共享的升级。经过前三次的迭代升级，总部与下面门店之间建立了一定的信息互动基础，如何更好地进行信息交流，是第四次迭代升级的关键点所在。因此，第四次迭代升级的标签就是信息共享。

在“7-11”的第四次迭代升级中，总部与分部之间既存在明确的分工，又有着信息联动。关键信息点由总部搭建，而具体的信息收集由门店完成，总部与门店之间随时保持信息联系的通畅。

总部在搭建关键信息点时，会对商品进行全方位的深度分析，包括商品的种类、性能、质量、价格，目前在市场上是属于畅销商品还是滞销商品，都要一一分析清楚。除此之外，总部还要去考察这款商品的生命周期，以及商品的节假日活动、促销手段等，这都是总部应该做的事情。

而门店的主要职责就是，根据门店的位置收集门店的周边信息。比如：门店周围的目标用户群体；门店周围是否存在大型的商场、医院等；每一个前来门店购物的用户的信息，如用户的口味需求，用户购买商品是自用还是送人，一般前来购物的用户是学生还是社会人士等。这些信息，相比较总部，门店往往更容易获取。

因此，第四次迭代升级是在第三次迭代升级的基础上更进一步。第四次迭代升级最大的特色就是为每一个单品设置了专属的“身份证”，每一个单品的信息都得以被完整记录。

而第五次迭代升级的关键点在于供应链的整合，主要是指商品的供应商与售卖商之间的合作。这种合作的力度是非常大的，不是简单的信息共享，而是连在一起的利益捆绑。其实，这种供应链的整合方式在国内早已屡见不鲜，小米之家等在做营销时，早已使用。而“7-11”的这次供应链整合，对用户需求层给予了更高度的重视。“7-11”希望通过供应商与售卖商的联合，共同研发更优质的产品，满足用户的需求。

因此，“7-11”的第五次迭代，是转向用户需求层面的迭代，对用户需求给予了前所未有的重视。

后来的第六次迭代，就是如今大数据时代的到来，大数据在零售业中被广泛运用。大数据将所有的信息都串联起来，形成了较为系统的需求链信息系统。

“7－11”花了这么大的精力，做了六次的迭代，由供应链转化为需求链，这是为什么呢?

为什么供应链要转向需求链

从管理思想的角度去了解供应链和需求链，我们会发现两者的核心有许多相似之处：都强调资源整合，注重供应商、零售商与消费者之间的协同作用，关注销售效率与商品成本，期望不断地提高整体效益。

但供应链和需求链之间也存在差异。例如，在管理主导对象上，供应链的管理以供应商与零售商为主导，而需求链的管理则是消费者占据主导地位。

需求链是在供应链的基础之上建立起来的，在明确消费者定位与需求、精准分析自身产品的基础之上，将供应链的各个环节与前端需求、商品管理结合起来。这使零售企业从消费者的需求出发，进行商品生产活动，最后开展物流配送的过程成为一个完整的流程，形成流程与数据闭环回路。此闭环回路，囊括了“库存–生产–采购–物流”等供应链的全部环节。

明确需求链与供应链的异同，形成完整的流程与数据闭环回路，是零售企业在开展革新行动，将供应链进化为需求链的过程中必须谨记的重要思想。

除此之外，零售企业还需要明白供应链需要进化至需求链的原因，才能更好地进行需求链管理。零售三核心“人、货、场”的分离是促进该进化的根本原因。消费者无法参与商品的管理、选择、预测与补给等过程之中，这让许多零售企业虽然十分重视消费者的画像，但忽视了对自身商品精准定位以及供应组织的协同作用，导致产品与消费场景无法与消费者需求匹配。

换言之，即零售商虽然把握了消费者的需求，但生产出的商品与创建的场景与消费者需求不相符。

要实现这一高层次的目标，需要零售企业在需求链的管理上紧抓零售三要素“人、货、场”，提升预测市场与预估热卖的商品的准确性，将智能商品管理、智能定价、促销管理、销售预测、自动补货和调拨、库存管理、物流计划、决策模拟等场景连接起来，并制定出预防相关问题的方案与措施，在整体上形成一个闭环。

实现场景智能化、管理智能化与决策的高效科学是这一闭环形成的根本目的，即帮助零售企业解决了“卖何种产品？”“有多少店铺可以卖该商品？”“怎么促进销售？”“补多少货？”“如何提高利润？”等关键问题。帮助零售企业，在提升销售额的同时，降低库存增长幅度、减少人力成本。

例如，某家销售额突破10亿元的企业，其库存长期保持在2亿~3亿元。当企业的销售额突破60亿元时，其库存增长的幅度并不会与销售额的增长幅度保持一致，如达到15亿~20亿元。因为在销售额达到10亿元时，就已经引入需求链相关的管理理念与技术，这使企业在降低库存增长幅度的同时，提升了利润。

需求链可以更好地帮助企业通过收集、筛选、分析数据进行科学决策，还要依托其带来的升级，整合、加强消费者与供应商、零售商之间的协作作用与关系，带动三者关系升级转型。这一行动，加强了零售企业对自身资金、信息、商品的深入分析，通过寻找三者之间最优的协作关系，实现最大的价值。

因此，企业必须把关注的焦点从供应链转移到消费者需求上来，使得需求链比供应链提供给消费者的价值更多。

如何由供给型供应链变革为需求型供应链

对于零售企业和品牌商而言，真正的需求链变革或需求链软实力提升，往往需要以下三个步骤。

❶建立商品的神经中枢，真正感知并管控需求

为商品和店铺画像，建立商品的神经中枢：去协同商品与市场，真正感知并管控需求。

商品画像与用户画像有异曲同工之处，就是在海量商品中，根据商品的特征、目标用户、价格、风格等方面对商品进行区分并归类，并为每一类的商品根据其属性贴上具体的标签。

商品画像最直观的优势在于，商品可以更高效率、更高精

准度地去和用户需求相匹配。为商品贴上“高性价比”标签，商家可以根据标签将商品投放到街边小店；为商品贴上“高档”标签，商家可以将商品投放到高级场所。

同样，用户画像还能驱动供应链中的种种行为，比如：一旦被贴上“畅销”标签，供应商要加大生产投入；一旦贴上“滞销”标签，供应商要积极寻找解决库存积压的办法。

总而言之，商品所贴的标签不同，与标签相对应的各环节、各流程、各模式也不同，并且它们都是动态且紧密联系的。

❷协同商品供应与消费者需求，确保供需平衡

当价值链由供应链向需求链转化时，各环节智能化、数据化要求的大幅提高，使得新零售商家要想达到上述要求，就需要在重构系统、提升软实力方面下功夫。

商家应该做好以下两个方面：一是打通与“人、货、场”有关的 ERP 和 WMS、CRM 等系统平台；二是将“人、货、场”中的信息补充完整。与此同时，商家还要根据商品的生命周期和市场竞争形态，来进一步完成场景的智能化、自动化、数据化。以此，将智能决策系统与消费者需求紧密结合(见图5-2)。

❸以开放共享思维，实现互利双赢

当供应链转化为需求链之后，零售企业将以消费者的需求为核心，力求创造更高的价值。从前，社会以交换经济为主

体，而如今社会则以共享经济为主体。

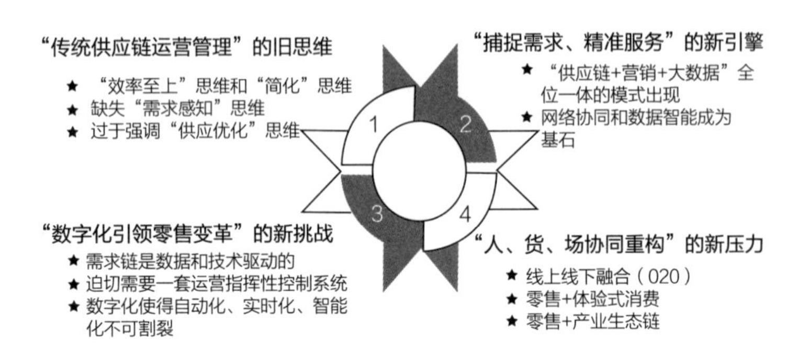

图5-2 零售时代传统供应链的挑战

在共享经济的时代，各大零售企业开始加强内部之间的竞合关系，通过竞争刺激发展，通过合作实现共赢。例如，沃尔玛与京东“双剑合璧”，共同致力于打造升级的到家服务；高鑫零售在阿里巴巴的“护航”过程中，加快了线上与线下的协作；苏宁与大润携手共建家电 3C 等。

零售企业的强强联手，显现出了新零售的合作共赢的总体趋势，通过互帮互助、取长补短，达到降低成本、提升利润的目的。但是零售企业之间的合作，不能只将利益放在首位，而是要在合作之中融入情感与共同的价值观追求，用开放共享的思维去实现“亲密无间”的合作，只有如此才不会“大难临头各自飞”。

❹生产型走向服务型

在消费者需求不断向个性化、多元化方向转变的过程之中，零售企业的角色定位也不再单一。过去的零售企业往往扮演着生产者、供应商的角色，而如今，其角色定位还增添了服务者等。在角色定位丰富的过程之中，能够给消费者提供更好的服务与体验的零售企业，更有可能成为最终的胜利者。

[案例]

“想吃即吃”的用户新体验——西贝莜面村

西贝莜面村的成功与其提供的高质量的服务与体验密不可分。消费者选择西贝莜面村不仅是因为面的美味，更多的是因其提出的健康理念、优质快捷的服务与体验。

西贝莜面村的食材新鲜，消费者甚至可以了解食材的来源地，可以看见食物烹饪的全过程。除此之外，消费者还可以通过投票等方式选出最好的菜，可以提出自己的建议等，通过互动使西贝莜面村真正了解消费者的需求。

在外卖流行的今天，西贝莜面村自然也不会落后，除了打包业务，还提供外卖服务，让消费者在家就可以品尝到美味而健康的食物。只需动动手指，消费者“想吃即吃”的需求就可以被满足。

零售企业如果依旧只坚守在生产与供应的岗位上，将会终无出头之日，只有不断地提升自身的服务能力，依托于服务型的模式，才能实现更加长远的发展。

❺迈入智慧化，形成智慧协同和智慧生态

当社会迈入智慧化，通过对不同商业环境的模拟，对不同需求与供应决策的财务模拟，来积极适应不同的商业环境和真正实时智能的商业决策。

在新零售的驱使下，需求链也形成了包括智慧引领、智慧创新、智慧生态和智慧协同在内的全景图。

盒马鲜生是智慧引领和智慧创新的代表企业。盒马鲜生选择了“吃货的天堂”定位，因此就要围绕这一定位，不断地研发各式各样的新品小吃。

管理需求链不仅需要通过海量数据的收集、筛选、分析、整合来制定科学的决策，还需要通过这类数据驱动决策的升级，促进消费者、供应商、零售商协作关系的升级与转型；使零售企业在分析自身资金运转、信息、商品时，超越消费者的需求以及企业利润追求的高度，使消费者、供应商、零售商之间形成智慧协同关系与智慧生态。

例如，迪卡侬和优衣库，它们制订的计划与执行运作体系中包含了制定战略、明确战术、严格执行等各个环节，使供应商、零售商与消费者可进行高度协作，这是奠定它们在零售行业的地位的基石，其经验与实践对中国的零售企业有着十分重要的参考价值。

有许多零售企业与零售商提供的扫码购服务，就是将供应链转化为需求链的具体实践。

扫码购主要采用了 RFID 技术。RFID 是“Radio Frequency Identification”的缩写，意为“射频识别”。RFID 技术是一种非接触式的自动识别技术，通过扫描商品的条形码（电子标签），就可以获得商品的相关信息，无须人工干预。

RFID 技术的运用，使改革零售企业可以根据消费者的扫码数据，分析消费者的消费需求与偏好。然后由零售企业根据其需求提供相关的服务与商品。这使零售企业的重点从供应转移至消费需求。消费者轻轻一扫，就能摆脱排队的麻烦，实现了即时消费。

需求链的指挥者是消费者需求，而消费者需求的表现形式其实还是落在商品上。因此，以消费者需求为导向，以对商品的精细化管理来串联、驱动供应链的各个环节最终成为一个闭环，就成了需求链的实质。

知情链下的供应链，
与消费者相关的一切都该被感知

顾客在商场的专柜购买一件 1 000 元左右的衬衫，其成本只需要 100 元左右；一双成本仅为 100 元左右的鞋，售价也是 1 000 元上下，有些保健品的售价甚至是出厂价的三五十倍……

在传统零售业，由于信息的不透明，话语权掌握在厂家、品牌商和渠道商的手里，消费者是不可能有“知情权”的。这也导致了诸如三鹿奶粉、双汇瘦肉精、长生生物疫苗等问题频频出现。消费者在愤慨“黑心”商家的同时，也越来越追求“知情权”。

事实上，商家的利润真高吗？

其实不然，很多商家也在大喊“冤枉”。10倍以上的加价率看似利润高，其实把运营成本、渠道成本扣除，利润也就所剩无几了。

那么，是什么让消费者认为商家获得暴利，而商家却又认为自己仅赚了成本而已呢？

究其原因，其实就是商家没有让消费者拥有“知情权”。零售商家或企业要想赢得消费者的心，必须让消费者拥有“知情权”，把真相还给消费者。

就拿奶粉来说，我们都知道，很多宝妈不敢买国内的奶粉给婴儿吃，为什么？大多数消费者觉得国内的奶粉生产企业不靠谱，行业标准太低，生产环节管理不严格。这样的行业形象自然会使消费者的信任感降低。

其实，这就是典型的消费者知情权缺失造成的。没有给予消费者知情权，没有跟消费者分享奶粉行业的现状，没有让消费者了解国内奶粉行业的专业标准，甚至很多消费者都不知道如何比较国内奶粉与国外奶粉的好与坏。如果奶粉厂家能够开放知情权，在生产供应链中让消费者参与进来，让消费者知道生产奶粉的环节，相信这些误解可以得到缓解。

在知情链下的供应链，消费者想知道什么就可以知道什么，与消费者相关的一切都应该被感知。就像有句话所说：“你可以卖出天价，只要你是透明的，我就能接受。”

在新零售时代，很多零售企业和品牌都已经领悟到了“知情权”的重要性，比如海底捞、西贝的透明厨房、小米“拆”手机给发烧友等，这些零售企业都在用知情权打造消费者信赖度，由知情权延伸的就是参与感。

[案例]

小米“拆”手机给发烧友

小米的粉丝号称“发烧友”，可见其迷恋的程度近乎发烧。那么小米是如何让粉丝成为发烧友的呢？

很多手机达人喜欢研究手机，小米的发烧友们自然也不含糊。小米的发烧友们最想做的就是看看小米手机的内部零配件的品质如何。为了满足用户的这一需求，善解人意的小米直接拆机给用户看，这下发烧友们彻底放心了（见图5－3）。

图5－3　小米手机

安卓系统运行的流畅程度，很大部分取决于运行内存的容量大小。把小米手机“拆开”来看，运行内存一目了然，发烧友们自然就知道手机的使用是否流畅。而说到芯片，更是手机的核心部件，可以看出小米的配置都是处于比较领先的水平。从整体来看，小米手机的配置超出了相同价格的其他手机。

怪不得小米的发烧友们如此迷恋，爱不释手。小米之所以愿意把手机“拆”给大家看，让用户拥有最大的知情权，主要是小米的供应链已经成功转型为新零售时代的需求链，有大数据的支持，供应链效率很高，因此小米敢于分享。

小米供应链转型的最终目的，就是让用户花最少的钱能获得最优质的产品，以此来换取发烧友们对小米品牌的忠诚度。而小米供应链中用户的广泛参与，又是一种口碑宣传，极大地推动了小米品牌的提升和市场认可。

在新零售时代，已经有很多商家注意到知情链的重要性，与消费者有关的一切都应该让消费者知晓。很多连锁餐饮企业打造的透明厨房让人吃得放心；乳制品企业带消费者参观牛奶生产线等，这些都是希望让消费者拥有更多知情权，增加他们的信任感。

消费者愿意参与供应链管理，所见即所得。当消费者看见的一切都是真实存在时，其对于商品的认同感便会更强烈。既然需求链中消费者的参与非常重要，那么零售企业和商家应该如何做到买卖双赢呢？

如何能让用户（即消费者）拥有知情权？

供应链转化为需求链后，必须融入用户的知情链，商家可以从以下五个方面去做，如图 5-4 所示。

❶围绕用户需求

新零售商家最应该关注的就是用户需求，用户需求才是最重要的供应链出发点。传统供应链模式发生了根本性变革，不再是供应链顶端掌握市场走向，而是用户决定市场走向。即，用户需要什么，我们就生产什么。

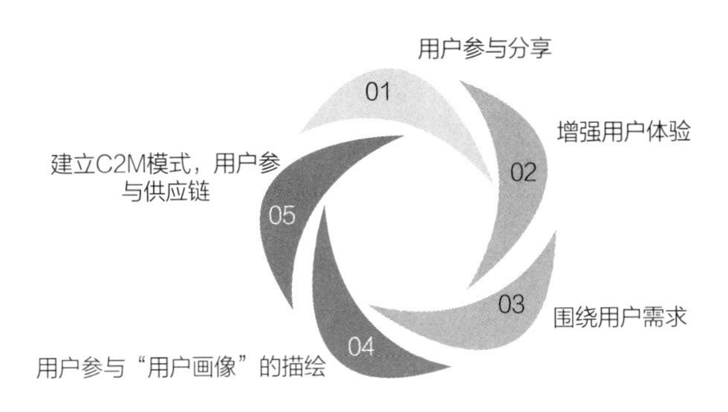

图5-4 让用户拥有知情权的五种方法

之前可能有很多商家在确定产品的时候，更多的是考虑产品的成本因素，在满足基本用途功能的情况下，希望成本越低越好。商家认为用户也是这么想的，较低的价格会让用户购买意愿更强。

❷增强用户体验

商家不再是单纯的商品生产者，而是创造用户体验的服务商。同样是卖产品，体验感强、服务到位的商家，生意自然火爆。

[案例]

网红“西贝莜面村”

西贝莜面村的火爆，绝不是因为卖的面很特别，而是西贝莜面村给予用户的个性化的体验以及服务，吸引了大批粉丝。主打透明厨房的西贝莜面村，正是极大地迎合了用户需求，知道用户在餐厅吃饭最看重什么（见图5-5）。

图5-5　西贝莜面村的透明厨房

透明，吃得放心，这还不够。西贝莜面村又让用户参与其中，用户可以为自己最喜欢的菜品点赞，参与的结果是会得到小奖励，以此来培养用户参与西贝莜面村管理的兴趣，并反复体验。

❸用户参与分享

需求链的概念就是以用户需求为中心实现价值增值。市场体系的开放，使得零售已经不再是简单的购买行为，而是一种共享。线上线下的整合，让用户体验场景无缝对接，使用户参与感更强。

分享是新零售时代的一种态度，更是一种趋势，供应链也应如此。每一个以用户需求为出发点的价值链，其每一次调整都应该有用户的参与，每一次新的信息都应该分享给用户，这样才能赢得用户的尊重，被用户追捧。

与用户有关的一切都要让用户感知，围绕用户需求，增强用户体验，让用户参与分享，所有这些都是在促进需求链实现最大价值。因为有了用户知情链，用户才能成为产品定制化的主人，而不是如过去一般只能被动接受。赋予用户知情权，让用户与商家的黏性更大。商家可以根据用户需求及时定制，而用户会主动帮助商家宣传产品，可谓一举两得。

❹用户参与“用户画像”的描绘

《经济学原理》的作者马歇尔对于用户需求有着深刻的见解：“一切需要的最终调节者是消费者的需求。”她的观点表明了用户需求的重要性。

过去，都是零售企业通过数据调查、分析，对用户画像进行具体描绘。但零售企业就算能够换位思考，描绘的用户画像也有很大可能带有主观性。因此，零售企业有时确定的用户需求，只是自己主观认为用户需要的，而不是用户真正想要的。

良品铺子在此方面的行动，几乎可以算得上是业界标杆。

[案例]

百万粉丝定制“来往饼”——良品铺子

在2015年3月，良品铺子在微博、微信发动投票，邀请粉丝共同投票定制一款零食。良品铺子的产品经理“欢爷”

认为："只有粉丝自己才了解自己想要什么。"于是，良品铺子将这款零食交由粉丝全权负责。

"来往饼"是粉丝投票产生的结果，其内外包装、克重、周边赠品、定价等，几乎全部内容都由粉丝决定（见图5-6）。这样的过程不仅保证了产品能够满足粉丝的需求，还在最大限度上保证了粉丝的知情权，让粉丝对"来往饼"产生认同感与归属感。在提升良品铺子人气与品牌形象的同时，还提升了销量。

图5-6 良品铺子"来往饼"周边——邮筒盒

零售企业和零售商时常会因为用户多变的消费需求而摸不着头脑，从而发出"用户心，海底针"的感叹。良品铺子将所有的需求筛选权以及有关产品的决策权都交给用户，实现了全面透明化，让用户对产品知根知底，保障了用户的知情权。

这使零售企业与零售商只需要按照用户的意思去做就好，省时省力，还能满足用户需求，又何乐而不为呢？

❺建立C2M模式，用户参与供应链

C2M是“Customer-to-Manufactory”的缩写，意为“顾客对工厂”。C2M模式就是通过互联网连接不同的生产线，各生产线之间可以随时进行数据交换，围绕客户的需求，设定生产工序，最终生产出个性化产品的模式。

这一模式可以让用户加入产品的供应链之中，也是保证用户知情权最有效的途径。其中酷特智能（原青岛红领）几乎将C2M模式的价值发挥到了极致。

[案例]

满足用户个性化消费、参与产业链的需求——酷特智能

随着时代与市场的发展，定制业务迎来了发展的“春天”。与过去的成衣制造相比，定制业务的成本虽然有所提升，但净利润增加更多。美特斯·邦威曾搭上了定制业务的“快车”，利润迅速上升。但最终因市场变化，收益惨淡。

而同样搭上定制业务“快车”的酷特智能却没有走下滑之路，其中的原因究竟是什么呢？

酷特智能为了能够在多变的市场环境之中生存，准确抓住用户需求，决定结合自身的实际情况，使用C2M模式，效果较好（见图5－7）。符合酷特智能实际情况的C2M模式具体表现为以下三点。

其一：根据用户体型数据自行设计服装。用户在酷特智能的平台上输入自己的数据，可以请平台设计，也可以自己设计。用户甚至还可以决定定制衣服的工艺、布料、样式等。

图5-7 酷特智能的C2M模式

其二：通过大数据进行3D打版。例如酷特智能建立的西装数据库，包含了各种样式、尺寸等数据，可以根据用户的各项身体数据，直接进行3D打版，快速便捷。

其三：七天交付的个性化定制生产。排单、版型设计、生产裁剪等过程，酷特智能都可以交给计算机系统完成。超大的数据库与先进的技术，不仅可以满足绝大部分用户的个性化需求，还能提高生产效率，只需要七天，用户就可以收到自己定制的西服。在这个过程中，用户可以实时追踪西服的制作进度。

酷特智能就是在掌握用户需求的基础之上，运用C2M模式，让用户加入产品的供应链，从而确保了用户的知情权。

其他企业也可以根据自身的实际情况，运用C2M模式，使用户加入产品的供应链之中，实现供应链的透明化，让用户了解实情。图5-8为标准的C2M模式，可供各个零售企业与零售商参考。

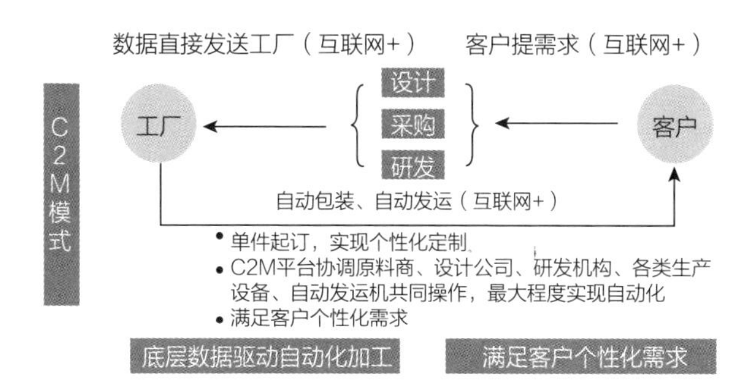

图5-8　C2M模式

通过以上方法，各个零售商在满足用户多元化、个性化的需求的同时，也确保了用户的知情权，增加了用户的信任感，从而带来销售利润的增加。

与用户有关的一切都让用户感知到，围绕用户需求，增强用户体验，让用户参与分享，所有这些都是为了让需求链实现最大价值。

第 6 章　距离短

消费者对物流及时性和服务性诉求不断提升，逐步催生出以“店仓一体”（含前置微仓）为核心的点对点物流配送模式，以实现“点对点、分钟级”的“即时配送”，提升消费者的便利体验。

店仓合一，前置仓成为新零售的决胜点

我之前在福州参加过一次聚会，通过朋友联系上了10年未见的前同事程哥、祥子、蓉姐。阔别10多年再次相聚，格外开心。

蓉姐当年从公司离职后就自己创业，她宁可把时间花在工作、旅行、逛商场上也不愿意把时间花在网购上，直到去年才开通了淘宝账号。之前偶尔在网上买东西都是她助理、家人帮她搞定。

当程哥介绍我在做新零售的时候，刚开始她没有太在意，说我儿子都参加工作了，我也不想去学新零售，这是你们年轻人的事情。

半晌，她突然问："新零售是像朴朴超市这样的吗？"我说："对啊，包括在福州本土起家的永辉生活。"

蓉姐："永辉生活？自从用了朴朴App以后，我就很少去线下超市了，除非去买些壹号土猪肉。"

"你用朴朴App？你不是淘宝账号刚开不久吗？怎么会用朴朴？"我问。

蓉姐："哎，我们都在用，我都用了一年多了。真的是方便。"蓉姐如数家珍，边说边拿手机打开App界面给我演示。

做管理的人就是不一样，总能把要点很有逻辑地总结出来，还声情并茂。

身边的人也附和：“我们家也用，身边很多人都在用朴朴。”

在盒马鲜生、永辉、苏宁、淘鲜达、京东到家等各大运营商的混战中，当消费者不约而同地都把手中代表信任的票投给了在资本实力、体量规模方面相对处于下风的朴朴时，我才真正意识到，他们发自内心的喜欢上它了。

人们爱上朴朴的原因可能有很多，比如便宜、品类丰富，但我认为，最大的原因在于，朴朴为了提高便利性体验，颠覆了原有的配送模式。其模式可以简单地概括为“纯线上 + 前置仓”，用户通过 App 选购商品，朴朴利用设置在居民小区附近的货仓，实现 1.5 千米范围内的及时配送。这个距离是永辉生活卫星仓的一半，覆盖密度要大于永辉生活卫星仓。

朴朴超市在前置仓选址时主要有两条逻辑，以此为订单量的提升打好基础。首先，它将福州区域按照经纬线格式划分为网格状，每格长度约为 3 千米，多在网格交叉点选址；其次，它将覆盖的社区按照点位归拢，再依照该社区的注册用户数排名，以此确定开仓时间。即注册用户数越多的社区周边点位，越早开仓。

那么，什么是前置仓和社区仓呢？

所谓前置仓，其实就是仓库前置，在离用户更近的地方建立仓库。比如仓库可以设在写字楼或者社区附近，当用户有需要时，配送人员就可以在第一时间将商品送达用户。

同样帮助物流配送更快一步的还有店即仓，也称为社区仓。社区仓以社区超市仓储中心为核心，以周围一定范围内的社区业主为服务对象，通过“线上 + 线下 + 即时配送”的模式，为社区提供服务。

其实，前置仓就是将仓库安放在用户触手可及的地方，社区仓就是将仓库安放在社区。两者都是为了让用户购物更便捷，虽有不同，实则大同小异。

“店仓合一”“前置仓”成为关键

在新零售时代，用户需要更加快速、便捷的服务，这对零售企业的供应链组织模式与物流配送模式提出了更高的要求。在未来，完整与完善的供应链是新零售赖以发展的中心环节，是维系新零售企业正常运行的关键，更是零售企业控制商品货源的重要途径。

只有不断地优化供应链，零售企业才能明确供应链各个环节的具体情况，并针对各环节的实际情况制定有效的应对方案，从而促进高效、便捷的物流配送体系的建立。最终使零售企业在激烈的竞争之中，赢得更多的发展机会。

而建设物流配送体系的重难点在于实现“点对点、分钟级”的配送。“天下武功，唯快不破”，对于零售企业的物流配送而言，也是如此。物流配送速度更快的零售企业，在“诸雄角逐”时才有更大的赢面。

在物流配送领域，生鲜配送的难度最大，尤其是最终的配送环节——“最后一千米”，几乎达到了“地狱级”难度。在这一环节，既要考虑速度，也要考虑如何才能实现生鲜产品的零耗损。“蜀道难，难于上青天”，而“零耗损配送”的难度更胜于登上蜀道，成为物流配送领域的“珠穆朗玛峰”。

“全国仓网+标准快递”及“RDC/城市仓+落地配”是传统线上零售的主要物流配送模式的核心。但随着人们生活习惯与消费习惯的变化，企业的用户对物流配送的期望值也在不断升高。这促使零售行业的物流配送模式核心逐渐演化为“店仓一体”（含前置微仓），使零售行业实现了“点对点，分钟级”的高效配送，从而提升用户体验。

这种“即时配送”的物流配送模式，为生鲜、餐饮等对物流时效极为严苛的零售行业，提供了解决物流“最后一千米”难题的新思路。它们通过店仓一体化、智能柜、微仓、众包快递、无人机等方式，争分夺秒，力求向更高效、更快速的方向发展。

C2B的发展与趋于个性化的消费升级，促使零售企业不断缩短商品的仓储时间，将库存由零售商逐渐转向用户。距离用户近的门店或者前置仓，将以最大限度提升零售企业的配送效率，使“一小时送达”成为现实。

由此可以预见，店仓合一的实体店（包括超市、便利店等）、前置仓将会成为物流配送的重要支点，是零售企业在竞争中获得胜利的关键所在。

［案例］

前置仓，叮咚买菜在领跑行业

据《商业观察家》数据显示，叮咚买菜2019年年初在上海的前置仓已经超过200个了，可覆盖崇明以外上海的全部区，日单量约15万单，月销售额超1亿元。叮咚买菜将前置仓建在社区周边一千米内，商品先由中心仓统一加工后运至前置仓，用户下单后由自建物流团队29分钟内配送到家，且当单仓的日订单超过1 500单时则裂变成两个仓，保证高效配送，“0配送费+0起送”更好满足即时消费需求。

当前，除了上海，叮咚买菜已进军浙江宁波市、嘉兴市和江苏无锡市，线下服务站（前置仓）总数已达345个。叮咚买菜相关负责人对该消息予以确认，同时表示今年的主要任务是在江苏、浙江两省陆续扩张。

叮咚买菜的先发优势明显，叮咚买菜覆盖周围一千米，较盒马的三千米生活圈离消费者更近，效率更高，单仓SKU约1 500个。叮咚买菜的前置仓面积约300平方米，假设：①平均租金水平3元/平米；②客单价50元，当前置仓日均订单达1 250单时，基本可实现盈亏平衡。

此前叮咚买菜的投资人今日资本的徐新在“2019叮咚买菜生鲜供应商大会”上表示，预计未来将陆续在上海开设500个前置仓，将配送时长进一步缩至15分钟。

“店仓合一”开创了新零售时代的新模式，使即时消费的本地化特征愈发明显。用户购买某一类商品，可能不再需要从电商或者供应商处发货，而是在本地从距离消费者最近的实体店或者前置仓发货，这样极大地缩减了发货、运货的空间距离与所需时间，使用户可以更加快速地获得商品。

不仅是实体店、前置仓会成为物流配送前端的支点，夫妻类型的便利店也可以成为其中的一员。这样的小门店，也可以通过结合线上与线下的模式，既能让用户进店体验，又能接受用户的线上订单，通过快速配送完成交易。

前置仓模式、仓店一体化，这种全新的零售模式，不仅能够赋能于实体店，还能扩大线上服务的范围、质量，从而提升零售企业的收益。这引发了电商与线下实体店融合、协作的新浪潮，全面地提升用户的体验。

前置仓解决的根本问题是效率

某一事物的流行，代表着其出现频率的提升，前置仓也是如此。在2019年上半年，前置仓在各媒体之中出现的频率逐渐增加，在零售行业也引起热议，前置仓彻底流行了起来。借助“前置仓”的东风，许多零售企业依势而行，纷纷踏入前置仓领域。

例如，永辉生活·到家，在2019年7月宣布已成功在全国布局30多仓，其中成熟仓已经突破了2 000单的日均订单量。

再例如，苏宁小店也加入了前置仓的创建浪潮之中，其开拓的前置仓业务在短短三天之内，就累计突破了18万元的销售额。朴朴超市也不甘示弱，紧跟主流，在福州建仓 30 个，几乎覆盖整个福州市。

前置仓向零售行业展现了新的发展方向，描绘出的未来似乎也分外美好，这使许多零售企业分秒必争地建仓圈地，力求不落于人，在发展中赢得先机。

[案例]

苏宁小店的前置仓

苏宁小店的前置仓可以解决其覆盖半径范围内的所有苏宁小店的订单配送问题，同时还可以加快苏宁小店间商品的流转(见图6－1)。

图6－1 苏宁小店

传统模式下的配送流程，需要快递员对接每一笔订单，挨家挨户拿取商品打包，然后再配送到对应的用户手中，时效性很差，无法保证送达的时间。

在前置仓模式下，覆盖半径范围内的所有订单已经预先分类整理，然后选择对应商品打包发货。快递员只需要面对一个前置仓，就能获得所有区域内的配送订单商品，直接配送，有更高的时效性。

同时，前置仓还有仓店协同的功能。在传统模式下，门店补货都需要提前申请，次日送达，有时候补货量大还需要好几天。现在，这种困扰不会出现了，前置仓会根据大数据平台发布的信息及时备货。而且仓储补货可以加快苏宁小店的商品流转，满足小店的即时需求，提升了实体门店的运营效率。

每个零售企业、零售商对“前置仓”都有着自己独特的理解，并制定出了不同的方案，但归根结底，都是为了提高效率。

前置仓的流程为：接收订单，分配订单，从就近的前置仓发货。通过减少中间距离，提高配送效率，将商品快速地送到用户手中。虽然开设店铺同样也可以做到，但成本较高，过程较烦琐。

开设店铺还要考虑开设的地点、人流量等因素，而人流量较大的街道门面的租金较高。单纯开设前置仓，对地点、人流量、店面装修等方面的要求不高，从而极大地降低了成本。这为零售企业大范围地开设前置仓创造了可能，在降低成本的同时，也增加了利润。

当然，形成规模效益只是前置仓的间接目标，其根本目标是为了提升效率，为消费者提供更加快速、便捷的服务。从消费者的角度来看，前置仓最大的吸引力来源于“即时送货”，期望能够在 30 分钟之内收到货。如果送货时间超过一小时，前置仓就失去了效率，就会造成用户的大量流失。

例如在上海，用户在每日优鲜下单后，一般在一小时内就会收到购买的商品，有时甚至半小时就能收到，这样快速的配送服务，在最大程度上激发了用户的购买欲望。

在炎炎夏日，你不想出门，却想吃西瓜，只需要手指轻轻一点，半小时就能吃到冰凉可口的西瓜。这样高效率的物流配送模式，满足了用户的需求，使用户享受到了更优质的体验。

除了水果之外，前置仓还提供蔬菜、水产、肉类、鲜奶等生鲜产品配送服务，这也是前置仓的经营业务主线。生鲜产品的配送，不仅要保证快速送达，还需要保证产品的新鲜。这要求前置仓保证高效的运营效率，确保库存的优化管理，缩短商品的周转周期，使送给用户的商品永远都是最新鲜的。这样才能维护用户的黏性，提高前置仓收益。

由此可知，前置仓虽然被业界人士描述得天花乱坠，但本质依旧是“商品与服务”，即保证商品新鲜，提高配送服务的效率。不论如何升级、使用的技术如何先进、如何智能化，落脚点依旧在于“快速送达商品，为用户提供更优质的服务”。如果前置仓不能将这一点落到实处，最终将如同无人店一样，只是昙花一现。

各个零售企业与零售商应该理性地看待设置前置仓的热潮，切忌盲目跟风，而是要在明确前置仓的目的、本质的基础上，发现前置仓存在的缺点，从而制定较为完善的应对方案。在保证效率的同时，也保证服务的质量，做到既能勇往直前，又能稳中求胜。

如何做好前置仓模式

那么，零售企业和商家应该如何做好前置仓模式，发挥其最大价值呢?

❶前置仓选址

生鲜产品因为其特殊性，一般需要冷链运输，传统的方式就是从集中仓库发货，物流运输时间比较长，而且中间的影响因素较多，损耗成本较大，其成本不会因为物流量的增多而被平摊掉。

而前置仓模式有效解决了传统配送物流模式下的成本损耗，以及时效性的问题。前置仓相当于把集中仓库放到了用户身边。从前置仓到用户的最后一千米无须冷链配送，这能极大地降低物流运输途中的可变因素影响，使物流成本更可控，而且随着配送订单量的逐步增长，会带来成本的分摊。

前置仓由于不像实体门店需要直接面对用户，只要具备仓储和发货的条件就可以，因此要求没有那么高，选址相对来说比较容易。只要符合仓储的面积，位置适宜就可以。而且前置仓选址一般会首选社区里的空置房间或者是街道上的闲置门面，从某种程度上来说是大大降低了选址成本。

[案例]

每日优鲜的前置仓极速达

每日优鲜，是一个耳熟能详的主打生鲜的电商平台。2018

年它完成了大部分生鲜品类的全国布局，特别是“社区前置仓”的网络布局，直接将生鲜平台开到用户家门口，全程冷链送达，用户可以在家门口享受到生鲜商品一小时送达的贴心服务。

每日优鲜的前置仓，也许是一个小型的仓库，又或者是一个微仓。当有用户订单出现时，平台会自动分选到就近的前置仓或微仓，即时配送上门（见图6－2）。对于有些前置仓的选择，平台会根据大数据平台的消费记录进行筛选分析，根据目标用户的分布合理划定前置仓布局点，最终形成用户的精准配送圈。

图6－2　每日优鲜前置仓

同时，每日优鲜经过验证，其前置仓与用户的距离内配送生鲜商品，完全不需要冷链运输，前置仓的模式变得更吸引人。再加上每日优鲜的前置仓设置费用相对不高，因此前置仓模式算得上一个轻成本的运营模式。

现在，每日优鲜先将生鲜商品通过冷链物流，送达前置仓，然后前置仓支持24小时配送，非常方便，全品类夜间照常配送。会员一小时送到家的承诺也很体贴，而有的付费会员甚至半小时可送达。

每日优鲜除了自营的前置仓加城市分选中心模式外，还积极联合用户群聚集点的生鲜门店捆绑合作，保证配送效率。

从目前的市场情况来看，每日优鲜的前置仓模式是成功的，极大地提升了运营效率，吸引了一大批忠实的用户群。2018 年，每日优鲜已经占据了生鲜品类电商的半壁江山，在生鲜品类电商的排名之中名列前茅。每日优鲜的用户活跃度也遥遥领先，品牌效应凸显。

2018 年 9 月，腾讯领投每日优鲜，这是市场对每日优鲜前置仓模式的最大认可。每日优鲜下一步会强化自有品牌的生鲜供应链建设，使品类更完备；同时也会继续扩展生鲜配送网络服务范围，城市分选中心加前置仓的经典组合会扮演更加重要的角色，“一小时送达”的精彩每天都在上演。

❷单建前置仓

单建前置仓，配送效率高，周转速度快，不足之处就是仓储面积有限，生鲜配送种类较少，补货难度比较大。

比如，生鲜电商以单建前置仓的模式运营，从区域中心仓库到社区前置仓的物流配送流程，因为每个单建前置仓面积有限，一旦区域内用户订单量大幅增加，前置仓的配送就会出现问题，配送时间也得不到保证，只有靠增加前置仓的数量来解决问题。

前置仓一般选择设置在离用户家门口不远的地方，肯定会存在房租较高的问题，所以前置仓的面积就会受到局限，不会太大，集中配送的生鲜类品种势必有限。这样，生鲜电商只能首选那些用户订单比较集中的生鲜品类放入前置仓，满足大部分用户的消费习惯，放弃一些潜在订单的品类，发挥前置仓的最大价值。

但这样一来，数据统计分析不一定准确，用户偏好难以精准评估，很多时候前置仓的生鲜品类无法满足用户的需求，部分品类畅销又得不到及时补货，前置仓的优势被问题所掩盖，无法实现最后一千米的极速达。

目前，目标用户群体对生鲜商品的需求与日俱增，要求的配送效率也比较高，所以单建前置仓还需要解决品类有限以及补货效率的问题。其实用户在生鲜商品的选择上对价格并非特别敏感，所以单建前置仓要花心思在用户需求上，才能真正留住用户，吸引用户反复消费。

❸周转前置仓

周转前置仓，能够很好地弥补单建前置仓所存在的仓储面积有限问题。在周转前置仓模式中，生鲜电商平台跟实体商超门店形成联盟，平台与门店共享仓储系统，不影响门店的库存管理。线上线下数据打通，合作共赢，不增加门店的成本，电商平台又能扩展配送空间。

精选的生鲜品类集中在商超门店仓库，一旦生鲜电商产生线上订单，可以直接从门店仓储发货，或者由门店仓储及时补货到前置仓。门店仓储不需要单独的成本投入，却可以获得更多的业务量，何乐而不为？

周转前置仓模式最大的优势就是帮助单建前置仓满足了用户需求，解决了原有的品类有限的困扰，保证了用户选择的自由度，同时还确保了配送的效率。

所以，周转前置仓帮助电商找到了一条可持续的满足用户需求的道路，投入成本可控，配送效率可控。这么看，周转前置仓彻底解决了单建前置仓的问题，不过，由于周转前置仓要和实体商超门店合作，共享仓储平台，所以还需要电商与实体门店相互摸索和磨合，且品类的选择、存放、发货都要做到可控。

[案例]

屈臣氏的店即仓定时达

在新零售业态下，屈臣氏借鉴了每日优鲜的“前置仓”模式，整合线上线下渠道布局，加强了配送物流网络的建设，并将配送的触角延伸到门店，即所谓“店即仓”的店仓一体化模式。

屈臣氏在开设线下门店的基础上推出了网上商城，通过与菜鸟物流的合作，实现店仓一体化的“定时达”服务。如果出现网上用户订单，屈臣氏会迅速做出响应，根据用户的地理位置，快速筛选出就近门店，直接配送到用户，两小时内完成订单。如果用户有特殊时间要求，屈臣氏还可以提供定时配送服务（见图6-3）。

图6-3 屈臣氏的店即仓

模式的成功运行，使得屈臣氏决定在全国主要城市实行门店结合“前置仓”的店仓一体化转型升级。菜鸟物流利用大数据平台技术，快速将即时配送半径内的用户推送到前端，而其他用户订单可以作为“定时达”服务对象，用户可以定制送货上门的具体时间，最快可能一小时就可以送货上门。

目前，屈臣氏的大部分商品品类都能运用店仓一体化模式服务。用户一旦下单，平台就会迅速筛选就近门店和比对库存，用户周边的就近门店商品会立即进入配送准备程序，而此时，快递员可能已经在来的路上了。

在新零售生态下，屈臣氏不仅整合了线上线下的购物场景，还整合了线上线下的物流渠道，给了用户更多的自由选择，同时屈臣氏的运营效率明显提升。用户的订单不再局限于线上的物流渠道发货，还可以进入线下的店仓一体化模式发货，每一个身边的屈臣氏门店都变成了“前置仓”，拉近了用户的感知距离，满足了用户的消费心理需要。

屈臣氏因为店仓一体化模式的成功运用，大大提升了库存周转率，增加了用户黏性，新零售生态下的即时送达已成为屈臣氏的标签。

在新零售时代，用户群体需求发生变化，对配送时效性的要求越来越高，前置仓模式、店仓一体化模式、周转前置仓模式等新零售运营模式正逐渐成为打造“即时送达”的主流武器。

前置仓大热之后的考验

任何事物都有两面性，热门、流行的事物也不例外，不仅拥有美好的一面，也自带“阴影”。但人们的注意力往往会被美好吸引，从而忽视其背后的“阴影”。

例如无人店刚兴起之时，可谓是光鲜亮丽，赢得众多商家前仆后继地创建，而如今仅剩的无人店门可罗雀，只能在摇摇欲坠之中维系“最后的倔强”。某些知名品牌的无人店，只能向现实低头，开始售卖瓶装水与方便面，不知何时才能收回其投资的高额成本。

当初的无人店，现今的前置仓，都被人忽视了其流行之后蛰伏的危险。虽然前置仓仍处于发展的上升期，无法预料它的最终结局，但是各家零售企业应该以辩证的眼光去看待前置仓的发展，切勿被眼前的“热闹”迷住了双眼，要及时地排查可能会出现的问题，防患于未然。

那么，各家零售企业在前置仓大热之后面临着哪些考验呢？

❶忽视劣势

前置仓的优势在于物流配送效率高、速度快，可以在用户不想出门，却想购买商品的场景之中发挥重要作用，快速满足用户的需求，及时送达。还能够有效地解决生鲜类产品的配送难题。

但前置仓的主营产品为生鲜类产品，比较单一，是未来发展的劣势之一，这需要零售企业去积极地拓展主营产品业务线。

除此之外，前置仓无法带给用户最真实的场景体验。许多消费者在购买水果、蔬菜、肉类等生鲜产品时，喜欢在现场挑选，而前置仓只能起到快速配送的作用，不能让用户体验挑选的乐趣。这也是前置仓目前的劣势。

❷消费者黏性不高

前置仓的面积一般比较小，主营的产品也以生鲜类产品为主，品类单一，可供用户选择的选项有限。而用户的需求又呈现出多元化、个性化的特征。因此，用户只有在固定的消费场景中需要前置仓服务，减少了前置仓的订单成交率，无法产生高度的黏性。这让前置仓服务在其他的消费场景中，很容易被消费者忽视。

❸前置仓升级带来的风险

伴随着前置仓的进一步发展，为了适应市场的变化，满足用户多元化的消费需求，许多零售企业开始开展前置仓升级行动：扩大前置仓面积，增加主营商品的品类，通过更加先进的技术，实现更为智能化的布局，提供更为智能化、个性化的服务。

前置仓的升级虽然更具竞争优势，但也可能会带来以下问题：

升级前置仓，增加了运营成本，但是否也能够带来利润的增长？

是否能保证新增商品的周转速度？

例如，某位用户在一个拥有前置仓的平台购买了一袋薯片，但收到薯片时，发现还有 10 天就过期了。这就是商品周转过慢导致的结果。升级前置仓，在增加主营品类的同时，还会带来商品周转方面的风险。

❹有些问题可能会被掩盖

前置仓的物流配送过程可能会掩盖某些问题，从而使管理者无法整体把握问题的全貌。几乎所有的创设前置仓的平台或者零售企业，都会建立一套考核与奖励机制流程，这包含每一个仓库的每一名员工。

但在考核与奖励机制运行的过程中，可能会出现这种情况：某送货员在送货时会给消费者发一张名片，但该名片上的电话号码却不是官方的客服电话，而是私人电话，因想消费者有问题时私下解决，不要闹到平台上。有部分送货员利用这种方法，保证自己的绩效考核，可谓“欺上瞒下”。

目前，前置仓的业务以“即时配送”为主线，不能为用户提供真实的消费场景，用户的消费行为都是通过线上的形式进行的，这使前置仓无法真正地与用户的日常生活融合。用户只会在特定的消费场景之中对前置仓服务有需求，但需求的频次不会达到逛超市、便利店的频次。

因此，前置仓升级的重点应该放在寻找能够吸引用户购买的商品之上，而不是一味地追求大面积、多品类。商品卖得好，前置仓的面积与单品数量自然会提升。

过去我在创业和咨询工作中积累的经历，基本是站在企业经营者视角看零售。这次福州之行，我亲耳听到普通用户发自内心对商家的赞誉，亲眼看到朴朴的用户说起朴朴的那种兴奋……震撼了我的内心。

这家企业未来会发展成什么样，我暂时无法下结论，就从当下来看，朴朴逐渐凭借着一系列的动作在产品、服务、体验上做出了品牌特色，在客户留存、客单价等几组数据上交出了一份不错的成绩单。

零距离接触，让“所见”变“所得”

想象一下，如果你在做饭的时候，突然想用镇江的醋，而且是立刻就要用该怎么办？

这时你一定会想，要是互联网的跨度性和线下的即得性可以兼得就好了。怎么做呢？从商业的角度来说，有两个办法。

一是让线下商品离你更近，越近越有即得性。如果能更智慧地安排库存，把用户想买的商品，放在离用户最近的地方就好了。

二是让互联网的物流更快。互联网的跨度性，让用户可以买到几乎任何产品，但终究有时差。如果能增加物流速度，用快来抵消距离就好了。

让商品离用户更近，或者让互联网的物流更快，让用户与商品零距离接触，这些都是新零售的机会。

新零售时代的到来，让一切都向着更快更便捷的方向发展，人们的生活方式更是发生了翻天覆地的变化。前几年外卖的兴起，缩短了人们与所需商品的距离，而如今社区小店的建立更是让用户与商品实现零距离接触，让用户一切所见即为所得。

相比传统的社区小店，新零售时期的社区小店更具有灵活性，尤其在布局上，它可以是无处不在的。它可能在办公室里，可能在出租车上，可能在一切与用户紧密相连的地方。在新零售时代，办公室白领可以直接在货架上拿零食吃，乘客可以直接在出租车上的小小“便利店”购买所需物品，用户所需可以零距离满足，一切将变得触手可及。

这种零距离，不仅是空间上的零距离接触，更是时间与感情上的零距离。在传统的零售模式中，往往是商家提供什么，用户就购买什么，用户是被动接受的。而在新零售时代，是用户需要什么，商家就要满足什么，用户的需求得到了重视。不仅用户主动提出的需求可以得到满足，用户还可以向商家提出一些“无理取闹”的小要求。

比如：即将用餐的用户，可以要求商家帮他打赢还未结束的游戏；伤心落寞求安慰的用户，可以要求商家帮她在纸巾上画一只小老虎；饥饿的用户，可以要求配送时间由“30分钟必达”变为20分钟内送到。只有用户的所有需求被充分尊重与满足，商家才能实现商品与用户之间的零距离。

下面，我以办公室无人货架的案例来说明零距离接触的重要性。

[案例]

办公室的无人货架

在新零售时代，涌现出了很多不同形式的零售业态，其中最具代表性的是出现在写字楼办公室内的无人货架。其实，无人货架很早就有，公交站台的自动售卖机就是无人货架的一种类型，只不过如今的无人货架放到了办公室里，这给整天处于忙碌中的办公室白领们带来了方便与快捷。

工作节奏的加快，加班时间的增多，使得很多写字楼的白领们根本没时间和精力外出购物，这个时候，办公室就变成了新零售模式的消费平台，无人货架正好实现了商品与用户的零距离对接。而且无人货架移动方便快捷，投入成本小，很容易在办公室摆放，所以无人货架的推广很迅速。

其实，无人货架的形式类似于“小超市”的办公室前置平台，而从办公室无人货架上获取商品的时间、空间距离更短，可谓是“信手拈来”。一时间，无人货架这种新的零售形式成为流行。

无人货架迎合了办公室白领们的零距离消费需求，摆放的商品品类也充分关注了办公室特殊场景下的需求特点，方便拿取，方便食用。无人货架充分体现了方便的特点，只需要扫码就可以零距离满足购物需要，节省了大量的时间成本，白领们乐此不疲（见图6－4）。

图6－4　顺丰办公室无人货架

同时，办公室消费场景特殊，无人货架的用户群体非常明确固定，用户流量的产生相对来说比较稳定，而且会培养用户消费习惯。用户消费的频次会逐步提高，用户流量也会随着品类的丰富而增多。无人货架的零距离模式带来了可观的收益。

如何实现与用户的零距离接触

那么，如何实现与用户的零距离接触呢？新零售生态下的商家与用户的零距离接触，我认为包含了以下三个维度的零距离。

❶时间的零距离

在新零售时代，用户需求具有很大的即时性特征，可能用户突然想到什么，马上就会要什么。在这样的情况下，指望用户有计划地消费已经不现实了，商家满足用户需求的时间要求变得更为苛刻。时间上达到零距离接触，就能赢得用户青睐，比如下面这个出租车上的“便利店”。

[案例]

出租车上的“便利店”

出租车上的“无人货架”，不知道你见过没有，但是这种新生态已经进入用户的视野。当你坐上出租车，既有填饱肚子的小吃零嘴、解渴的饮料，还有应急的雨伞、创可贴、地图等，说不定还有很多商超的打折券（见图6-5）。

图6-5　出租车上的“便利店”

如果乘客坐出租车的时间比较长，面对出租车上的小小“便利店”，自然会有很多零距离接触的时间。这个时候，乘客的身份立刻有了改变，变成了“便利店”场景下的用户，用户需求就因此产生了。

乘客可能会选择一包小零食打发路途中的无聊，也可能会购买一瓶水做好下车前的准备，总之给了乘客自由选择的空间与机会，新的零售场景就形成了第一次零距离接触。或许，下次乘车，就会有在出租车上消费的意愿，就会更加关注出租车上的“便利店”，这便成了新的流量入口。

其实，我们乘坐出租车的机会很多，也经常会有肚子饿、口渴的感觉，之前没有想到这样的场景可以用新零售模式来解决。在乘车过程中，传统模式下的用户购买行为无法实现，所以，出租车上的“便利店”实现了时间上的零距离。不管是零食、饮料、雨伞还是创可贴等，都是出租车场景下用户的有效需求。

满足了用户需求，又实现了消费行为时间上的零距离，当然有市场。

❷空间的零距离

刚才说到了时间维度上的零距离接触，其实商家与用户建立空间上的零距离接触也是至关重要的。现如今，用户既希望自己能亲自挑选商品，又希望足不出户也能快速获取商品。很多商家已经察觉到了空间零距离的价值，比如屈臣氏（见图6-6）。

图6-6 屈臣氏

[案例]

屈臣氏的零距离送达

很多人都体验过外卖点餐，足不出户就能吃到自己想吃的美食。其实，外卖就是一种新零售下的缩短空间距离、商家与用户的零距离对接。

屈臣氏也看到了这个机会。传统的屈臣氏主打门店销售，用户自行到店选择心仪的商品，可是用户慢慢发生了变化，不再愿意到门店消费。既然如此，那么门店销售能不能跟点外卖一样，送货上门呢？对于这个问题，屈臣氏的答案是肯定的。

屈臣氏把商品放到了电商平台上，让用户在家里动动手指就能选择商品，选好商品后，由平台配送到用户手中。事实证明，屈臣氏的外卖模式真的有效，获得了很大的市场认同。不仅在电商平台上可以看到屈臣氏，而且在很多外卖点餐平台上也能看到屈臣氏，这种嫁接，令接触用户的机会变得更多，用户在点外卖的时候，说不定会看看屈臣氏的商品。

新零售的运营模式，从服务商家向服务用户转变，围绕用户需求，贴近用户需求，零距离接触用户。屈臣氏与电商、外卖平台的对接，实现了空间上与用户拉近距离，不再需要用户到店消费，省去了上门的时间和成本，用户消费欲望更强。同时配送到家的模式，也拉近了用户距离，进一步培养了用户的消费习惯。

❸情感上的零距离

商家与用户建立了时间、空间上的零距离接触，还要从情感上建立零距离接触。新零售生态下的用户个性化意愿明显，圈层也非常明显，用户希望可以按照自己的喜好来定制商品，参与商品的创作，获得商品的独特价值。只有这样，情感上才能达到近乎零距离的衔接。下面良品铺子的例子正好说明了这一点。

[案例]

良品铺子粉丝设计的“来往饼”

用户加入供应链的积极性其实很高，很多时候只是商家没有发现或者忽略了。用户需求的个性化，更加说明用户的定制意愿强烈。

良品铺子的一款“来往饼”就是由良品铺子粉丝自己定制的杰作（见图6-7）。不论是“来往饼”的外观、设计、重量规格，还是购买场景包装、营销手段，都是由良品铺子的粉丝一手包办，是彻头彻尾的粉丝群产物。

图6-7 良品铺子粉丝设计的“来往饼”

因为用户拥有了知情权，对产品的好感会油然而生，还会在用户群体里产生放大效应，所以良品铺子完全不用担心

“来往饼”的销量。

“所见”变“所得”，在新零售模式的场景下不再是梦想，而是真实存在的用户体验。零距离生态圈的构建，从时间、空间、情感三个维度去实现与用户的零距离接触，创造了新的消费场景和业态，也带来了新的流量入口。

物流+配送，即商圈

2018年12月11日，新零售业发生了两笔总计接近2亿美元的融资。

第一笔是“每日优鲜”投资孵化的社交电商——每日一淘，宣布已于2018年11月月底完成1亿美元B轮融资；第二笔是“鲜生活”已完成新一轮数千万美元融资。

这两笔融资都耐人寻味。第一笔融资并非每日优鲜自己，而是其孵化的社交电商。而每日优鲜仍旧在生鲜赛道上与对手厮杀着，未见终局；第二笔，鲜生活本身是一个赋能平台，其投资最出名的项目就是好邻居便利店。

回看这两笔融资，我们可以看出在零售业新物种层出不穷的情况下，与之关系最密切的城市配送（最后一千米）领域，兴起一个新的概念——商圈。

什么是商圈?

说到“商圈”，很多人可能会想到商业集中区域、实体门店扎堆的地方，比如CBD。而本节所讲的商圈，并非传统意义上人头攒动的商圈，而是能更好地满足用户“最后一千米”需求，使商家与用户接触更加紧密的商圈。

用户需求的改变，使得传统零售方式越来越不适应现在的生活场景。就拿购物来说，从最早的到店选购商品，到后来的网上电商平台购物，再到现在的极速达上门。商家似乎已经把生活圈建在了用户的家门口，让用户所见即所得。

新零售时代的商圈不是单单只有实体门店，而是要将线上线下整合打通，利用物流＋配送的高效供应链，解决“最后一千米”的物流难题，实现用户的生活圈升级。其最终目的就是要打造用户的家门口商圈。

比如苏宁小店，大部分苏宁小店分布在各社区，既可以满足用户在家门口购物的需要，也可以实现店仓一体化和高效配送。苏宁小店不局限于传统意义上的商店，更像是社区生活综合服务的平台。

在大数据技术的支持下，每个苏宁小店都会对上架商品进行优化，将用户首选度高和满意度高的商品，放在显眼的位置，与此同时也注重个性化商品的推出。一些用户对生鲜类商品的品质要求较高，苏宁小店会充分保证配送的及时性，以求让用户能吃上最新鲜的食材。

苏宁小店既然要打造“最后一公里”商圈，当然要关注用户的需求，让用户的需求都能得到满足。所以，苏宁小店增加了很多服务项目，以此来拉近与用户的心理距离。比如：苏宁小店开通了快递服务，用户在苏宁小店购物时，可以顺便拿快递。下一步苏宁小店还会把社区理发、宠物寄存、母婴小屋等服务项目融入服务平台。

无独有偶，盒马鲜生的商圈打造同样精彩。下面，我以盒马鲜生为例，来分析用户商圈的打造。

[案例]

“盒区房”商圈的超值体验

盒马的成功，是新零售模式的成功。盒马之所以能够在服务用户的范围及规模上不断突破，就在于盒马充分强调了用户体验，培养了用户良好的购物习惯，线上线下的随意切换，都能让用户获得满足感，享受家门口商圈带来的超值便利。

为了更好地满足用户的购物体验，“盒区房”应运而生。盒马不断融入用户的体验场景，实现仓店一体化模式运行。仓库前置的好处就是盒马鲜生周边社区三千米都可以被物流配送覆盖，而且半个小时内准时将商品送到用户处。住在“盒区房”的用户们，现在唯一需要做的就是打开手机选择自己喜欢的生鲜商品，接下来就是等待商品即刻送到自己的手中。甚至有人调侃说住在“盒区房”的人省下了买冰箱的钱。

盒马鲜生专注于社区范围内的用户需求，而用户对于购物花费时间与购物距离的敏感度比较高。所以，盒马鲜生精心规划了布局，每个门店之间有大数据平台的连接，每个门店都是一个仓店一体化的平台，保证所有商品在半小时内一定会出现在用户面前（见图6-8）。

图6-8 盒马鲜生

时效性高的前提条件，是有科学的物流配送体系，区域仓储集中对接社区门店，而用户线上订单的安排，则由仓店一体化平台的就近门店发货。

最后一千米的零距离送达，使用户体验感大大增强，自然也带来了很高的用户黏性。用户需求也变得更丰富，即使是临时需要，也满足得很轻松。

盒马鲜生的商品和服务还在不断延伸，新零售生态下的“盒区房”商圈悄悄形成，用户已经习惯于在这个商圈里消费购物。白天工作很忙，晚上下班想吃顿海鲜大餐，这在过去很难实现，起码要花上很长时间去挑选购买海鲜，而且还不一定新鲜。现在，可能只需要半个小时，新鲜的海鲜就能送到家里，感觉很方便。

如何形成新零售用户商圈

我想大家肯定一边羡慕着“盒区房”的住户们能够享受家门口的商圈带来的超值体验，一边又心存疑惑：这种新零售生态下的商圈是如何形成的呢（见图6-9）？

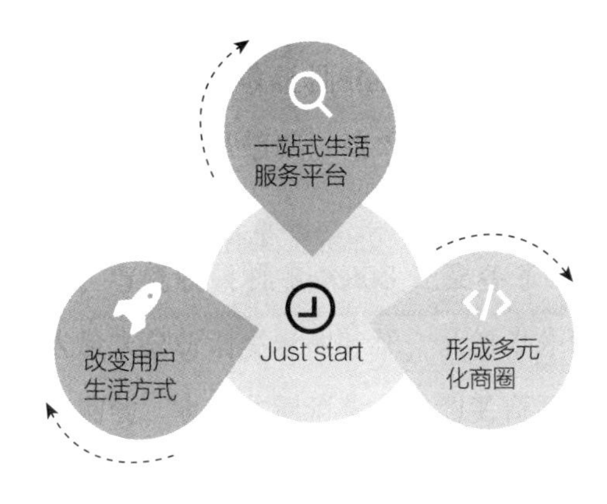

图6-9 新零售用户商圈的形成

❶一站式生活服务平台

盒马鲜生不再是传统的纯生鲜电商平台，其服务覆盖的品类和范围，开始向一站式生活服务平台转型。盒马鲜生致力于打造用户家门口的生活圈，以满足“盒区房”用户的更多需求。

2018年，盒马根据用户需求，衍生出了很多新的零售模式，比如深受用户喜欢的海鲜自助餐厅，用户可以自己挑选，即时消费。盒马还建立了自己的云超市，商品种类更齐全，用户的选择更丰富。同时，商品的配送时间，也由用户自己定制，用户可以选择即时送达或者在适合的时间送达。

❷改变用户生活方式

很多人都知道这句调侃的话："住在'盒区房'，家里真的可以不用买冰箱了。"听起来有点夸张，但是在新零售时代，一切皆有可能。

生鲜类是盒马的主打产品。过去用户购买生鲜类商品时，可能都是一周采购一次，买回家后就放进冰箱冷藏，食材根本谈不上新鲜。但盒马鲜生改变了用户传统的生活方式，住在"盒区房"，一切应有尽有，不仅能30分钟即达，还能24小时全时段供应。有的生鲜类商品还采用家庭装和单人装进行分类，用户可以根据自身需求来选择商品，既省时省力，还不会浪费。如此便捷，何须冰箱？

其实用户对蔬菜和水果的新鲜度，一直都抱有很高的期望，只有苦于没有平台能完美满足这个需求。现在有了盒马鲜生，真正关注并且满足了用户的需求。"盒区房"的出现，使得新零售用户的生活方式发生了改变。

盒马鲜生对人们生活方式的正向改变，使得"盒区房"成为一种新热潮被用户追捧。如今，"盒区房"已经像"学区房"一样抢手，很多高端社区因为盒马鲜生的入驻，而变得更加吸引人。盒马鲜生已经成为一种现代舒适便捷的生活方式标签。

云超市、自助海鲜餐厅等创新项目，是多类型服务项目的延伸，我们相信未来新零售提供的用户体验场景会更丰富，用户体验感会更舒适。

❸形成多元化商圈

打造用户家门口的生活圈，还需要满足需求的多元化，增加用户选择的自由度。同时很多传统生鲜品类需要不断升级，以适应新零售模式的商圈消费。

比如：传统印象中的肉店，一改往日形象，摇身一变，落户盒马鲜生的商圈，打破了过去肉制品销售模式的束缚。用户可以选择购买商品后直接加工，烹调口味和方法也可以自行选择，购物的环境和场景体验都是前所未有的。

新零售，让很多业态焕发出新生，曾经的菜场、肉店、小卖部都得到了技术支持。实现了转型与升级，将线上线下的数据整合打通，商品库存管理、货架摆放优化、配送时效等都可以全方位掌控。

同时，这些多元化生态又可以互相合作，借助生活圈的用户群体开发分享，创造更多与用户接触的机会，培养用户的生活习惯，挖掘生活圈更大的价值。

因为“盒区房”的良好生态，生活圈逐步形成，加速了生活圈内各商家的品牌升级和服务升级，而且也吸引了越来越多的商家入驻商圈，融入新零售模式，借助盒马鲜生的平台，实现商圈的用户价值最大化。

因此，新零售生态下的盒马带来了新的气象，以物流配送为载体，充分满足社区用户的多元化需求。同时，用户需求的升级造就了用户家门口商圈的形成，与传统意义上截然不同的新商圈让用户享受到缩短“最后一千米”的快乐体验。

第7章　速度快

为了实现消费者便利体验的升级，更加快速地将产品送到消费者手中，减少消费者的等待时间、选购时间和支付时间，美团点评推出闪购业务，承诺30分钟配送上门，24小时无间断配送。以最快的速度，让消费者用最短的时间、最近的距离实现“所见即所得，所想即所购”。

分钟级物流，减少消费者等待时间

“烽火连三月，家书抵万金”“一骑红尘妃子笑”……

在古代，没有高铁、快艇、飞机等高速的交通工具，古人要想跨越时间与空间，需要经过漫长的等待。为了减少等待的时间，行夫、驿站应运而生，在明末清初甚至出现了镖局，它们都是过去“物流体系”中的一员，但与如今相比，依旧很慢。

在近代，“乡愁是一枚小小的邮票，我在这头，母亲在那头”，书信的等待，令人又添新愁。而如今，高效的物流体系，不再是一台缓慢运行的古老机器，而是由大型集装箱、大小仓库、自动化传送带、无人配送机器人构建起来的精密的物流网络。

在这张网络中，囊括了横空出世的淘宝，风靡全国的美团、饿了么，甚至还有成千上万的快递员等。构成物流网的每一个组成部分，都在疯狂且快速地运转，货物送达由三天交付，慢慢缩减到次日达，甚至一日达。物流承诺由一小时缩短到30分钟。

在“最后一公里”配送的战役中，竞逐的标准已经到了分钟级的较量。

物流已经进入“分钟级配送”时代

物流是电商的“风向标”。随着竞争的不断加剧，物流的时间标准也有了变化。从“外地物流两三天至一周送达”的标准，演变到“211 模式”标准，即用户在上午 11 点以前提交订单可当日送达，晚上 11 点前提交的订单，承诺在次日 15 点前送达。外地物流送达的计量单位从“周”转变为“天”。而同城“最后一公里”的配送速度已经达到了小时级。

快，还能再快些！

目前，缩短到以“分钟”为单位的“特快级”已经成为零售企业和商家竞逐的新常态。

2018 年 7 月，美团以闪购业务追求“快”。用户在购买生鲜果蔬、鲜花绿植等多样化的产品时，都可以通过美团闪购，享受 30 分钟上门送达、全天候无间断的配送服务。在家不想出门怎么办？打开美团外卖，选择闪购服务，下单支付，只需 30 分钟就可收到所购产品。

据美团数据显示：美团外卖有 53 万骑手整装待发，为 2 500 个县市提供闪购服务。这样规模庞大的外卖配送体系，使美团外卖能够在外卖行业中一直保持龙头企业的地位（见图 7－1）。

菜鸟与阿里健康也不甘示弱，在 2018 年 8 月，先后宣布：将先在杭州推行送药上门的服务，承诺“白天 30 分钟内，晚上一小时内送药上门”，这使杭州成为全国首个提供全覆盖、全天候、分钟级的送药服务的城市。据数据显示：用时最短的送药服务仅用10分钟，可谓“神速”。

图7-1　美团闪购服务页面

除此之外，达达与京东联手推出了35分钟送达业务；盒马鲜生承诺周围三千米范围内订单可以在30分钟内完成；易果、每日优鲜也紧跟潮流，纷纷推出了“分钟级”的配送服务。

纵观整个物流发展史，已经经过了三轮迭代（见图7-2）。

在第三代物流体系中，为了解决“最后一千米”的难题，形成了智能快递柜、代收点等定点模式，还有动态的、不定点的“行走模式”。传统的物流配送就是“行走模式”中的一种，除此之外，具有革命性意义的快递众包也是该模式中的一种。

以德邦、捷运为代表的零担物流
第一代

以顺丰、四通一达等为代表的快递物流
第二代

最后一千米的落地配送
第三代

图7-2　物流发展演变过程

一般而言，不同平台的“行走模式”的物流配送方式的侧重点不同。例如，“达达—京东”的重点在于生鲜快消等生活类产品的配送；人人快递、闪送、UU跑腿主打同城及时配送服务；美团、饿了么以配送到家为主要业务；菜鸟裹裹的“最后一公里”末端配送是其优势业务……

传统的物流快递的目的仅是为了送达货物，只注重末端站点。而如今的物流配送更加注重起始端（零售企业与零售商）与末端（用户）的联结，在及时送达的同时，为用户提供更加优质的体验，减少顾客的等待时间。这种端对端的物流配送，已经成为实现 O2O（线上到线下）的重要部分，使线上与线下的融合能够促成更高流量与最优服务的产生。

同时，新商业模式中的即时配送，可以将用户需求反馈到供应端，从而使供应端不断地改良自身的服务品质，满足用户更多的需求。

除此之外，传统物流的模式较为简单，只是按照物流的地点进行分拣工作，然后再分发给下一层物流系统，自上而下，通过一层一层的分拣中心，才能将产品送到用户手中，因此很难满足某些企业的配送需求。

而新一代物流模式中的众包模式，使供应端在接收到订单之后，会搜索距离用户最近的供应站，进行配送。极大地缩短了快递配送的时间，减少用户等待时间，在溢价中收获价值。

那么，为了减少用户等待时间，提升用户的便利体验，零售企业和商家应该如何做才能将“分钟级”物流配送落到实处呢？

分钟级物流的制胜秘籍

满足用户多元化与个性化的需求是当今物流模式面临的最

大挑战。零售商通过对用户订单数据的分析可以发现：用户的需求导致“多品种、小批量、多批次”已经成为大部分订单的特点，同时还要保证高时效。这促进了仓储与配送往更加智能化、灵活的方向发展，将3～7天交付升级为“小时级”“分钟级”的及时送达。

要做到“分钟级物流”，零售企业和商家有两个制胜秘籍。

❶从渠道思维转为用户思维，缩短配送距离，提升用户幸福感

物流体系的迭代往往会带动某一领域的发展，例如第二代物流将电商的发展推上了新高峰，而第三代“分钟级”的物流则推动了新零售时代的到来，提升了人们的生活体验，为人们带来更优质、高效的服务。

传统的物流配送速度依旧是以“日”为基础单位，而新零售的“分钟级”配送则创造了配送速度的又一极限。例如，盒马鲜生自建门店网络，配备专业的配送人员，在每个门店覆盖的三千米范围内，实现30分钟送达。这种急速的配送，保证了送到用户手中的生鲜产品都是最新鲜的，提升了用户的信任感。一天配送近万只帝王蟹的火爆场面的出现，就是用户信任的表现。

零售企业与零售商将重点转移到满足用户的需求之上，形成了以用户为主导的思维，促使其不断地缩短配送时间，提升用户的幸福感与体验。

比如，星巴克针对外卖咖啡研发了冰包，以保证咖啡的口感；十分到家推出维修员到家维修服务等。这些原本需要进店才能享受的服务，如今在家里就能享受到。对于用户而言，消费便捷度与体验感得到了极大提升。

[案例]

星巴克咖啡开发冰包，创造咖啡外卖新模式

星巴克也可以点外卖，或许很多人会有质疑，喝咖啡本身就是一件很小资的事情，需要坐在星巴克优雅的环境中慢慢品味咖啡，省去了这些环节，感觉有点影响喝咖啡的心情。

而且，咖啡比较特殊，有的咖啡需要特别热才好喝，有的咖啡需要一直保持低温才不会影响口感。这些外卖配送如何保证？不过，既然用户有需求，就要为此做出改变。

为此，星巴克专门针对外卖开发了冰包（见图7-3），并联合饿了么打造专属配送渠道。

图7-3　星巴克专属冰包咖啡

咖啡对温度的要求比较高，冰包的设计采用特殊材质，可以保证冰包内部温度保持在5摄氏度以下长达几个小时。而饿了么的星巴克专属配送半小时极速达，冰包可以完全满足用户对星巴克咖啡品质的要求，星巴克的服务真正做到了送上门。

星巴克在进行物流配送时，不仅追求短时间送达，更十分注重商品送达后的服务。温度影响咖啡的口感，星巴克就针对温度研制出冰包，确保咖啡的口感。相比一些电商平台上的商家一味追求速度而出现服务下降、产品残缺等现象，星巴克在配送服务时明显更用心，因此，也更容易获得用户认可。

无独有偶，“十分到家”也是将服务做到家、做得十分出彩的一个平台。

[案例]

“十分到家”让用户不出家门，就能享受极速便捷服务

十分到家让用户不需要踏出家门，就能轻松体验生活家电的维修服务，享受旧手机的回收服务，以及其他家庭服务项目的10分钟上门服务。

十分到家的服务网络可全面覆盖，线上订单线下服务，工程师24小时响应服务，高效、优质、快速地满足用户需求（见图7-4）。

为了更好地为用户服务，十分到家与TCL等家电品牌建立了用户信息合作共享，使服务的价值最大化，并且有效提升了用户服务的满意度，培养用户的服务消费习惯，获得了市场用户的好评。

图7-4　十分到家将服务送到家

过去，人们有家电维修的需求时，需要将庞大的家电搬到维修点。无疑，这种维修模式对顾客而言十分不方便，对于孤寡老人而言更是不可能实现。而“十分到家”正如其名，将服务送到家。用户只需要打一个电话，维修人员就能迅速到家维修。

“十分到家”为用户提供的服务，都是顾客急需的服务。因此，“十分到家”第一时间解决顾客燃眉之急，极有可能因此而获得一批忠实用户。

新物流模式促使零售企业与零售商将线上与线下的渠道高度融合，让顾客可以根据自身的实际情况，自由选择购物渠道，获得更优质的体验。

在配送上，零售商也一改以成本导向的订单处理思维，以用户为中心坐标，从最近的仓库、门店发货，打造最佳消费体验。

❷重构物流体系，认知升级与黑科技加持

无本之木、无源之水注定不能长久，物流体系的迭代也是如此。为了避免“速生速朽”的命运，“分钟级”物流体系的出现与迅猛发展有源可溯。其突破物流速度和上限是建立在一套稳定的科学与逻辑体系之上的，即：打破传统快递物流的“中心化仓配——下级配送站点——用户”模式，采用了去中心化的同城配送模式，在实现即时配送的同时，降低仓储、运输成本（见图7-5）。

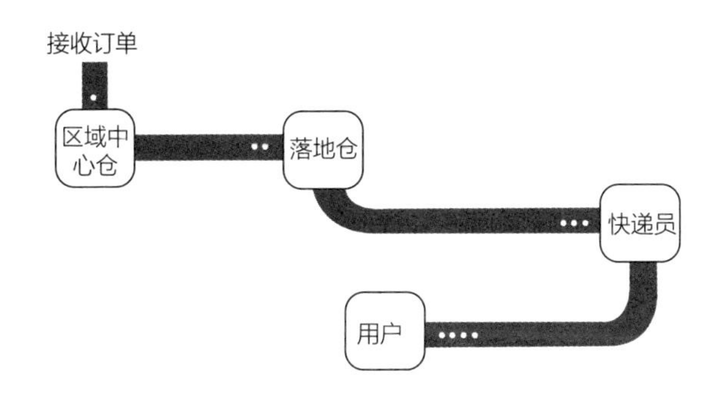

图7-5　传统快递物流配送流程

传统物流以区域中心仓为核心节点，按照“由中心仓到落地仓，再到交由快递员完成末端配送”的流程，但非常容易触及“一日三送”的速度天花板。“分钟级”物流配送，则去除了中心化的特征，采用了前置仓（门店）模式，通过前置仓（门店）与用户的直接对接，实现了点对点的同城即时配送。这种物流的升级模式缩短了配送的环节与距离，提升了整体配送的效率。例如，盒马鲜生就是点对点“分钟级”配送的示范，其成功地实现了即时配送，为用户提供了高速的配送服务（见图7-6）。

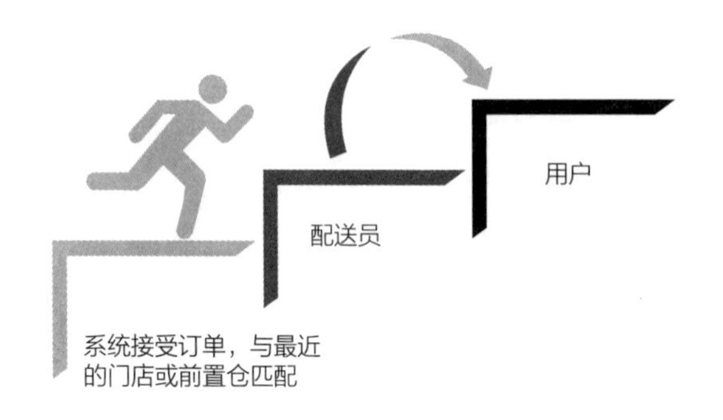

图7-6 “分钟级”配送流程

如今，精细化管理成为管理的又一重点，推动了新零售消费升级的新热潮。这要求“分钟级”物流体系也要与时俱进，顺势而为，将精细化管理融入物流仓储的管理中。在“分钟级”的物流体系中，门店作为前置仓存在，与中心仓的规模无法同日而语。因此在此种体系之中，仓储管理无法做到“大而全”，应该转向“小而精”。

例如，盒马鲜生从“供应”与“分拣”着手，实现“小而精”。在供应方面，盒马鲜生精选出用户需求量最大的产品，这可以有效地减缓仓储的压力，避免产品过多挤压，保证了生鲜产品的质量，提升了用户的消费体验；在分拣方面，产品到店后不会再次分拣，而是在订单配货的过程中，进行订单拆分。

物流体系与模式升级是各家零售企业发展的大势所向，但这并非易事。例如，在特殊的节日会出现订单暴增的情况，在出行高峰期提交的订单会面临交通拥挤的情况等，这是对门店发货、匹配骑手、产品准时送到的严峻考验。

而大数据、人工智能等黑科技的发展，可以帮助零售企业实现物流体系的升级，实现即时配送。

仍以盒马鲜生为例，其通过后台系统将订单与最近的骑手匹配，这与滴滴打车中的订单匹配的模式相似。随后 AI 收集该区域内的发货量、快递公司的物流速度、该条运送路线的具体情况，在此基础上预测配送路线的交通情况，帮助骑手规避交通拥堵路线，从而快速送达。

在此过程中，骑手还可以在上一轮配送接近尾声时，使用语音接单的功能，避免出现等待订单的情况。这种方式不但提升了骑手的配送效率与履约能力，降低了物流成本，也满足了用户即时收货的需求，减少了用户的等待时间，提升了用户的便利性体验。

新零售重塑行业竞争格局，或将诞生下一个超级新物种

商业环境更新升级促使了“分钟级”物流的诞生。无独有偶，如果商业环境与模式再次升级，也许将会诞生下一个超级新物种。

“分钟级”物流的诞生在本质上是电商模式转向新零售模式的结果。而造成新零售异军突起有以下两个方面的原因。

❶电商的变革与突破

电商在高速发展的道路上奔跑了好几年，已经接触到了发

展的天花板，急需变革来进行突破。

❷能提供真实的购物体验

电商虽然为用户提供了线上购物的平台，但无法为用户提供真实的购物体验，而线下实体店却能满足用户这一需求。

新零售的出现使得线上与线下开始走向高度联结与融合，新零售时代正式拉开序幕。

在新零售时代，许多产品既可以从中心仓发货，也可以采取就近原则，通过前置仓、门店发货，这缩短了物流配送的距离与时间，可为用户提供更加优质的服务与体验；这也加强了“人、货、场”三个核心要素的联系，促使物流体系得到升级。

物流体系的升级往往与消费变革密切相关，也暗示着新的发展机遇的诞生。零售企业应该抓住机遇，重构市场竞争格局，为市场提供发展的“新鲜血液”。

10 年前，电商还处于萌芽阶段，京东以长远发展的眼光，采取了 B2C 模式，并自行建立了包含选择产品、采购、仓储、物流等全链条的物流配送体系。抓住了用户“追求正品”“快速收货”的痛点，以此为壁垒，成就了市值高达600 多亿美元的巨型独角兽，并抢占了用户心智。

京东的这一措施，加剧了消费变革，加快了新零售完全取代纯电商的速度。侯毅，作为盒马鲜生的总裁，除了拥有丰富的电商经验，对新零售行业也有着独到的见解，因此从 B2C 转战新零售，这一举措将盒马鲜生推上了新零售界的网红之位。

据统计数据，自盒马鲜生转战新零售的两年内，已经开设门店35家。从这一数据可以窥见盒马鲜生成长为另一个“京东”的潜力，可能会促使新零售行业发展出全新的格局。

新零售行业的变革与发展也将促使物流行业变革。也许在将来，去中心化的、以即时送达为承诺的同城物流体系终会取代以中心仓为核心的传统物流体系。

综上所述，新零售业因商业大环境的变革而变革，也推动着物流行业的变革。同城即时送达的物流体系在配送速度上，比传统的中心化物流高出不止一个档次。

正所谓“由俭入奢易，由奢入俭难”，用户们在享受到“当日即时送达”的超高质的服务体验之后，将会不满传统的、较慢的物流速度。由此可见，同城即时送达不仅会成为新零售为用户提供新体验的关键，更会成为新零售行业发展的驱动力。

正如比尔·盖茨所言：“人们常常高估未来两年可能出现的改变，但同时又低估未来十年可能出现的改变。”野蛮生长的新零售与分钟级物流，其蕴含的能量也许超乎我们的想象，我们不妨“风物长宜放眼量”。

打造爆品，减少消费者选购时间

任何时代的任何产品诞生的最终目标就是要达到“火爆”的程度，新零售时代的产品也不例外。我们可能会发现这样的现象：许多产品类型一样，质量、包装设计等都差距甚小，其中有的产品一跃成为炙手可热的“明星产品”，而有的产品依旧默默无闻，这是为何呢？

［案例］

平平无奇的餐馆，为何引发排队长龙？

2018年我到杭州出差，傍晚时分，在与同事去饭店的途中发现一家餐厅门前竟然排起了长队，而且这家餐厅的外表并没有亮点。于是我向路人询问其中的原因，被告知为这家店慕名而来的人很多，但实际上它家只有一道地道实惠的招牌菜。

我觉得十分不可思议，前来吃饭的人众口难调，而这家店没有服务生，也没有精致的环境，究竟有什么魔力能够吸引到如此之多的人来排队呢？于是我和同事进店吃饭，想要一探究竟。

这道招牌菜的主要材料就是常见的小鱼，虽然等餐花费了足足40分钟，但十分值得。这道菜口感十分鲜美，而且每条鱼单价只要5元，我们一行几人总共吃了200多条鱼，其味道至今仍让人回味无穷。只有去品尝过这道菜，才能明白该餐馆为何如此火爆。

这次经历让我明白，有许多产品无法在当今海量的产品中成功“抢占C位”，并不是产品不好，而是没有达到极致的程度。

如果各家零售企业能将自身的主体产品做到极致，如同我遇见的小餐馆一样，有一道消费者都爱吃的“招牌菜”，不仅能够打造好口碑，还使消费者愿意做免费的宣传，这样的企业何愁没有发展的机会？

事实上，这家餐厅的招牌菜就是一个爆品。它承担着吸引客流、拉新客；降低消费者的选择困难，提升店铺的点单率；提升店铺单量；带动店内其他菜品的购买等任务。

作为零售企业和商家，如果你的商品没有爆品，很难在消费者心中留下深刻印象。打造爆品是每家企业都要考虑的关键点，因为在互联网的无尽黑暗中，只有“爆品”能够绽放出烟花，被更多的消费者看到。

“爆品”：杀手级产品体验

在传统的工业时代，所有超级产品的创新几乎都是围绕公司，进行技术、工厂、渠道等的升级与创新，提升用户体验并不是主要的创新对象。而在互联网时代，爆品的创新要以“为用户提供优质的体验”为创新的核心对象。成功要素不再是工厂、渠道等，而是杀手级产品体验，甚至让用户成为粉丝。

这里的杀手级产品体验，就需要一款“爆品”。零售企业需要把整个核心都用于“爆品”的打造，通过打造爆品，减少顾客的选购时间，才能拥有极致的便利体验。

随着生活节奏的加快，用户在选购商品时，逐渐对传统的“逛商场”失去了兴趣，而更加青睐于快速选购，希望一眼就能看到爆款商品，以求在最短时间内完成购物。

用户有了短时间购物的需求，商家自然会极尽所能迎合用户的需求。于是我们可以看见，淘宝、京东、唯品会等电商平台，都设置了“按销量排序”，以方便用户在第一时间就能看到符合条件的爆款商品。线下门店打造爆款产品的手法也是层出不穷，比如：优衣库会在最显眼的台架上摆放“每季新品”“限时促销”“店长推荐”，以此让爆款商品吸引用户眼球，减少用户的选购时间。

那么，究竟什么产品才能算得上是爆品呢？

我对爆品的定义是：在一年之内能将一款产品推上所属行业产品的第一，并在用户心中形成良好口碑的核心产品以及平台，都可以被称为“爆品”。爆品应该根据里斯的定位论中的聚焦法则来创建，这样才能有清晰的定位，进行精准竞争，在用户端造成极强的冲击，并快速形成口碑效应。

爆品就是引爆市场的口碑产品，它一般具备以下三个特征。

❶特征一：它是一个极致的单品

多多益善不如从一而精，将一款产品或者一个卖点打造成爆品，将会获得巨大的收益。例如，某家以鱼皮为特色的小吃店，将鱼皮的味道做到极致，使许多消费者都慕名而来，带动了其他小吃的销量。最终这家小吃店在全国开设了多家连锁店。

❷特征二：它有一个杀手级的应用场景

在新零售时代，产品只是零售企业获得盈利的一部分，更多的利润来源于产品的体验场景。四川的辣酱在全国范围内都是数一数二的存在，大多数辣酱品牌宣传的侧重点都是原料的品质、辣椒的辣味等。但一个名为“饭扫光”的辣酱品牌与众不同，其宣传的重点在于让人联想到吃饭的场景。这样的场景就是为用户设置的火爆级体验场景，让人无法压制消费的欲望。

❸特征三：能够产生爆炸级的口碑效应

爆品主要依靠用户在社交时的分享与传播。例如，江小白就是依靠能够引起用户情感共鸣的广告文案，使用户争相传播，而江小白也一时成为酒桌上的不二之选。

具备以上特征的产品可以称为爆品，而创造爆品的目的是减少人们选购产品的时间。为了实现这一目标，零售企业应该如何做呢？

打造高性价比爆品，减少消费者选购时间

美国最大的连锁会员制仓储量贩店——Costco，将高性价比商品打造为爆款商品，面向消费者推出，以此来缩短消费者选购时间，提升消费者的选购体验。

[案例]

好市多打造高性价比爆款

好市多的成功不是偶然的，去好市多能买到爆款的商品，而且性价比最高。其实，这就是所有消费者的心声，买到对的又不贵的商品（见图7-7）。

图7-7　消费者在好市多买到高性价比商品而欢呼

进入好市多，你会发现商品品类不像沃尔玛那样全面，但是消费者的主要需求都能满足得恰到好处。好市多的做法是在自有的品牌品类中，先帮助消费者预先筛选，摆放在货架上的应该是属于“爆款”的范围。一般品类不超过三个品牌，非常容易做出选择，节省了消费者的选择时间。

好市多的经营理念是商品不在于多，而在于精。它尽可能让货架上的品类都是性价比最高的产品，消费者一看就知道好市多的选择是让人放心的。消费者渐渐培养了在好市多购物的习惯，良好的口碑传播，也使得更多消费者相信好市多的选择就是多数人的选择。

好市多会经常根据大数据调整品类选择，每个细分商品不超过三个品牌的做法一直坚持着，因此上架的商品很容易成为“爆款”。一个成功的“爆款”会引发连锁效应，消费者的黏性会变得更强。

选择范围相对缩小，好市多也可以从中获得利益。也就是说“爆款”的库存肯定需要更大，单品的话语权就会更大，好市多就能从一个个的“爆款”中获得丰厚的回报。

好市多基于自身定位，为消费者推荐高性价比爆款商品，在缩短消费者选购时间的同时，又虏获了人们的芳心。消费者只要用过好市多的爆款商品，就知道好市多的推荐是令人放心、值得信赖的。因此，消费者在下次选购商品时，自然还会选择好市多。

打造高品质爆品，减少消费者选购时间

同样做超市业务的7－11连锁超市，更侧重于向消费者推荐高价值商品。7－11连锁超市会组建专业研发团队对商品价值进行开发，通过提升商品价值，满足消费群体的差异化需求。

[案例]

7－11连锁超市打造高新品质爆款

7－11连锁超市每天都在开发商品的价值，利用大数据平台对线上线下的消费者数据信息进行深度挖掘和整合分析，了解消费者偏好集中的区域，对消费者需求的改变方向进行定位，从而对商品品类进行管理，对部分单品进行开发升级，将其转化为爆品。

每一个商品都要发挥最大的价值，摆放在货架上能被大多数消费者接受并乐于体验，要做到行业内的差异化，同样的价格更好用，同样的品质价格更低。总之，7－11的商品要做到能引发消费者的购买欲望。

7－11 有专门的研发团队会对商品价值进行开发，比如：日本人特别喜爱的饭团，大家都在销售，怎么才能有新鲜感？研发团队对大数据分析的结果进行整合，研究消费者的现阶段口味偏好和消费习惯的变化，精选食材的品种，搭配一些有价值的尝试，就能打造出独一无二的饭团（见图7－8）。突破固有的思维模式和经营限制，找到新零售模式的消费者特征，引导消费，就能变成消费者心中的那款爆品。

图7－8　连锁超市针对不同消费者群体研发不同款饭团

同样，7－11 还敢于开发新的单品，研发团队发现咖啡市场销量不错，可以进行挖掘和引导，于是针对咖啡这个单品进行开发，做到差异化，做到极致。

团队发现，购买咖啡的消费者群体，男女比例严重失调，男性居多，而且包装咖啡的销售居多。怎么吸引女性消费者来购买咖啡呢？大数据显示，女性更热衷现磨咖啡。于是，7－11引进了咖啡机来满足女性消费者的差异化需求，同时也让消费者群体都能在7－11 满足自己的咖啡需求。

不仅如此，7－11 研发团队又在咖啡的定价上下功夫，努力实现价格的最优惠，在现磨咖啡的口味得到大多数女性消费者认可的情况下，坚持性价比更高。价格和品质的优化组合，培养了消费者群体的消费习惯，增加了用户黏性。

自咖啡成为7－11的爆品后，7－11又动起了脑筋，深度挖掘爆品周边的组合销售，研发团队又对咖啡消费者的潜在需求进行了洞察。于是，在咖啡品类的周边进行货架摆放的设计，带动周边搭配商品的销售，让爆品的价值又进一步被放大。消费者满意度更是直线上升，可以一下买到自己想要的商品组合。

如此贴心的设计，让日本消费者在选购饭团时，首先会想到7－11；女性消费者在选购咖啡时，也首选7－11。与此同时，7－11还通过商品组合，来缩短消费者选购时间，满足消费者快消费的需求。

打造新品爆品，节省消费者选购时间

对于日常类商品，消费者往往更注重性价比，而对于服装类商品，消费者一定更注重商品的新鲜感。优衣库将每季新品作为爆款商品推出，也收获了不少忠实粉丝。

[案例]

优衣库策划新品爆款

优衣库的门店在全国各地都有，优衣库更是一跃成为日本休闲服装零售商的首位代表。如果你关注过优衣库，你一定会发现，优衣库经常出爆款商品。那么，这些爆款商品是如何产生的呢?

优衣库商品企划视觉的总监曾经表示,优衣库的爆款商品不是偶然产生的,而是策划出来的!

优衣库特意将新款商品作为爆款推出,一方面是为新款商品赢得较高的关注度,助力新款出售;另一方面是为了节省消费者的选购时间,提升消费者体验感(见图7-9)。

图7-9 优衣库将每季新品摆放在显眼位置打造爆款

优衣库在推出新款商品时,首先各个部门会一起参与交流,比如:新款商品应该如何呈现?哪些商品可以作为爆款商品推出?

其次,优衣库会将爆款商品定义为SA款、SA色,“S”就是指Special,“A”就是指经济学ABC分析法,将爆款商品确定为重点商品,然后再做与之相关的搭配。

最后,在门店推广时,优衣库会将爆款商品摆放在最显眼的货架上，消费者一进入门店便能看到。除此之外，优衣库会将其他资源都堆砌在爆款商品上，比如海报、大片，在橱窗展示柜里，也会向消费者展示该商品。

优衣库无疑是一家非常成功的服装生产企业，在全国各地拥有海量粉丝。优衣库是怎么做到如此成功的？我们从优衣库的爆款商品中能寻找到一些相似基因。

优衣库在推出新品时，会将新品作为爆款强势推出，让新品爆款尽享好资源。优衣库是这么做的：一是将新品爆款摆放在最显眼的位置，比如门店大堂，甚至是橱窗展示柜，让消费者第一时间就能看到爆款新品；二是对爆款新品给以特别定位，消费者在选购商品时，看到“SA”标志，就会留下深刻的印象。

因此，当消费者在优衣库选购商品时，就能根据商家所打造的爆款，在第一时间选购出最新潮的商品，减少选购的时间。

小而美的爆品是当今新零售时代的趋势，但依旧需要能够引爆销售的优质产品与营销策略。否则就如同99℃的水，距离沸腾只差一步，无法获得质的变化。

有人曾说“吃饱肚子是获得尊严的前提，同理获取利润才会促进企业获得尊严”。这句话对于新零售时代的零售企业也算得上是一句箴言。而获取利润的最佳方式就是以消费者的需求为中心，打造更加优质的、小而美的爆品。

各种新零售场景不断出现，量的积累最终会带来质的变化，产生变革的火花，而小而美的爆品将是引爆这场变革的导火索。正所谓“得道者多助，失道者寡助”，在新零售这场变革之中，“道”就是用户（即消费者），得用户心者得天下。

优化支付体验，减少消费者支付时间

在10年前，IBM制作过这样一则电视广告：一位漂亮的职场女白领，直接拿起货架上的商品走出超市，不出所料，超市出口的报警器响了。最后的结局出现反转，门口的服务员将女白领拦下，递上了一张小票。广告结束语的大意是：电子商务的未来不需要人工收银，可以使用更加智能化的收银方式。

10年之前，这就像是一个遥不可及的梦。

而如今，梦成为现实，并逐步成为人们日常生活不可或缺的一部分。支付宝、微信帮助我们实现了线上移动付费；非接触式射频芯片技术使我们能够轻松进入扫码购的消费场景之中。无人零售与自动收银跨越了10年的时间，终于进入了我们的生活。

如果你问一个在商场购物的消费者：什么是最难忍受的？他一定会告诉你，最让他难以忍受的就是排队支付。

处于支付环节的消费者，往往手中拿着大包小包的商品，如果一直排队，那么手上的商品重量定是让消费者难以忍受。即使有小推车，也是于事无补。在网上支付环节也是一样，试想消费者在支付时，页面一直处于加载中，需要长时间等待，那消费者的心情自然也是不悦的。在同类购物平台如此多的今天，消费者很可能立刻切换页面，转向其他的购物平台。

对于商家而言，具有购买意向的消费者，已经选购了商品，在支付环节难以忍受长时间等待而离开，那无异于煮熟的鸭子飞了。

因此，减少消费者的支付时间、优化支付体验，是一切工作的重中之重。否则，前面的一切工作都是徒劳。

事实上，对于如何减少消费者的支付时间、优化支付体验，各大平台与商家早已发力。比如，阿里巴巴旗下的盒马鲜生通过大规模使用智能自助收银机，提升门店的收银效率；"Take Go"通过手机支付和刷脸支付两种方式，提升支付效率，节省消费者的支付时间；沃尔玛引入了自动扫码购，消费者只需要扫描微信二维码与商品二维码，几秒钟就可以在自动扫码机上完成商品支付。

下面，我将通过案例，为大家分享一些新零售行业最前沿的支付体验。

刷脸支付，一分钟支付零等待

周黑鸭为了减少消费者的等待时间，提升消费者的支付体验，一改传统的支付方式，引入了新潮的刷脸支付。

[案例]

周黑鸭的无人智慧门店

周黑鸭的无人智慧门店，改变了传统的店面体验，完全靠"刷脸"进店，消费者第一次光顾门店需要注册"刷脸"信息，以后就可以“刷脸”自由进出了。

无人门店里的商品品类与传统零售门店里基本没有差异，消费者可以按照自己的喜好轻松选购，挑选好的商品放在指定的位置就可以进入支付环节。消费者可以根据自己的支付习惯选择移动支付，完成交易（见图7-10）。

图7-10 周黑鸭自主收银台

消费者在周黑鸭无人智慧门店，直接选购商品完成支付，整个体验过程可能最短只需要一分钟。而经常光顾的消费者已经很清楚门店的商品品类，如果连门都不愿意出，也可以线上下订单，完成支付，等着外卖配送到家。

新零售倒逼传统门店升级，因为无人看管，就需要对消费者进行认证识别，所以消费者需要“刷脸”。全过程的图像监控，对消费者以及商品的信息都进行了数据记录，帮助门店掌握了消费者的购买偏好和选购路线，同时也提前识别了选购商品。大数据的运用，又可以让门店运营更加智能化。消费者选购商品的交易完全实现无人化，支付体验更加轻松自由。

周黑鸭在新零售生态下大胆尝试，搭建无人智能化场景引导消费者消费体验，形成了与传统零售模式的巨大差异，扩大了目标群体，获得了消费者的肯定。

无独有偶，同样采用刷脸技术的还有苏宁小店。

[案例]

苏宁无人店的刷脸支付

苏宁无人店当然也不会放过刷脸支付的新模式。消费者只需要提前在线上平台注册，验证消费者的脸部信息，就可以随时光顾苏宁无人店了。

在苏宁无人店的整个购物过程，从进店到出店，消费者只需要抬头刷脸两次，完全是秒刷。而且苏宁无人店的刷脸技术相当强大，可能有时消费者脸部信息采集不完全，也能够被迅速验证，对应到消费者账户（见图7－11）。更有趣的是，在大数据平台的支持下，苏宁无人店对消费者的消费习惯已经了然于心，消费者刷脸后，店内设备会向消费者推荐偏好商品的信息。

图7－11　苏宁小店刷脸支付

类似于周黑鸭的刷脸支付，消费者在苏宁小店抬头两次，就能被准确识别到信息。苏宁小店还能依托于大数据向消费者推荐其喜爱的商品。如此，消费者的选购时间与支付时间都能有效缩短。

多功能支付，结账仅需 24 秒

阿里巴巴旗下的盒马鲜生，从问世以来就备受关注。而盒马鲜生的确不负众人所望，就拿支付环节来说，智能收银机 ReXPOS 的引用，已经给消费者交上了一份满意的答卷。

[案例]

盒马鲜生智能收银机 ReXPOS

2018 年 9 月 19 日，阿里巴巴在云栖大会上首次推出智能收银机 ReXPOS，并同时宣布将收银机 ReXPOS 投入新零售领域使用。这意味着支付更快捷，支付手段更加多样化。这对于用户而言，无疑是一项福利。

智能收银机 ReXPOS 可以应用的收银场景十分广泛，通过门店收银小二可用的智能手表、MSA 刷卡机、人脸识别系统、智能购物袋机等实现快速结账。同时，商家还可以在 ReXPOS 收银的基础上衍生出营销功能，从而扩展 ReXPOS 的收银能力。

消费者在智能收银机 ReXPOS 上进行商品支付时，十分便捷。只需要扫描商品条码，然后通过微信或者支付宝扫描付款码，或者直接扫脸，就可以完成支付。据盒马鲜生相关数据统计显示，在盒马鲜生购买四件商品的支付时间仅24秒，其效率可见一斑。

根据盒马鲜生官方数据显示，盒马鲜生已经大规模使用智能收银机ReXPOS进行收银，自助收银占比高达73%，这可谓是国内首创之举。

盒马鲜生在使用智能收银机ReXPOS后，收银效率有了明显的提升，排队时长明显缩减。这对于赶时间的消费者而言，无疑是雪中送炭。

除此之外，智能收银机ReXPOS还配备了AI摄像头，可以通过扫描人脸来分析消费者的特征，既能为外国友人提供多种语言来支持购物，也能监测消费者在购买商品中的不文明行为。一旦发现漏扫，就会发出语音提醒。

从上述案例我们可以看出，盒马鲜生的支付功能更加多样化，消费者不仅可以刷脸支付，还可以通过手机、微信、支付宝等刷付款码、刷卡、刷智能手表等多种方式支付。

对于消费者而言，这极大地减少了支付时间，提升了便利性体验。消费者几乎可以在任何场景下支付。比如：在消费者只带智能手表运动的场景或是什么都没带的场景中，依然可以成功地进行支付。同时，使用智能收银机ReXPOS，仅需24秒就能完成购物。如此便捷又高效的支付体验，谁不爱呢？

总而言之，新零售商家对于消费者的需求要快速满足，但这种“快”并不局限于缩短物流、选购与支付的距离，更强调让消费者感受不到从“所见”到“所得”的距离，引导消费者破除“所见”与“所得”的壁垒，提升消费者的消费体验，实现“所见即所得”。

第三部分

得

（货）

产品交付体验

Chapter Three

第 8 章　获得价值

在“所见即所得”的用户体验模型下，“所见即所得”中的“得”，是指消费者收到的商品，而商品则代表了一定的价值，同时还要有一定的满意度。从功能式消费到品牌式消费，再进入体验式消费，如今消费者既需要物理满足，又需要心理满足。

物理满足＋心理满足，从功能式消费到体验式消费

我们一起来看几个有趣的现象。

谁会想到听起来不起眼的奶茶和豆浆却可以与法国著名时尚品牌路易威登比肩？而喜茶和桃园眷村却真的做到了。喜茶将自己打造成一个让消费者灵感迸发的空间；桃园眷村则用简单的豆浆和油条让消费者品味到了人生。

晨光文具公司通过各种创意为消费者打造了无数个书写的解决方案和场景，与此同时也使自己成为“从文具到文创”的品牌。

租车公司为了同时满足家长和孩子的需求，与汽车玩具品牌商合作，让大人们在租到大车的同时，孩子们也可以租到小车，做到一举两全。

……

很多局外人看到这些现象，常常会问：为什么这些品牌会做一些与产品看似无关的事情呢？

事实上，这些现象足以说明社会需求已经从“持有”物品向“如何使用”，通过物品“实现什么样的生活”方向在转

变。新鲜事物不断袭来，令人目不暇接。

无论你是否相信，改变正在发生。

新消费主义的三大趋势

未来消费的中流砥柱主要集中在“95后”身上。他们出生在经济繁荣、社会安定的年代，他们视野宽广，开放热情，相对于商品价格，他们更在意内心体验和感受。在这样的背景下，新消费主义朝着三大趋势发展。对于各大零售商来说，了解这三大趋势是非常必要的（见图8-1）。

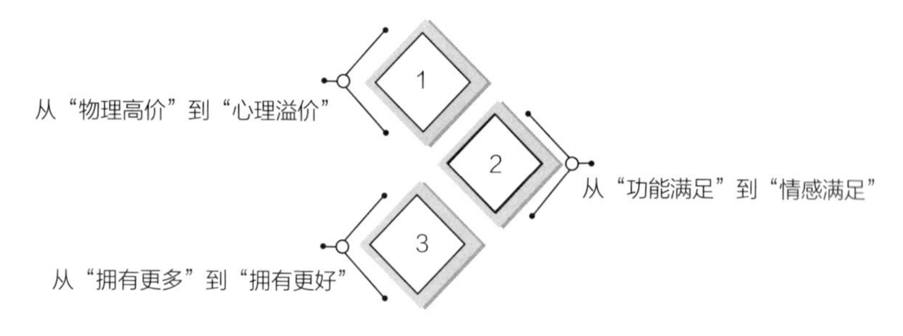

图8-1　新消费主义的三大趋势

❶从“物理高价”到“心理溢价”

在过去，商品价格高意味着其价值也高，但这个价值判断标准已经发生了变化。“值得”这个词对于消费者来说已经发生了质变，在当今时代，消费者的关注点从“显著性消费”朝着“非显著性消费”转移。

这里我们所说的“显著性消费”指的是符号感和认同感，消费者更加渴望得到一定的社会地位和他人的认同，而这种渴望在消费决策中占据着主导作用，比如很多人喜欢购买奢侈品，喜欢开豪车、住豪宅等。相对来说，“非显著性消费”则比较偏重产品细节，以及品牌所蕴含的文化、精神和各种时尚元素等，这些感知体验往往是他们下单的促成要素。

如今的消费结构与前几年相比，有较为明显的变化，具体如下。

1）无线化进一步扩张

无线设备其实并不算新鲜事物，前几年早已普及，但人们的消费方式却并没有完全实现无线化。自 2018 年以来，移动支付大范围普及，各大品牌和商家纷纷入驻，支付渠道被彻底打通，供应链不断升级，使无线消费更加方便，已成为人们购物的主流渠道。

在这样的背景下，消费结构也发生了明显的变化。从消费结构来说，消费者趋于年轻化，他们是当下消费的主力军，因为相较于老年人来讲，年轻人在移动设备上花费的时间更多，也更喜欢网上消费场景。除此之外，这种消费方式正在不断下沉，无线化不再单纯停留在一线、二线城市，而是扩展到了三线、四线甚至五线、六线城市。

2）消费升级转向消费分层

所谓消费升级，说白了就是消费者有钱了。无论是 20% 的中高收入人群，还是 80% 的低收入人群，都有一定幅度的提升，只是提升的程度略有差别而已。因此，与其说是消费升级，不如说是消费分层。针对不同层次的消费者，根据他们的消费习惯来制定不同的零售策略，做个性化的推荐，这是一种反向的改变。

除此之外，在多媒体逐渐发展壮大的今天，抖音视频、今日头条等新事物一一出现在人们的视野当中，消费者获得信息的途径不断聚合，因此，大多数消费者在选择购买商品的时候，都会与同为消费者的水平方向的人群沟通。与此同时，在垂直领域，意见领袖（KOL）的带货能力也愈加突出，使得消费出现趋同现象。

由此可见，消费的潮流化和趋同化是有迹可循的，它造就了数以万计的网红爆款，并且使潮流频次逐步提升。但相对而言，其生命周期却逐渐缩短，比如红极一时的抖音和小红书上就有很多案例。

❷从“功能满足”到“情感满足”

在新消费主义下，人们更喜欢有“感觉”的东西。人们心中对精致生活有自己的看法，并在朝着这种方向不断努力。他们不断追求个性，追求高品质生活，因此商品的实用性在他们眼里不再是购买的决定性因素，他们更需要能触碰到自己内心需求的东西，那种在消费、体验和感知的过程中可以让自己产生归属感的东西。

[案例]

“三只松鼠”的品牌 IP

“主人么么哒，有什么需要为您服务，欢迎吩咐小鼠。”这句萌萌的问候语，想必时下的年轻人都特别熟悉，因为它来自“三只松鼠”。

如果一个品牌让消费者感到没有人情味，感受不到温暖，自然也不会让消费者心动，更不会让消费者想去深入了解。

真正能成为朋友的人，肯定是能时刻报以微笑，能感动人心的人。品牌也不例外，好的品牌就是一个超级IP，“三只松鼠”就是想让消费者感觉到小松鼠是消费者的好朋友，不仅能为消费者送上最美味的坚果，还能变成消费者的小宠物（见图8-2）。

图8-2 三只松鼠

在新零售时代，“三只松鼠”的消费群体大部分是“90后”“00后”，这些人的喜好非常个性化，不走寻常路，热衷于那些有趣、鲜活，能引导潮流的品牌标签，个人的价值需求明显。而“三只松鼠”正是抓住了消费群体的这种心理，与消费者建立了情感联系，既满足消费者的功能需求“吃”，又满足了消费者的心理需求“个性”，同时也培养了消费者的消费习惯，所以其产品销量在行业内一直处于遥遥领先的位置。

❸从“拥有更多”到“拥有更好”

对于“80后”和“90后”这些较为年轻的一代人来说，最受他们关注的事情莫过于他们自己喜欢的事情。这些新生代勇于改变生活，也为自己所生活的环境带来了很多积极的促成因素，而回归理性则是消费升级新阶段的另一重要趋势。

很多人喜欢为长远做打算，为各种可能出现的风险而担忧，因此会自然而然地进行消费调整，例如各种日用百货、烟酒食品和服装鞋帽等的消费有所降低，但这种现象并不意味着“消费降级”，它只是消费结构的局部调整而已。

首先，人们在教育、医疗健康和文化娱乐等方面的支出不断增加；其次，生活用品自身也在不断升级，产品细分到各个人群，那些关注体验和性价比的品牌仍然可以崭露头角。

不变的是：对生活质量提高的期许

虽然消费趋势正在发生改变，但不变的是消费者对于生活质量提高的期许。

不管是零售企业还是商家，都要依托大数据等技术工具，以此来获得消费者对于产品或服务的期许，然后再根据自己的特点确定发展战略，攻下细分市场，以满足特定消费者的需求。

消费者期许与两种冲突脱不开关系，如图 8－3 所示。

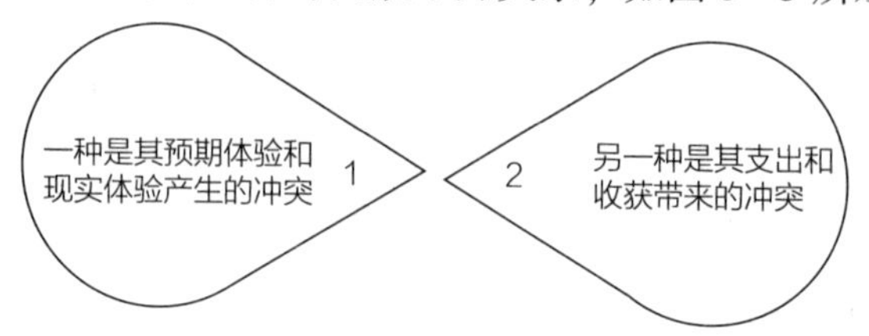

图 8－3 消费者期许下容易产生的两种冲突

前一种是体验落差值，而后一种是体验价格比。

在这两种冲突中，创新者总能找到自己发展的机会和空间，例如瑞幸咖啡，用短短半年的时间便突出重围，而小罐茶也在三年半的时间里创下20亿元营收，做到业界第一。

在消费升级新阶段，不同圈层的消费都得到了升级。在人们的分化跃迁下，各圈层的先锋用户都处在不同的核心场景，产生了不同的核心需求。这种现象使新的解决方案甚至新业态应运而生，如Wework、氪空间等联合办公；蔚来汽车、威马汽车等智慧出行；得到、喜马拉雅等知识付费；盒马鲜生、超级物种等新商业的诞生。

商业重心不再是“把东西卖给谁”和“如何把东西卖给这些人”，而是“要为哪些人创造体验”以及要“为这些人创造什么样的体验”。品牌可以做好用户定位，重塑全局的品牌体验，从而实现消费升级新阶段的转型。

重塑品牌体验并不单单指VI/UI的升级，而要坚持以可持续发展为前提，设计商业生态的升级。通过加强人与品牌的关系，让用户对品牌从陌生到熟悉，进而产生爱意，愿意将其分享给身边的人。

品牌式体验的两大核心

零售企业和商家要想让用户得到物理和心理满足，可以从以下两方面入手。

❶体验，首先要以用户为中心

在过去，很多品牌喜欢立足内部，从品牌和行业内部入手，由内而外地进行各种营销，比较常见的案例包括王老吉、九阳和格兰仕等。

其实消费升级伴随着媒体的垂直细分，去中心化明显，因此很多效用是没有办法得到精准衡量的。传统流通渠道过于沉重迟缓，集客也越来越困难，与此同时，用户的喜好在不断变化，其变化速度非常快。很多想法措施已经过时，难以跟上当前用户的需求。想要占据用户的心智变得越来越困难，如果采用较为粗暴的“洗脑灌输”方式，便会增加品牌和消费者之间的距离，甚至产生裂痕。

比如汽车行业，与体验相关的程序涉及方方面面，从用户接触商家的渠道，到通过官网或微信了解产品品牌，再到实体店服务项目等，以及服务流程和空间的设计、接待、试驾和交车信息等，都离不开体验。

从用户角度来说，他们当中较为敏感的属于中高端人群，这类人受教育程度较高，注重个人空间，因此在买车的过程中不希望被导购干扰，那么怎样才能捕获这类人群的心呢？

1）与这类用户接触的工作人员一定要足够专业，最好是懂车的顾问，对于车、生活以及商业知识都有所了解。

2）在与用户沟通的过程中要突出产品会给用户带来哪些更好的体验，从哪些方面提升用户的生活质量，而不是一味地突出“今天不买明天就没有了”，让用户反感。

3）要让用户产生一定的控制感，让他们觉得在整个选车过程中他们可以自主判断，还可以让他们分享给自己的家人和朋友，以加强这种自我决策感。

除此之外，还要给用户提供一种专属服务的感觉，这种感觉要持续到成交，最大化地提升他们的体验感。

❷产品和服务是体验的基础

对于企业和商家来说，一定要考虑目标群体，找到价值点并让用户体验到该价值点。同样以买车为例，可以通过线下门店、服务人员，以及网站体验、品牌内容等方式实现对产品或服务的体验。

产品体现的是一种综合价值，包括技术、体验、运营和内容。产品面向的是用户和各大商户，而体验则是触达用户内心的价值主张，既要简单也要安全。从企业品牌角度来说，体验是其给予用户的最真实的感受，这种感受可以是暖心的，可以是高冷的，但一定要是直接、安全、简单的。

这是一个复杂的时代，同时也是一个多元化的快节奏时代，我们不但要追求业绩的增长，还要敢于面对变化和各种不确定因素。只有积极应战，才能领先于他人。体验思维就是商业创新的有效渠道，它可以给我们带来非同一般的价值，帮助我们把握全局，找到优质的解决方案；它也是对用户与商业的认知迭代。

得懒人者得天下，“懒系消费”下的品牌出路

“随便”“怎么都行”“可以”这些话想必很多人都非常熟悉，对于现代人来说，这种“佛系”而不走心的句子却透露出他们生活的中心。互联网和科技的发展创造出了一种懒系消费生活方式。

“懒系生活”成为现代生活消费的新趋势

需要注意的是，我们提到的“懒系”并不是懒散而无所事事的意思，而是指一种生活状态。这里的“懒”与传统的“好逸恶劳”不同，它承载了另外一种“慢时尚”。懒是一种态度，一种智慧和情趣。“懒系生活”是一种新型生活理念，它体现出一种安之若素的状态，也成为当下消费生活的新趋势。

大数据分析表明，在新零售时代，消费者更愿意选择在距离自己最近的消费场所购物，“懒系消费”已经成为当下消费的主流。

那些开在家门口的超市或商场，往往可以吸引来一大批消费人群，而且很容易产生回头客，因为它们满足了消费者即时消费的需求——“所见即所得”，无论是时间上还是空间上，

产品和消费者之间的距离都缩小了。

“懒系”消费、即时消费催生了外卖平台的火爆，似乎生活的所有场景都可以通过外卖来解决。新消费方式的接受程度之高，让很多商家看到了巨大的市场价值，围绕外卖建立的生活圈覆盖面越来越广。除了我们知道的外卖点餐、生鲜配送，现在还有外卖送衣服、送药品等新的生态链。

[案例]

洪湖渔家的即食小龙虾

点外卖或者吃即食，是上班一族最常见的生活方式。由于生活节奏加快，再加上现在很多“90后”“00后”根本不愿意动手做饭，新的消费需求就产生了。

新零售的商家们很会想办法，打通线上线下零售渠道，配合大数据平台的支持，自建高效的物流配送体系，就能全方位满足用户“懒系”、即时的新消费需求。

很多上班族白天的工作强度很高，吃饭的时间很紧张。这个时候，最需要的就是方便、快捷的外卖配送，可以节省大量的时间。而下班后也希望能很快享用一顿美食，不需要再奔波于商超和菜场之间。即食品类的出现，恰恰迎合了人们的消费心理。

即食，顾名思义就是商家已经提前帮助人们将原材料制作成了精美的食品，人们拿到后只需要进行简单的处理就可以享受大餐了。

洪湖渔家推出了一款即食小龙虾，就是提前帮助消费者烹调，把小龙虾加工成即食的美食，人们端上饭桌就可以直接享用，其味道完全可以跟外面的餐厅媲美（见图8-4）。

图8-4 洪湖渔家即食小龙虾

这款小龙虾的推出，既契合了当下年轻人对小龙虾的情有独钟，又解决了年轻用户面对小龙虾不知如何下手的尴尬，在市场上获得了丰厚的回报，一下子成了“网红爆款”。洪湖渔家借着小龙虾的爆款效应，主打生鲜即食，满足了年轻人的新消费需求，成为行业内的标杆。

懒系生活当道，年轻一代的消费主力人群需要的是更加方便、快捷、随性和碎片化的消费方式，这种观念与社区商业便民利民的服务目标不谋而合，有利于社区商业的发展。

全民皆懒，不只是年轻人

很多人认为懒系生活属于年轻人，其实并非如此，我们可以通过淘宝数据窥探一二。

据淘宝《懒人消费数据》显示，在2018年全年，中国人因为懒而消费160亿元。相比2017年增长了70%，其中“95后”人群增长率最高，基于此，一人食的懒人小火锅出现在了大众的视野中（见图8-5）。

图8-5 懒人火锅

正如前面所讲，“偷懒”的不只是年轻人，很多已婚中年人士同样渴望“能不动则不动”。

周末，很多夫妻会默契地选择点外卖，他们的厨房大多已经积起灰尘，甚至有些人后悔为厨房而多背了几十万元的房贷。当然，一些有了孩子的夫妻可能不得不选择开火做饭，即便如此，他们中的大多数人也会选择购买洗碗机，能懒一分是一分。

据相关数据调查显示，2018年的洗碗机市场相较以往增长了36.5%。其销售额达到近60亿元。此外，很多人买菜也喜欢通过盒马鲜生或每日优鲜下单，做饭也讲究简易便捷。淘宝《懒人消费数据》显示，淘宝懒人居家用品消费比上一年增长了28%，懒人炒菜机、懒人面包机等厨房电器年消费额增长81%。

懒系生活的另一重要风向标就是女性。淘宝《懒人消费数据》显示，画眉神器、懒人卷发棒、懒人眼影、懒人面膜等女性常用的美妆用品增幅高达150%。

爱美是女人的天性，她们每天不惜花费一个多小时的时间来打扮自己，洁面乳、爽肤水、精华液、各种面霜、眼霜、唇膏、面膜等，一个都不能落下。就是这样的精致女性，如今却也自称“猪猪女孩”，她们更倾向于一抹上妆的素颜霜，以及集各种功能于一身的产品，最好可以一步到位，节省化妆的时间。还有些女孩甚至因为不愿意洗头发而好几天不出门。

“懒系生活”下的品牌出路

消费者就是上帝，消费者可以懒下去，但产品或品牌却不能偷懒。从某种意义上来讲，正是“懒”推动了商业的进步和发展，因为不想洗衣服才有了洗衣机，因为不想自己扇扇子才有了电扇和空调。正所谓“懒人善假于物，而品牌善假于人也；懒人善于利用外物，而品牌善于利用人性”。

想要在这种懒系生活中找到突破口，企业和品牌就必须找准两个大方向、一个核心点、三大方式。

❶两大方向：是做“杀时间”产品还是“省时间”产品

这里的两大方向主要指品牌定位，针对消费者“懒”的特点，企业一定要想好是要做“杀时间”产品还是做“省时间”产品。

所谓“杀时间”产品，就是有趣味，可以让消费者通过产品打发无聊的时间，比如图文视频、ACGN 等，这个领域其实已经处于红海，人满为患。

所谓“省时间”产品，就是简洁、便利、高效率的产品。从本质上来说，若我们做的一件事情是反人性的，自然想要去做的人就少，市场量级肯定没有“杀时间”的产品高。因此，品牌在最初就要想清楚，切不可半途而废。

❷一个核心点：给消费者一个非你不可的理由

我们以餐饮行业为例，对于餐饮类目来说，无论是堂食还是外卖，都必须要让消费者非选你不可，为消费者提供一个理由。针对堂食，可以为消费者提供较为独特的到店体验，比如羊肉串现串现烤，还可以展示各种表演，如拉面表演和歌手献唱等；针对外卖，主要以方便快捷为主，要给予消费者一个肯定的答复，保证在某个时间段内一定送达，让消费者可以及时吃到美味而热乎乎的饭菜。

❸方式一：采取“宜家 + 摩拜”的组合营销

据相关调查显示，大部分单身懒人都会采用游牧生活方式，他们并不急着安定生活，而是喜欢各种不确定性，敢于接受挑战。他们可以快速适应新环境，或者能够主动改变环境，让自己过得更加舒适。

针对这种游牧式的懒人生活，品牌在营销时可选择“宜家+摩拜”的方式，即像宜家样板间一样为消费者提供一键式解决方案，从精神和审美上节省消费者的脑力，与此同时还要给出各种组合供消费者自由选择，以摩拜式共享的方式节省租赁成本，让消费者在异地也能随时退出。

总之，要以最小的成本给予消费者最大的自由，减少其消费阻力，让他们没有拒绝的理由。

❹方式二：专家消费者：杠杆最大化撬动口碑传播

很多懒人之所以懒，是因为他们将时间用在了自己感兴趣的事情上，并且在这一领域成为专家型的消费者，比如红极一时的美食博主、美妆博主等。

与大众点评或豆瓣、小红书等平台相比，大部分消费者更相信自己朋友圈中的专家消费者，这些人往往可以达到更高的触达率和转化率。因此，企业和品牌如果想要充分利用懒人经济，就一定要关注这些小众的专家消费者，让他们来为自己的产品代言宣传，这样更容易形成口碑传播。

❺方式三：向消费者靠近，提升产品支付体验

在传统消费模式下，消费者产生吃饭的消费需求后，在商家的选择上大多有着固定的判断标准，比如价格是否优惠，菜品是否可口，环境是否舒适卫生等。而商家只能等待消费者上门，在消费者的选择标准上做文章。

消费者有时候习惯于去某家餐厅吃饭，是基于地理位置和

花费时间的考虑，所以，商家很难真正把握消费者的消费心理需求。

经历了新零售时代的互联网技术发展，外卖似乎成了“最后一根救命稻草”，所有生活消费场景都出现了外卖的身影，消费者的“懒系”消费需求得到了无限释放，只要是想到的马上都能得到。消费者的体验感也开始膨胀，在时间上由最初的希望 30 分钟送达到 10 分钟送达，再到后来的希望秒送，消费者的即时消费心理需求也被彻头彻尾地满足了。

外卖其实就是商家主动去接近消费者的一种最好的方式，传统的模式是等待消费者上门选择，现在外卖突破了空间的距离，缩短了时间的界限，而且大数据平台的智能化辅助，让“懒系”需求、即时需求变成了新零售消费者的标配。

面对“90 后”“00 后”年轻人的新需求，商家只有想方设法去靠近、接近消费者，提升产品支付体验，让消费者可以“偷懒”。

比如如今“店仓一体化”就是这一方式最好的践行方法，使得商家与消费者之间不再存在空间距离感。

没有社交属性，你的产品凭什么引爆传播

根据马斯洛的需要层次理论，人的需求可以分为五个等级，自下而上分别是生理需求、安全需求、社交需求、尊重需

求和自我实现的需求（见图8－6）。

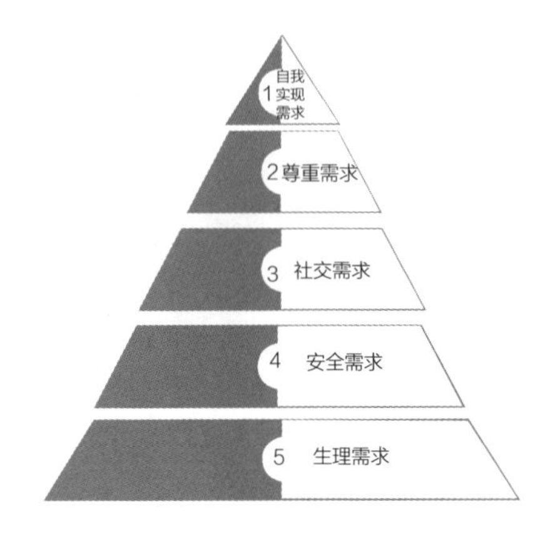

图8－6 马斯洛需求层次理论

人类永远在追求，第一层级的需求得到一定满足后就会追求较高层级的需求。同样，消费者对于品牌的需求体现为，当其基本功能得到满足后，消费者便会渴望得到更高一级的社交化需求的满足。

从产品本身的角度来说，功能只是其基础，是否能成功与其能否帮消费者更好地社交有关。与此同时，社交对于产品的传播来说有很大的作用，可以给产品带来更多流量，称得上是流量之源。

[案例]

痔疮膏龙头卖起了口红

2019年7月，马应龙口红火爆网络。以“痔疮膏”闻名的国货品牌马应龙跨界彩妆，推出三款口红，并在天猫旗舰店上线（见图8－7）。

图8-7 马应龙新的三款口红

马应龙打出的广告语是：今夜我们都是马应龙女孩。不好好卖痔疮膏，突然改卖口红，马应龙“自下而上”玩跨界。当然，这并不是马应龙第一次进行突破。

从眼药到痔疮膏，马应龙完成了“从上到下”的转身。如今，它在痔疮领域无人能及。研究报告显示，2018年马应龙在痔疮药品零售终端市场占有率已提升至51.4%，处于绝对龙头地位。

随着“95后”“00后”越来越成为消费的主力军，被“产品老、形象老、营销老”三座大山压着的老国货也意识到了：“年轻化”“社交化”成为亟须解决的课题。但与其摸着石头过河，不如跨界借东风。

2018年，天猫推出“国潮行动”，各大品牌纷纷参与跨界，奇招频出。“故宫博物院文化创意馆”推出了六款故宫国宝色口红，天猫上架一天卖断货。与农夫山泉合作的“农夫山泉故宫瓶”获得好评无数，牵手百雀羚的珠宝限量礼盒，一经开卖，35 秒即售罄。

马应龙也是如此。它有效利用了社交媒体营销推广，创办了自有品牌 IP，因此获得了一大批用户流量与产品关注度。在营销过程中，马应龙抓住年轻消费者的需求和爱好，放弃传统营销方式，大胆利用微博、论坛、抖音、知乎等聚焦年轻人的社交媒体，与消费人群进行有效互动，使产品得到了广泛的营销推广。

在这个时代，人人都是自媒体，人人都可形成有效传播，而社交是传播的主要途径，因此任何产品都必须具备一定的社交属性，这样才能保证有一定的流量。社交流量是一切流量之源，“社交是人的天性，社交流量是高频流量，社交流量永不枯竭”。

随着社交电商的出现和移动互联网的发展，“90 后”“00 后”已经逐渐习惯于自动屏蔽无效信息，因此传统的定位式洗脑营销已经失效。只有充分利用社交，赋予产品一定的社交属性，才能提升消费者的多元化体验，使产品自带流量，形成广泛传播。

那么如何为商品赋予社交属性呢？

植入话题，让产品成为社交货币

人们在交往时要有一定的谈资，这样才能避免冷场和尴尬。简单来说，社交货币就是一种谈资，让商品成为社交货币就使其具备了谈资，也就是被谈论的价值。比如，小罐茶商品就是利用了形象的包装和品牌故事，使其成为有故事的话题，在商务社交中避免出现冷场现象。

其他品牌在这一点上也很到位，例如海尔的洗衣机立币大赛，一枚硬币可以在海尔洗衣机上稳稳地立起来，这种话题成功吸引了很多围观人群，使新推出的洗衣机产品很快成为热点和分享话题。

2017年，泸州老窖新推出了一种香水酒，酒瓶的外表看起来如同香水，更让人意想不到的是，这款酒确实如同香水一样散发出了迷人的味道，既可以喝，也可以用来当香水喷。就是这样一种跨界型的产品，成功吸引了人们的注意力，其热度在各大社交媒体稳步上升。

与之类似的还有可口可乐的化妆品套装、肯德基的炸鸡味唇膏，除此之外，某电动车品牌还专门举办了一场广场开锁大赛，以求为其产品防盗性做宣传……

想要让产品具备社交属性，最简单的方式就是让产品本身具备话题热度。当然，不是所有的产品都可以形成讨论和分享，只有符合消费者审美需求的内容才更容易形成有效传播。

综上，我们想要让自己的产品更具传播力，成为社交货币，就一定要自带话题。这种话题还要切合消费者的“审美”，为其形象加分，让其充分展示自己的品位、幽默或富有爱心等特点。

标签化，让产品成为身份的象征

社交活动以角色为基础，任何一个人都拥有一个可以确认身份的角色，我们的一言一行也都在角色的控制下进行，不仅如此，当我们在与不同身份的人交往时，也会采取不同的模式。

这种身份角色可以有很多标签，大致包括中性的一级标签和含有褒贬之意的二级标签两种。例如，老师、护士、母亲、儿子等属于一级标签，而开放、时尚、搞笑、足智多谋等则属于二级标签。一级标签不会轻易变动，而二级标签则容易变动。

几乎人人都想要得到一个褒义的标签，例如前面我们提到的时尚、足智多谋等。很多人之所以喜欢购买华丽的衣服和首饰，喜欢出国游等，其实都是在为自己贴一个时尚的标签。

对于二级标签，最重要的获得方式就是消费。随着物质生活水平的提高，人们购买商品不再是为了单纯的生理需求，更多的是为了满足心理需求，通过消费品来为自己重新定义，塑造属于自己的品位和个性。

所以，互联网时代的品牌不能追求和满足全部人的需求，否则就失去了差异性，没有差异性的商品就等同于没有个性标签。作为一个品牌，一定要致力于打造个性化，哪怕小众化也要成为目标群体的首选，成为代表性标签，成为受众身份的象征。只有为消费者带来身份上的认同感和自豪感，才能让他们主动建立连接，将产品视为自己炫耀的资本，如小米的米粉和苹果的果粉等。

巧妙设计分享机制，让产品成为朋友之间相互馈赠的礼物

只要是礼品，就具有社交属性。所以，当一件产品成为礼品的时候，传播就会变得非常容易，这就解释了为什么六个核桃和王老吉等品牌总是与礼品挂钩。

为产品贴上礼品的标签有很多种方法，诸如前面提到的六个核桃和王老吉等品牌，都是利用广告场景来进行推广引导。但随着互联网时代的到来，这种广告营销的效果逐渐减弱，加上其成本较高，因此不再是炙手可热的营销方法。就目前的形势来看，只有采用分享的机制才更容易引发广泛传播，可以让身边的朋友参与高效率的馈赠产品礼物活动。

举例来说，樊登读书会的会员和准会员（经过注册的体验者）都享有一种特权，他们将读书会的链接分享给好友，好友一旦点开链接进行注册之后，这些分享的老会员便可以得到一些积分。得到上也有类似的分享奖励，其会员可以将自己购买的部分课程免费赠送给好友。此外，微信读书也曾做过相似的活动，但其活动不是赠送好友，而是向好友索取，可以挑选一些自己喜欢的书发给好友，请求好友帮忙买单。

分享其实就是传播，可以实现裂变效应，帮助自己获得更多的客源。

场景化，让产品成为社交工具

《创新者的窘境》的作者，哈佛商学院的克莱顿·克里斯坦森曾说过这样一句话："消费者不是来购买产品的，他们是在雇佣品牌为自己完成一项任务。例如雇佣品牌来为自己消磨时光、帮助自己增进与孩子们的感情、让自己的生活更加充实幸福等。当我们想要改善人际关系，满足社交的渴望时，就可以雇佣具有社交属性的品牌来完成。"

一些商品自带社交属性，如美酒。人际交往过程中少不了酒水做伴，所谓"感情浅舔一舔，感情深一口闷"。在中国，酒甚至可以体现一种社交文化。为什么酒可以享有如此崇高的地位呢？这就要联系到生活中经常出现的一种社交场景——饭局。一样的道理，对于其他商品来说，想要如同酒一样得到同样的社交地位，也要找到属于自己的社交场景。

社交场景的传播力度是最大的，因此很多新产品推广时都很看重餐饮渠道这一场景。举例来说，王老吉之所以迅速走进人们的视野，离不开其对于火锅聚餐场景的精准切入；除此之外，金六福聚焦喜宴场景、江小白聚焦年轻人的小聚和公司团建……

通过聚焦场景，消费者会对产品产生一定的认知，当一种产品在社交场景中频繁出现时，就会理所当然地被赋予一定的社交属性。

如果说消费是个别人的事情，那么社交则是众多消费者共同参与的事情，它具有传播性，而没有社交性的产品很难在互联网时代得到广泛传播。

随着社交媒体的发展，口碑效应在不断受到重视，粉丝既是口碑的创造者，也是口碑的传播者。对于企业来说，一定要建立粉丝信任度，实现深度营销，让粉丝成为自己的推广之源，实现口碑营销。

未来的营销工具和方式会不断更新，但深度粉销的理念不会抹去，只有以人为本才能在商业竞争中脱颖而出。

第 9 章　超级用户

在流量成本越来越高涨的时代中，爆发式红利枯竭，流量拉新与增长举步维艰。与其花大价钱去争抢流量，不如围绕超级用户，深耕细作，获取更多的增量价值。在超级用户时代，新的黄金法则诞生，Top 10% 的用户可贡献多于普通用户五倍的价值。

定义超级用户：用户进化的四个阶段

做新零售就是经营人，经营超级用户

至2019年5月，科幻影片《流浪地球》以近47亿元票房俘获了众多影迷的心，那么《流浪地球》为什么会取得如此好的成绩呢？

从内因上讲，这部电影本身具有爱国情怀，因为平时人们看的科幻片大部分来自美国，剧中拯救地球的“英雄”人物自然也是外国人，而《流浪地球》的主人公则是中国人，自然容易引发观众的激动之情。除此之外，吴京的IP影响以及网络上有关这部电影好与不好的各种争议，都将《流浪地球》推上了热搜。

从外因上讲，十几年甚至二十几年前，人们往往是在吃完饭或者逛完街之后才会想到去看个电影消遣一下，至于具体看哪部电影，也会选择当前正在播放的，不会像现在一样专门为某部电影而前往电影院。因此，那个年代的电影票房往往都很低。如今，一部电影只要有带点人气的明星参演，票房都能够达到几千万元，甚至上亿元。人们的生活水平得到了很大的提高，衣食无忧之余，就会想要找点事情做。此外，在移动互联网时代，人们的消费习惯和购物方式发生了天翻地覆的变化。只要有一部手机，就可以随时随地挑选自己喜欢的电影，还能比较各大影院的放映时间和价钱，选择自己喜欢的座位和场次，不用排队便可轻轻松松买票。

电影院加入移动 App 的做法迎合了消费者的需求，为他们带来了更多的便利，这一现象同时让我们看到了如今商业环境的巨大改变，不仅买卖双方在变，消费者需求也在变。同样的道理，想要做好零售也必须顺应时代的潮流，迎合消费者需求，新零售电影行业就是最好的例子，零售的本质就是经营人。

经营人，从商家的角度来说其实就是经营顾客，把顾客经营成为我们的用户，为他们献上最优质的产品和服务，让他们成为我们的回头客，也就是超级用户，这样才能够使企业获得可持续发展。在这一点上做的比较突出的就是苹果公司，其果粉就是超级用户。

什么是超级用户

2018 年，资深媒体人罗振宇在跨年演讲中提到了“超级用户”思维。

在流量时代，你的用户量取决于你所圈出来的地有多大。而如今人口红利不再，流量逐渐减少，获得用户的成本在不断增加，因此很多企业面临留客难、提高用户黏性更难的窘境。

正如罗振宇在演讲中所提到的那样："从流量思维到超级用户思维的过程中，我们不关心有多少用户，更应该关心有多少超级用户。"

这里所说的"超级用户"指的是潜在忠实用户，他们在未来有极大可能会为企业产品和服务买单。他们不是简单的老用户，而是老用户的升级，具有极高的消费力、复购率和忠诚度，对于企业来说具有极高的价值。

"超级用户"具有两个特点：首先，一定是老用户；其次，必须要有持续的购买意愿。

简单理解，就是挖掘忠诚客户的复购价值，让花过钱的人愿意花更多的钱，把忠诚客户变成超级客户。比如：

京东 Plus 会员年消费是非会员的九倍，这九倍就代表复购频率；

亚马逊 Prime 会员比非会员年消费多 600 美元，这也会反映到复购次数上；

……

总之，这些购买会员卡或充值的超级会员，贡献了远比普通会员更多的价值，他们有超高的复购率，他们就是最超级用户。

"超级用户"遵循两个基本商业法则：二八法则和顾客终身价值（CLV）。

从二八法则的角度来说，企业 80% 的利润来自于 20% 的客户，而这 20% 的客户就是超级用户，一旦将他们筛选出来，企业就可以将 80% 的精力花在为这些用户提供更优质的服务上，从而有效提高回报率。但实际上，大部分企业是将自己的精力和资源平均分配到所有的用户身上，也就是 80% 的普通客户和 20% 的重要客户，如此一来将会造成资源极大的浪费，回报率也会降低。

罗振宇的超级用户思维其实就是提醒企业要将关注点放在用户价值上，为那些创造价值多的用户提供更多的服务，这也是商业必须坚持和努力的方向。

超级用户思维以服务好老用户为基础，以求获得更高的复购率，这与“顾客终身价值”理念相适应。2018 年互联网女皇报告也曾指出，全球品牌主在广告投放时，要将“顾客终身价值”视为最重要的指标。

顾客终身价值就是顾客将来会给企业带来的所有收益之和。企业不能只关注当前是否成交，还要将眼光放长远，关注顾客可带来的持续价值。这种价值总体可分为三种，即已经消费的历史价值，当前模式下持续消费带来的当前价值，以及顾客购买其他关联产品或分享给其他顾客而产生的潜在价值。

在流量红利时期，几乎所有的企业都在忙着获得用户，抑或寻找低价获得流量的渠道，在老用户复购方面没有给予更多的关注。而如今随着流量的减少和获取成本的提高，企业之间的竞争日趋激烈，想要突出重围，就必须重视老用户，从他们身上找到利润增长的渠道。亚马逊在利用超级用户思维方面便做得非常成功。

[案例]

用户是亚马逊的基石，是亚马逊最重要的武器

众所周知，亚马逊的产品体系非常强大，包括电子商务、仓储物流、数字内容、智能硬件、AWS云计算服务平台、线下零售等。随着人工智能不断发展，亚马逊承载了集大数据供给、喂养于一体的开放型人工智能引擎。亚马逊这一巨大的商业体系以用户思维为基础，就像其创始人杰夫·贝佐斯所说："用户是亚马逊的基石，是亚马逊最重要的武器。"

其实2005年亚马逊便已经推出Prime会员服务，并设置了付费会员体系，会员年费为79美元（2014年改为99美元）。只要加入亚马逊会员，便可以享受任意金额免美国境内运费、出库后美国境内两日送达等权益。当时物流系统尚不发达，物流成本也比现在高出很多，因此这项会员服务吸引了很多美国用户。

之后，亚马逊的产品和服务都在不断扩充，也逐一加入Prime会员体系，使得会员权益不断增加，同时也形成了巨大的用户数据库，亚马逊通过技术革新使得用户体验更加丰富、精准和智慧。2017年，亚马逊的股价突破1 000美元，市值也达到近6 000亿美元，其全年订单量超过50亿件，亚马逊也第一次公布了Prime会员订单量。

从某种程度上来说，亚马逊的所有产品和服务都以超级用户为中心，想要窥探亚马逊的成功，就必须理解超级用户思维。

虽然从表面上来看亚马逊是依靠算法技术获得成功，但深入超级用户思维、以会员体系运营为主，才是其制胜的关键法宝。

用户进化的四个阶段

在过去，“流量思维”关注的是如何获得用户，而“超级用户思维”则关注如何为已获得的用户提供更好的服务。那么如何才能辨识谁是已获得的用户呢？可以通过付费来进行筛选，但需要注意的是，超级用户的付费绝不是随随便便的零散行为，他们必须以清楚的功能界定和价值感交付为依据。换句话说，超级用户这一标签本身就是一种商品。

付费超级用户享有权益后，企业便与消费者建立了更深的用户关系和信任感，同时也要建立伴随式、共建式、个性化的用户服务过程。这是个持续更新的商业模式，需要技术手段、产品能力、体验细节、内容连接、反馈机制等各项机制来协调构建。

用户需要经过四个筛选和进化的过程，包括普通用户、付费用户、超级用户和裂变用户。

普通用户就是享受无权限限制的产品和服务的用户；

付费用户是指那些购买产品与服务的用户；

超级用户是指加入会员体系，对产品和服务有一定的信任度，已形成有绑定期的产品或服务交付的用户；

裂变用户是指形成口碑传播行为，帮助企业连接新用户的用户。

超级用户思维的“三感”方法论

各种新型商业现象和新物种形态的出现告诉我们，所有成功的品牌和企业都会被用户反向定义，而定义新商业的机会掌握在超级用户的手中，因此必须建立超级用户产品与服务体系，设置富含想象力和估值能力的商业模式，具体来说可以运用超级用户思维的“三感”方法论。

❶功能层面的价值感

想要获得超级用户，最基本的做法就是关注用户的价值交付，定义交付标准要以功能的超值感为准。比如 Amazon Prime、Netflix 付费会员、阿里巴巴淘气值和 APASS（阿里巴巴黑卡俱乐部)、京东 PLUS、网易考拉黑卡等。

❷情感层面的社群感

要让超级用户感受到一定的优越感，可以给予他们情感属性和身份认同，设置超值、专属或者定制化的产品和服务，通过品牌价值观让用户产生自我定义，并通过社交方式得到自我价值的表达。这样，用户的身份标签才更清晰，用户对品牌也更能产生归属感和信任感。星巴克的星享卡能成为社交礼品，以及 Costco 虽赔钱却能依靠会员打赏年盈利达 26.8 亿美元，均得益于此。

❸态度层面的参与感

在态度层面，可以为超级用户创建即时反馈和开放交互的参与机制，提升超级用户的参与感和责任感，这样他们才会主动传播，帮助企业形成裂变效应，吸引更多的用户。比如，小米之所以受到广大用户的喜爱，除了具备高性价比的产品和急速更新的认知率之外，与米粉的分享有着很大的关系，正是因为超级用户米粉的存在，才进一步促成了小米的成功。

作为一种设计方法，超级用户思维注重由内而生的高价值连接和小生态构建，它是一种新型估值体系，以用户价值的不断交付为基础。超级用户思维会给企业带来更多的商机，形成更加惊人的增长模型，这是新物种产生和进化的基础。

通过上文，我们可以总结实践超级用户思维的五大秘籍：

1）Top10%的用户可贡献多于普通用户五倍的价值；
2）内外数据打通，创造商业价值；
3）资讯类/短视频类的使用时长更重要，工具类的启动次数更重要；
4）不付费的用户也可以是超级用户，但不活跃的用户一定不是超级用户；
5）超级用户的获取、挖掘与培育同样重要。

在整个产品运营的环节中，定义超级用户仅仅是第一步，接下来如何经营、如何获取超级用户才是关键。

超级用户养成指南

前面我们已经提到，不管是企业还是商家，想要提升产品交付体验，使得产品价值有所提升，就必须具备“超级用户思维”。基于此，很多商家可能会怀揣着无比激动的心情与“流量时代”挥手告别。在当今时代，流量成本在逐渐提高，企业和商家必须披荆斩棘，迈向成功的必经之路——超级用户运营。

然而，超级用户的养成并不是一个口号，而是在流量成本越来越高涨的时代下，零售企业和商家走向成功的必要途径。下面通过两个问题，为正在探索超级用户运营的企业提供一些思考方向及执行抓手，让零售企业和商家从 0 到 1 逐步培养自家的超级用户。

运营超级用户的核心：运营观念，输出你的价值表达

很多人喜欢去星巴克，自然也有很多人有星巴克的会员卡。如果留心便不难发现，从 2018 年年底开始，星巴克的积分机制发生了改变，新的会员加速计划采用了“激进”的方式，低成本生新、高级会员挑战、快速升级通道。

这种新型会员升级模式中的游戏机制迎合了广大年轻人的社交喜好，因此具有一定的吸引力，但与此同时很可能会让星

巴克变得廉价，毕竟新的模式容易让老会员产生不被重视的感觉，那些本来让他们感觉良好的东西在贬值。因此对于星巴克来说，新机制也存在着一定的风险性。

当然，新的机制本身没有对与错，但“升级快感 + 价值反馈”的用户机制颇具激进感。明晰的设置虽然有助于星巴克商业能力的提高，但从长远来讲，我们不得不考虑老用户。

消费升级意味着精神、意义、娱乐、观念等方面的升级，其本质是认知，例如星巴克的甄选烘焙工坊，这在产品形态上形成了一定的驱动，同时不管是在咖啡的文化还是商业上都会形成一定的价值表达。

运营用户首先要考虑观念运营，其最大的价值在于输出价值。

举例来说，快手的输出价值是什么呢？任何一个人都可以记录自己生活的点滴，这是我们的权利，而每个人也都具备这样的能力。因此快手以记录为基础，其核心理念就是通过 AI 和短视频形成技术普惠，使得那些没有接触过互联网的人认识互联网、利用互联网，从此走进更为宽广的世界。

除此之外，瑞幸咖啡的数字化链路也通过可视化、透明化的运营机制让咖啡实现了普惠。瑞幸咖啡做的并不是精品咖啡，其目的并不是要与星巴克媲美，而是一种社会化营销，通过这种方式形成数字咖啡，以高效率的外卖成果带领人们彻底进入数字化时代。从这个角度来说，瑞幸咖啡不再是普通的门店，而成为消费者主动完成“触点闭环”的关键点，同时也是外卖员取到咖啡并完成外卖的起点，更是商场、工作场所以及偏僻角落里的触点，它实现了人们所渴望的普惠。

与欧美国家相比，中国使用咖啡的杯次只是其1/20，普惠咖啡的强大商业容量和市场空间其实就是观念的输出，正因如此，其可持续发展和生命力才更具价值。

那么普惠价值观在设置时采取了什么逻辑呢？我们既要与用户产生价值观上的衔接，同时也要引发情感共鸣。

超级用户的胜负手：原创内容

在内容为王的时代，谁能持续输出优质的原创内容，谁就等同于具备了拥有黏性用户的隐形特质。

我们以Netflix为例，2018年Netflix的总市值跌到约1 200亿美元，可是仍旧属于2018年成功的明星企业之一，其三季度新增付费用户达696万，股票涨了10%，一时惊动了整个华尔街。

[案例]

Netflix的超级用户机制

作为全球付费用户最多的内容平台，Netflix设置了超级用户机制，通过“原创内容+爆款模式+付费用户”的商业模式，简洁高效地收获了一大批用户。

在Netflix的商业模式中，用户被放在极其崇高的地位，这是之前从未有过的现象。随着与HBO竞争的不断加剧，Netflix发现想要成为技术型HBO所花费的时间和精力要比成为内容 HBO 高很多，这一观点如今已经被证实了。

于是 Netflix 接下来便开始专注一件事，那就是创作精品原创内容，他们还专门针对使用 iPhone SE（苹果公司在 2016 年 3 月发布的一款 4 英寸智能手机）的用户创办了适配小组。由于 iPhone SE 和 Netflix 的用户群类似，均属于精英受众，因此匹配度较高，如此一来，Netflix 便完成了一个高精度的内容匹配模式。

纵观整个商业市场，为什么大部分人都不遗余力地做原创内容呢？因为原创内容所构成的新型用户关系本身就具备强大的消费理由和意义。

由此可见，从某种程度上来说，原创内容已经成为构建超级用户的决定性因素。当然，我们所说的原创内容不只是自制精品剧，或者精美的超级网综，更是那些可以使用户产生情感连接，心甘情愿将时间“消费”在这些事物上的内容。

“人、货、场”合一，与用户建立一种情感契约

近几年，拼多多和云集均以社交模式形成了上百亿元规模交易量，很快成为电商界第一阵营的成员，那么它们为什么会获得成功呢？

首先，从拼多多的角度来说，其本质带有代表时代变化的重要特征。这一特征不再是简单地从“人找货”到“货找人”，而是“人、货、场”的三合一，人就是货，货就是人，人就是场，场就是人。“人、货、场”三合一以游戏化机制为

核心。这里的拼团不是从前以价格为中心形成的较为敏感的交易体制，而是一种游戏。一人即可成团，成团的背后就是一种游戏机制。

拼多多的游戏机制背后体现了一个明晰的风口，就是“厉害了！我的团长我的团”，也就是社区拼团，这种拼团方式颗粒度细小而具体，容易还原到人的场景。

其次，我们来分析一下云集，这个以宝妈为核心的 App 柔和而不张扬，以中产阶级为主体，不管有多辛苦，哪怕在给孩子换尿布的空隙，宝妈们都有时间顺便通过云集轻轻松松赚到钱。

过去以行业划分的思路很难定义如今的创业公司，其切入点和边界在不断扩大化，必须建立更加强大的信任关系，因为价值敏感性早已经超出了价格敏感性。

拼多多的超级用户逻辑就是团长，而云集的游戏化机制、场景化渗透与拼多多大同小异。

超级用户是对深度用户关系的证实，它建立起了一种强有力的信任感，是一个伴随式、共建式和个性化的用户服务过程，这种情感依恋是私密而震撼的，会与用户形成情绪关联，是用户的心理账户，为用户的寄托和信任保驾护航。

最后，需要注意的是，超级用户是一个全新的概念，更加注重单客效应，强调个人价值最大化。如果商家还只是停留在注重整体服务，是无法留住“超级用户”来构建自己的流量池的。

做好消费场景中的用户连接与互动

新零售的三层连接与三重互动

新零售下的连接包括三层含义：首先是用户和商品（信息）的连接；其次是用户和商家的连接；再次是用户之间的连接，其实换句话说就是“人、货、场”的连接。

用户和商品（信息）之间的连接使得信息传递的问题得到了有效改善，解决了信息不对称现象，这一点对于传统零售商家和1.0流量电商、2.0导购电商来说都是非常重要的，因为它们都要将商品的品牌、功能、质量、价格等信息传递给用户。与电商相比，传统零售商在信息传递方面的边际成本较高，其连接效率自然要比电商低很多。

用户和商家的连接解决了双方的互动问题，因为只有双方产生了连接，才会引发互动，没有互动，任何连接都是不堪一击的。

举例来说，两位同样要买奶粉的妈妈，妈妈A只是在购物时顺手买了一袋奶粉，而妈妈B则是咨询线上商城母婴育儿顾问后才精心选择了一袋奶粉，从结果看来两者都只是买了一袋奶粉而已，但对于商家来说，其价值却有着巨大的差别。

妈妈A一旦走出商场便与商场再无瓜葛，但妈妈B由于与商城的育儿顾问进行过良好的沟通，因此有了一定的信任关系，之后很可能会再度光顾，成为老客户。母婴商城在未来很长一段时间都会得益于这种因良好沟通而创建起的联系。当然，商家和用户之间进行互动的方式有很多种，除了直接互动之外，还可以通过下单、支付、物流、快递上门、退换货、投诉甚至生产制造等环节与用户建立友好的互动关系。

随着1.0流量电商时代和2.0导购电商时代到来，商品之间的差异化不断减少，因此电商之间常常通过流量和价格的比拼决胜负，很容易进入死循环。从根本上来说，这种现象的出现是因为商家与用户之间的沟通力不足，内容欠缺，很多商品同质化明显，没有形成独树一帜的人格化品牌。

3.0内容电商时代则更加关注UGC（用户生产内容）和PGC（专业生产内容），这区别于商品的传统属性，容易产生以用户情感激发和兴趣表达为基础的优质故事性内容。这些内容也使得商品品牌更具人性化，容易与用户之间建立情感连接，提高用户对商品的认可度，使得价格不再那么敏感，是生活方式电商的营销利器。

由此可见，用户与商家的连接内涵很丰富，除了利用专业导购与用户建立连接之外，还可以利用商品故事（内容）引发用户共鸣，以人格化的品牌使用户对商品产生信任感，从而帮助企业实现可持续的商业利益。

用户与用户之间的连接主要是将商品引入社群和社区的运营机制，使得用户在一定的社群和社区中持续活跃和裂变。

其实不管是用户和商家的连接还是用户与用户之间的连接，从本质上来说都要提高用户互动率，只是用户与商家之间的连接仅存在于二者之间，属于一对一互动。

用户与用户之间的连接使得互动范围得到了延伸，是多对多的互动。在这种互动关系下，用户更容易对商家产生信任感，因此会树立起以某种商品为中心的消费文化，使得用户朝着粉丝的方向转化。

小米的成功就是一个典型的案例，小米在用户与用户之间的连接上可以说是做到了极致。小米手机之所以能够在正式推出时一举成名，很大程度上要归因于其之前所积累的 50 万 MIUI 粉丝，而小米之家也是以爆品小米手机为契机找到流量入口的。基于此，一系列小米电子产品走进了大众的视野，小米也开始致力于创造一种以电子产品为基础的社群文化。

流量总会枯竭，唯有互动生生不息。

在新零售场景中有三重互动方式，分别是供应链互动、内容互动和个性化定制服务互动。

供应链互动以响应速度为效率指标，也就是精准定义用户诉求后的供应链响应效率。在这方面表现较为突出的是快时尚品牌 ZARA。

每年 ZARA 都会推出 12 000 个款式，且确保上新频率一个星期不低于两次，一件产品从设计到最后上架不能花费超过三个星期的时间。以求通过最快的速度、最高的性价比，为“追逐时尚，拥有中等消费水平”的年轻群体带来“最好逛”的购物体验，让他们近距离感受潮流时尚。

为了满足这样的诉求，ZARA 极力降低所有与快速、时尚没有关系的成本，比如广告费、面料费等，以求降低营销费用。为了使供应链时长也能控制在一个星期之内，ZARA还设计了RFID系统，上到工厂，下到销售终端，任何阶段都可以实时追踪，了解库存情况。

内容互动以内容连接效率为效率指标，旨在占据用户心智、界定用户标签的情感效率。这一方面的典型代表就是意大利米兰的“未来超市”Coop。

Coop里的所有食物都有自己的故事。在该超市货架的上方有一件大型显示屏，用户只要触摸某一件商品，或者手逐渐接近某一件商品时，显示屏上就会出现该商品的详细信息。这种方式使得消费者与商品信息（内容）之间实现了实时互动，同时也给予了商品一定的人格化，每一件商品都有属于自己的标签和身份，让消费者对每一次购物都有了情感体验。

利用新消费场景展开互动的三大法则

通过上文，我们知道完成“人、货、场”连接的方式就是建立新的消费场景与用户展开互动，线上通过线下场景体验，增强消费者互动与黏性。通过大数据等技术运用，使得营销活动更具针对性，消费者服务更加精准。加上场景互动神器AR和VR的使用，让虚拟与现实交替展开场景互动，更能够增加整个购物过程的趣味性，提升产品支付体验，实现所见即所得。

零售企业和商家要做好消费者中的用户连接与互动，需谨记以下三大法则。

❶利用社交媒体互动

虽然随着新媒体的迅速崛起，很多零售企业和商家都拥有了自己的社交媒体账号。但是，大部分企业和商家都未能将其功能充分发挥出来。很多企业和商家仅仅在社交媒体账号上推送新闻资讯等内容，缺少与用户的互动性。

eMarketer Statista 在 2018 年对未来社交媒体的使用情况做出了预测。该机构预测：2021 年，利用社交媒体来提升用户的参与性，是未来商家与用户进行互动的主要方式。并强调商家与用户的互动态度必须是真诚的，以此才能获得用户的信任。并同时预测 2021 年，社交媒体的用户数量将达到 30 亿人。

从上文中可知，利用媒体互动对于提升用户参与性的重要程度不言而喻。而我们熟知的前首富马云，正是懂得利用新媒体做公关，来帮助阿里巴巴集团一步步赢得人心的。

[案例]

马云通过微博提升用户参与度

2018 年，人大代表点名批评淘宝，阿里不甘示弱出招反击。创始人马云在微博上发表了自己的看法，他全文都在讲述一个核心问题：假货之祸的根本问题是法律对制假和售假的惩罚力度不够。

这份声明的逻辑是：

1）对酒驾的严惩效果显著，证明了司法的作用明显。

2）国外对制假售假的惩罚力度很大，效果显著。

3）我国对制假售假的惩罚力度不够，以淘宝为例。

马云在社交媒体上的表态，字里行间没有尖锐的词汇，但其思想内涵却是十分有力的反击。很少通过社交媒体为公司发声的马云，为什么如今发声了呢？可能是长期以来，阿里巴巴就背着“卖假货”的黑锅，通过这次发声，一方面向人大代表阐述消灭假货的根本出发点；另一方面也是让用户知晓，淘宝为了打击假货行为，提升商品质量而不断努力的决心。

虽然，淘宝被全国人大代表点名批评，遭遇了名誉危机。但马云在社交网站上的表态，却助淘宝力挽狂澜，逃过了一次危机。在马云的微博下面，粉丝的参与互动十分狂热，不少人纷纷评论留言表示支持。无疑，这是行业大佬利用新媒体为企业站台，获得粉丝的参与与支持，从而成功避免危机的典型案例。

❷为超级用户提供增值服务

在上一节里，我们讲述了超级用户所能为企业带来的巨大的商业价值。超级用户不仅对产品和品牌有着超高的忠诚度和消费热情，还愿意积极介绍自己的朋友、熟人前来购买商品。从长远利益来看，超级用户所能为商家带来的商业价值要远远超过普通用户，而维系超级用户所付出的成本也远远低于普通用户。

因此，商家需要维护现有的超级用户，并尽可能多发展超级用户。具体怎么做呢？这就需要商家为超级用户提供增值服务。比如每逢节假日为超级用户发送节日短信，定期为所售的商品进行售后维护等。这些增值服务能够有效提升客户黏度，为顾客以后购买产品、参与活动打下基础。

[案例]

京东保障 PLUS 会员权益，提升客户黏性和参与度

2018 年 9 月 6 日，京东第一次公开表示京东 PLUS 会员人数已经达到 1 000 万以上，消息一经披露，京东的股价在当天收盘时逆势收涨了近 4%。

京东是率先推出付费会员制的电商平台，京东 PLUS 会员人数一直都颇受外界关注。京东 PLUS 会员聚集了京东和合作对象的优质资源并加以提升，让会员享受到高质量服务。京东 PLUS 会员于 2015 年 10 月正式面市，通过不断发展，在 2016 年 1 月至 2017 年 9 月间，会员数量月复合增长率达到了 29.2%，到 2018 年上半年，会员数量的月复合增长率依然维持在两位数（见图 9-1）。

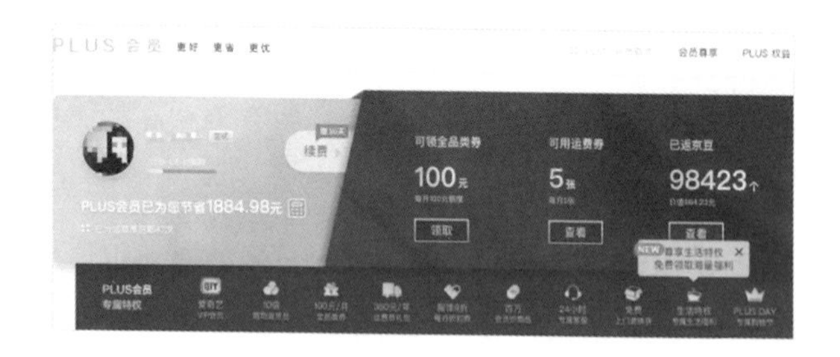

图 9-1　京东 PLUS 会员体系

京东 PLUS 会员可以享受到的京东的优质服务有：10 倍购物返京豆、会员的返京豆比例增加 10 倍，付款时可直接抵扣

现金；全年360元运费券大礼包，每月五张免费运费券；免费获得爱奇艺平台的一年VIP会员；每月的服饰类九折券和全品类100元优惠券；百万会员价商品，免费上门退换货；每月会员专属购物节和全天专属客服等十项权益。

会员权益的价值体现在各个方面，例如爱奇艺VIP会员是京东推出的异业类型会员特权，而第十项权益“生活特权”被外界普遍认为是京东达到千万会员高度后，对会员的权益反馈和升级。

京东为何如此大手笔地为PLUS会员提供增值服务呢？这是因为在京东新零售中，处于核心位置的PLUS会员能为京东贡献绝大部分营业收入，而京东也需要用这种差异化的增值服务来维护核心用户。京东将所有的高品质服务整合起来，提供给用户，这对于顶部的高收入、高品位用户来说，的确是一项增值福利。京东的PLUS会员体系为引导客户忠诚于品牌、参与京东电商活动发挥了不小的作用。

❸建立品牌社区

社区是人们休息的港湾，是人们心灵的归宿，同时也是人口十分集中的区域。如果能够将社区内的目标用户聚集起来，一起参与活动，对于用户而言，不仅是一个了解品牌与商品的机会，更是平添了一个与社区内的朋友增进友谊的平台。试问，参与该类活动，何乐而不为呢？

[案例]

孩子王，用户关系的经营与提升

与瑞幸咖啡流量池思维不同，孩子王反其道而行之，放弃简单的规模增长，转向对单客增长的追求，即围绕一个特定人群深挖，精准定位其需求，通过叠加商品和服务进行全方位满足。

从经营商品到经营用户，对单客增长的追求使孩子王构建了一种革命性的新零售服务模式。

从2009年成立至2018年年底，孩子王在全国拥有270家母婴门店（含筹建店），店均面积3 500平方米，有6 000名持证育儿顾问，深度服务2 400万会员，2018年销售额突破100亿元，年复合增长超过100%。

根据AC尼尔森的统计，0~3岁婴幼儿每年商品消费额在1万元左右，孩子王占比在45%以上，意味着这部分会员每年为宝宝花的钱接近一半都给了孩子王。

背后的秘诀：用户数字化+员工顾问化。提升孩子王全渠道零售的数据运营能力，使商品与用户形成了某种定制的关系，这种定制正是基于数据的。孩子王并非围绕每一个用户去定制产品，而是基于数据定位需求形成规模的某一用户群体，进而向供应商反向定制解决方案。

孩子王超过六成的门店员工是育婴师，可为用户提供专业化的贴心服务。孩子王将所有会员安排给每一个员工，要求每个员工从过去的单品管理、推销商品的角色转型成为顾客的育儿顾问和单客经营能手，育儿顾问在用户心目中都是“老师”，再也不是销售员。

“用户数字化+员工顾问化”为每一个用户提供了“工程师+育儿师”解决方案（工程师解决数字化问题，育儿师解决情感问题）。

孩子王从第一天开始，就把自己定位成一家经营用户资产的公司，借助数据赋能和消费场景打造，深入重塑用户关系，极致化用户体验，最大化挖掘会员消费的价值，并反作用于供应链，为每一位会员提供个性化育儿解决方案。

用户数字化不仅是数据收集，更重要的是让数据产生价值。通过数据和用户点对点连接后，可以随时随地实名服务，根据用户的需求，在其需要的时候给他们提供所需，而不是运营推导出来的排列的商品。

通过数据可清楚知道会员的行为和“画像”——在什么时间点购买了什么、在哪个标签上，并且让资源流动起来。婴童家庭有关的衣、食、住、行、玩、教、学等所有的环节——用户、商品、员工、场景、互动都是数字化在线的，黏在一起。当任何用户触发与他相关的需求，所有和他匹配的要素都可以随时随地精准响应。

为了提升用户对品牌与产品的黏度与参与度，孩子王为用户提供的增值服务方式十分多样。比如孩子王目前的服务包括差异化商品服务、个性化育儿服务、多元化互动社交服务、本地化宝宝成长服务等。

再比如，孩子王的育儿顾问提供的服务包括催乳、做急救。孩子王在全国有150多名专业的医生，在线下和线上提供服务。很多孩子王黑金会员已经习惯了小朋友不舒服，不是去医院，而是去@孩子王的医生。

孩子王2018年做的就是深拓“大服务”领域。到目前为止，孩子王的服务费收入已经占到毛利的四成。且这个数字“涨得很快”。

传统的商业模式是差价分配的模型。供应链从生产商到零售商再到消费者，如果中间有100元的差价就互相博弈，看谁拿得多，分配的结果是由资源占比决定的。孩子王一直希望基于分享模式下的价值创造，更重要的是100元之外能不能创造30～50元是自己的。

除此之外，孩子王经过半年多的推行，有20%的普通用户直接升级成高等级的用户。会员等级越高，以消费金额为维度的产值贡献越高。

孩子王提供的数据证实了“经营老用户”的价值：孩子王付费会员（黑金PLUS会员）花费是普通会员的6倍。付费会员平均花费超过16000元，订单量是普通会员的3.9倍，购物频次是3.5倍。每个月ARPU值（单客平均收入，是衡量会员质量的重要指标）是普通会员的2.7倍。

目前，孩子王付费会员达30万，其CEO徐伟宏希望到2019年年底，这一数字能到100万。

以上就是做好场景中的用户连接与互动的“三大黄金法则”。创造性地加以使用，并持之以恒，做到让用户的参与如你所愿。尽管这黄金法则要求我们在实践中成长，而且这一要求从未改变，但日新月异的技术格局需要我们在其应用方法方面不断进行创造和创新。

除此之外大家还需要注意以下几点。

对于用户来说，玩法的难易程度与他们能否最终理解并上瘾有着直接的关系。

单从用户角度来说，想要绝对的“简单”，无非就是进行抽奖、直接塞钱、签到等方式，这种方式需要持续不断的公域流量。从人性入手，多么复杂也会变得简单；一旦逆着人性，多么简单也会变得复杂。

只有具备了强大的驱动力，最大限度地提高用户体验感，才容易激发他们的使用欲望。

用户通过重重游戏，挑战成功和失败的乐趣，会促使他们在游戏上愿意主动花费更多的精力。游戏化的本质就是成功和希望参半，即便失败了也可以继续努力尝试。

努力寻找用户可以炫耀的资本，让他们在长时间的互动形式下实现多劳多得。

通过一系列设置提高用户在互动中的投入，使其投入与收获有一定随机性质，未来，谁能走得更远，就看谁能为用户解决问题、创造价值，最大限度地让用户发挥个体能动作用，提高用户力。

第 10 章　评价福利

给予消费者超越预期的惊喜

经过三十多年的发展，中国商业服务运作模式受到了众多消费者的认可，“消费者就是上帝”的服务理念从理论落实到实践，成为企业和商家运营的发展战略，它们逐渐认识到服务对产品销售业绩的影响，同时也明白了品牌声誉对于整家企业发展所起的关键作用。可即便如此，很多企业和商家还是发现，不管自己付出多大的努力，为消费者提供多么完美的服务，最终都很难真正吸引到他们的目光，大部分消费者对于这些习以为常的服务都表现出一副无所谓的样子，这是为什么呢？

很多消费者在购物的过程中，由于受到长期规范模式的影响，自然会对大众化的服务习以为常，他们甚至觉得这些都是商家的义务，因此不会给予过多的关注。在这样的前提下，商家必须提供超出平常的服务，出乎消费者的预料，才能给他们带来一定的惊喜。当然，这种创新型的服务一定要迎合消费者的喜好，引起他们的好奇心，这样才容易让他们产生好感并留下较为深刻的印象。

在这一点上做的比较突出的就是海底捞，其“变态”式服务赢得了广大消费者的喜爱。

[案例]

海底捞的“变态”服务，只有你想不到，没有他们做不到

2018年5月，一直闭口不谈上市的海底捞宣布在港交所递交上市申请，各类数据还特别华丽：2017年营收总额106.37亿元，利润11.94亿元，三年的复合年增长率高达70.5%；年客流量达到1亿人次，员工平均薪酬约6万元。平均每位消费者在海底捞消费94.6元，88.2%都是回头客，六成顾客每月去一次。

海底捞是如何成为餐饮行业的巨头的？相信大多数人都知道，这与他们提供的“变态”服务有关。

海底捞的服务细致到只有你想不到没有它做不到。从进入门店开始，海底捞的服务就无微不至，如果人多需要等位，坐下后服务员会端上水果零食；如果感觉无聊，服务员也会送上棋牌供消费者娱乐，还有免费的特色美甲等服务，让消费者等得舒心。

在海底捞用餐时还可以进一步体验这种周到的服务，进餐前服务员会给长发女士提供皮筋绑头发方便其用餐；用塑料袋放置手机以免污脏；为每一位客人提供热毛巾擦手，每15分钟更换一次；如果不想调味，可以让服务员调好以后放在桌上；点菜时服务员会根据人数建议分量；如果点了番茄锅，服务员会主动给每位客人盛一碗番茄汤。

如果消费者有带儿童用餐，服务员可以帮忙喂饭并带领去乐园区域玩耍；给抽烟的消费者提供烟嘴；消费者不小心弄脏或者勾坏丝袜，服务员会提供新的丝袜；单人来用餐的话，服务员会在对面座位放玩偶陪伴用餐（见图10－1）；如果有生日或其他情况，海底捞会提供带字的果盘或雕刻LOGO水果。在用餐完毕后，海底捞专属的卫生间里还提供牙刷、牙膏、漱口水等供顾客使用。

图10－1　海底捞为独自用餐的用户提供娃娃熊

给予消费者超越他们预期的惊喜是海底捞服务最为突出的特点。举例来说，其次，海底捞的一位服务员在工作时发现自己服务的一对恋人貌似处于热恋中，男性一直努力地逗女性开心，此时女性随口说了一句："今天天气好热啊，真想吃凉糕！"这名服务员立刻将这一现象报告给领导，领导便让她马上打车去为这名女性买凉糕。

虽然海底捞内部没有供应凉糕，但只因为消费者无意间说出了想要吃凉糕的渴望，他们便想方设法满足消费者的需求，即便这种需求并不是消费者主动提出来的，他们也不惜一切代价去实施。在海底捞每一个工作人员的眼中，消费者的需求就是他们执行任务的重要指标，不仅一线服务员善于观察，及时取悦消费者，领导层也能够当机立断，做好决策，想尽一切办法让消费者满意（即便让服务员打车出去买凉糕不仅消耗时间，而且还会造成各种成本的消耗）。

当然，海底捞的这一案例具有随机性，可能一万名消费者中也不会出现一次类似的情形，因此这种案例不像前面我们提到的送手机袋、送眼睛布、美甲、擦鞋等特色服务那样具有普适性。尽管如此，普适性服务和个性化服务都具备相似的内涵，他们都致力于为消费者提供远超出预期的惊喜和服务。

在这个竞争过剩的时代，满足消费者已经过时了。只有超越消费者预期的惊喜才会被消费者认可，才能拓展消费者群体，扩大企业的利基空间。而要想成功打入新的市场，则必须超越消费者预期，否则无法和竞争者拉开差距，在消费者心智中确立自己的地位。从这个意义上来说，商业的本质就是经营消费者预期。

超出消费者预期，才能稳操胜券

一般消费者自己能想象得到的服务，我们称之为消费者心理预期。比如，进餐馆吃饭时，倒茶、倒水服务是在我们预期内的，没有任何惊喜。那么，什么是超越消费者预期的惊喜呢？

当消费者去药店买感冒药的时候，若在购药之后同时想要一杯水服药，而卖家却回答说没有，那么这次服务无疑是非常失败的。相反，若卖家能及时为消费者倒上一杯水，那么这就是一次成功的服务。与此同时，若卖家能在消费者尚未提出要一杯水的时候就提前为其倒好一杯温水，那么就是想消费者之所想，超出了他们的预期，消费者很容易因此而感动。

所以，超越消费者预期的惊喜就是超越消费者的需求，就是在消费者想的时候，我们已经用实际行动做到了。比如海底捞火锅的服务、三只松鼠的开箱体验、今日头条的算法推荐都是超越消费者预期的惊喜的最好佐证。

说到这里，可能很多零售企业和商家会委屈地说：我也在努力提供超越消费者预期的惊喜服务，为什么消费者还是无动于衷呢？

这是因为企业和商家提供的超越消费者预期的惊喜服务，没有真正超越消费者的预期。

心理学研究发现，人类的感觉系统在感受两种刺激的差别时会存在差别感受阈限，所以消费者的预期也有最小可满足程度，从数学角度来讲就是消费者预期满足程度并非连续函数值，而是一组离散值。

简单来说，消费者的预期会有所提升，但这个提升的过程不是一蹴而就的，往往需要一点一点提高。由此可见，企业的服务若不能达到新的台阶之上，是很难打动消费者的。

举例来说，若你的朋友在一家饭店吃饭时享受过九五折优惠，当你也去这家饭店就餐，并在结账时请求店家打折优惠，自然会有心理预期九五折后的价位。若此时店家给你九折优惠，你会感到格外满足；而若店家给你九五折优惠，同时免去小额尾数，那么你的满足感和惊喜感就不会那么强烈。

如图 10－2 所示为消费者预期满足程度（α）和企业努力程度（I）之间的关系，当消费者预期满足程度的市场基准值为 0 时，相应的企业努力程度为 $I0$，这就是当前市场竞争的平均表现水准。消费者预期满足的最小提升幅度为 $\alpha1$，也就是在市场基准之上消费者首次可接受的预期提升。$I1$ 为企业要实现 $\alpha1$ 的努力值。

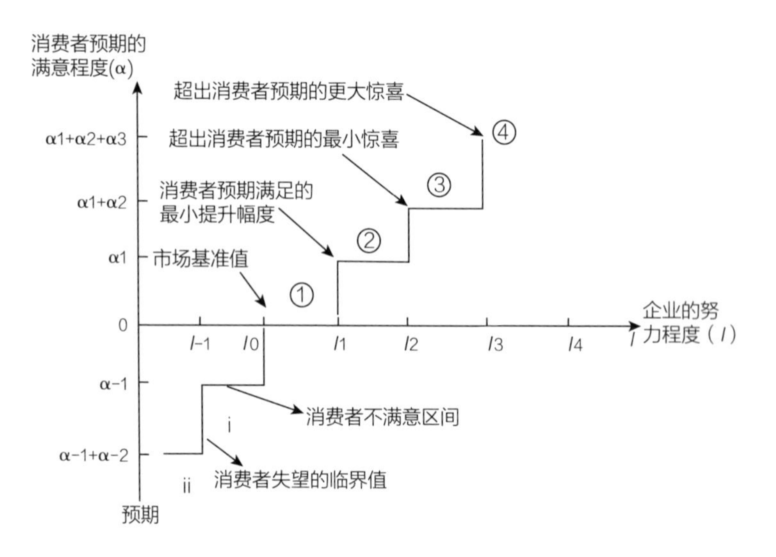

图 10－2 消费者预期满足度的量子式跃迁

当消费者预期为市场基准水平时，企业的努力程度在 $I0 \sim I1$ 区间不断变化，消费者的预期不会发生改变；当企业的努力程度大于或等于 $I1$ 时，消费者的预期满足则会提升到 $\alpha1$ 水平；当企业的努力程度在 $I1 \sim I2$ 区间时，消费者的预期满足始终维持在 $\alpha1$ 水平。

正如前面所讲，消费者的预期提升是一步步的，尚未达到新的台阶，企业付出则不会打动消费者；尚未达到临界点，企业的努力程度即便再怎么提高，消费者也很难为之动摇，其预期满足程度不会提高。

超预期经营四步法

那么，零售企业和商家应该如何提供超越消费者预期的惊喜服务，才能打动消费者呢？

在这个智能商业时代，整个采购过程都必须受到我们的关注，因为每个运营环节所涉及的六个维度都是获得消费者、超越预期的重要渠道。不仅如此，每个维度结合行业和消费者需求也都能进行细化，这使得以差异化方式获得超预期结果成为可能。举例来说，在零售行业，新零售的“人、货、场”三个维度可以通过以下方式进行系统思考：

人的维度：思考在整个消费采购过程中，从哪些环节可以超越顾客和合作伙伴的预期；

货的维度：思考在整个消费采购过程中，产品的哪些环节可以超越预期；

场的维度：思考在线下实体店的数字内场以及线上的数字场外，整个消费采购过程中有哪些环节可以超越预期？

想要超越消费者的预期，可以从以下五个方法入手。

❶从心底希望顾客高兴

“以客户为本，以客户为中心”是企业经营管理的核心，这并不是说说而已，而是所有的管理者、经营者在经营管理过程必须贯彻到底的原则。一个不能满足消费者需求、不为消费者着想的企业，无法得到消费者的青睐。

消费者消费支付的钱款是企业生存与发展的资本。在MBA教科书中，有这样的理论：股东是企业存在的根本，员工是企业的主人。但企业无法对消费者提出这样的请求：为了企业的发展，为了股东与员工的利益，请您购买我们的产品吧！

这是无理且不符合实际的要求。因为企业在本质上是为消费者而存在的，消费者才是企业真正的主人。企业的存在与发展就是为了满足消费者的需求、服务消费者。

遵循以消费者为中心的原则，就需要让消费者满意。以下三点，是企业能够更好地服务消费者的方法。

1）制造新鲜感与惊喜

新鲜感往往能够给消费者带来情感上的刺激，更容易打动消费者。当消费者了解到某一种产品的全新功效，超出自己的认知之后，更容易被惊艳到，往往愿意去消费、去体验。

2）与消费者“心有灵犀”

了解用户真实的想法，不仅可以通过消费者的呼声来进行判断，还可以分析消费者的数据。

在通常情况下，消费者明确提出的需求，往往只是其初级需求，就算满足了，消费者也只会平平淡淡地接受。而通过数据的分析，能更进一步发掘消费者内心的需求，通过提供消费者尚未见过或者体验过的产品，来超预期满足消费者的想法，使消费者获得惊喜，从而得到最优反馈。

3）换角度思考，为消费者提供真正优质的产品与服务

在为消费者推荐产品时，思考这些产品是否能够让自己满意；是否能够满足自己的某些需求；在购买这些产品之后，是否会成为社交的谈资等。如果你的产品连你自己这一关都无法突破，更别提让消费者满意了。

❷若未能满足消费者核心需求，可以通过快人一步的补偿超越消费者预期

售后和客服服务过程中是最容易出现消费者投诉现象的。处理这样的危机时，企业要明白消费者投诉的根本需求是获得补偿，包括物质补偿和心理情感的补偿。因此处理这种状况时一定要快人一步给予消费者补偿，主动满足他们的需求，这样才能突破消费者的思维定式，超越预期、赢得他们的信任。基于此，企业必须提前做好应急处理方案，或者在授权机制设置上灵活一些，否则遇到紧急情况势必会造成更大的损失，引起不必要的麻烦。

“海底捞”火锅针对易发餐饮事故给予一线服务员“免单权”，这种方式灵活快速，因此获得了消费者信任。之后，由于等餐时间较长，消费者容易出现烦闷的现象，所以海底捞又推出了各种小美食和美甲、擦鞋等免费服务，以求为消费者带来补偿，同时还能起到吸引消费者前来的目的，将服务风险最小化，超越消费者的预期，为企业提高了竞争力。

❸满足消费者的核心需求之后，从其他维度发力更易创造惊喜

这种方式比较常见，是超越消费者惊喜临界值的“右脑通道”。消费者的核心需求得到满足之后，就会在其他方面有所诉求，此时企业若能在其他需求上也满足消费者，那么就可以进一步提高消费者的预期，丰富他们的满足感，激发其惊喜感。这种方法对于那些差异不大、核心技术很难突破的企业是非常实用的，同时也是避免同质化的重要渠道。

举例来说，传统的炒货就是很难创新的领域，而线上坚果品牌“三只松鼠”却以消费者的开箱体验为基础连续推出 42 处创新改进，消费者每次在收到货之后总能有意外惊喜，因而推动了全网的销售。

[案例]

三只松鼠的开箱体验

消费者在线上购买三只松鼠的产品之后，货品还没到就会提前收到来自企业的温馨提示：“主人，您在松鼠家订购的森林食品，鼠小箱已穿戴整齐，快马加鞭向您狂奔而来了哦！耐心等下哟，满意记得给 5 分哦！嘻嘻！”当收到货之后，很多消费者都会忍不住这样评价：“觉得好惊喜啊，包裹里赠送了开箱小工具、福袋和贴纸。福袋里面是纸巾、袋子和卡贴！太贴心，太用心了。”

“三只松鼠”自创立之日起，便以专注提高消费者体验为改进点，在沟通、购买、开箱和使用上进行了 42 处创新，让消费者在每次收到货之后总能得到意外之喜。也正是因此，三

只松鼠以不断超出用户的预期为基础，打造出了一个全网坚果销量遥遥领先的品牌，其年销售额在五年之间便突破了60亿元。

想要得到消费者的认可，就必须提供超越他们预期的服务，为消费者创造更高的价值。而“三只松鼠”之所以会成功，就是因为能不断地超出消费者的预期。

另外，海底捞为一线服务人员授权免单、赠送的权力，也是为了及时化解冲突，解决危机和矛盾，通过补偿性措施让消费者得到超出预期的服务。之后，随着这种机制的不断实践和深化，海底捞最终创立了综合服务超预期的“神话”。

当然，也有人对这种管理方式提出过质疑。虽然一线服务员得到授权，可以为消费者免单、赠菜和小礼品，但也很容易因此而形成服务差异性。一些服务员可能大大方方送菜，而另外一些服务员则可能相对没有那么“大方”，如此一来消费者得到的待遇也会有所不同，容易产生攀比和不满情绪。

其实标准化和基层授权机制要达到一种平衡，因此必须兼顾行业本身、员工、文化背景以及地理覆盖等因素，不能一刀切。引入鼓励内部分享、交流等方式，基层授权也是可以兼顾服务质量的一致性的。

❹多维、多点轮流发力，综合地超越消费者预期

企业可以同时选择多个维度来超越顾客的预期，这样一来多维度轮流发力，可以减少消费者价值感知边际递减、企业投入边际递增的问题。除此之外，企业想要建立稳定的竞争差异优势，也要从多方面超越消费者预期，这样才能避免被同行模

仿，出现同质化。

对于企业来说，不仅要关注消费者在功能方面的需求预期，同时还要注重人性需求。需要注意的是，在整个消费采购过程中，只要多一个维度，多一个参数，或者哪怕多一个小工具，都有机会创造超出预期的惊喜。

我们以前面提到的餐馆消费为例，假如消费者消费 500 元，他们的预期最低价格为九五折，价格惊喜临界值是九折。若从另外一个角度入手，店铺没有为消费者打九五折，原因是之前的打折活动是促销期进行的，现在不是促销期，但与此同时，店铺愿意为消费者送上价值 30 元的果盘，这个果盘的价格超出了九五折所优惠的 25 元，与此同时还赠送消费者 20 元的优惠券。如此一来，在消费者的心里，这种方案要远比九五折划算很多，毕竟店铺送出的总价值已经达到 50 元，相当于打九折，已经远超出了自己的预期。而从企业店铺的角度来说，其实大部分餐饮利润最少是一半，因此其实际成本不会高于九五折，也就是 25 元，况且还能通过 20 元的优惠券将当前消费者变成回头客，提高了一次复购机会。由此可见，多点、多维地超出消费者预期要比单一维度更加有吸引力。

通常情况下只采用前面的第一种方法很难解决单一维度超预期的消费者价值感知边际递减、企业投入边际递增的问题，因此对于企业来说，最好的方法是将四种机制有机结合起来，多维度超越消费者预期，采用交替发力的方式最大限度地利用有效资源，提升消费者的价值感知水平。

纵使新事物、新模式、新技术、新理念、消费行为都会不断变化，一切模式都在更新之中，但交易背后的人性却不曾改变。因此必须要经营预期，找准买点，通过超预期引导消费者，抢占其心智，这样才能避免恶性竞争和简单对标的增长误区。

❺极致优化“峰”“终”体验

每一个人的记忆深处都可能有无法忘怀的记忆，并且随着时间的推移，更加清晰，这就是“峰值体验”的表现。这种体验的理论支撑就是心理学上的“峰终定律”。

这一心理学定律也可以运用到提升消费者体验与满意度的过程中。消费者与产品接触的各个触点，构成了消费者与产品的接触环节，会影响顾客的消费行为。而你需要做的就是将消费者与产品的接触点，都打造成“峰点”，全面提升、优化消费者的体验，从而促进消费者消费。

一般而言，除了“峰点”（峰值时刻）即最好或者最坏的时刻之外，消费者结尾的体验也会影响消费行为，这两个方面共同决定了消费者对产品的评价。

“峰终定律”的运用，就是将消费者与产品接触的体验记忆强化，且让消费者体验到更为深刻且舒适的良好体验，降低负面感受出现的频次，从而让消费者对产品形成一个好的印象与高评价，最终选择购买产品。

“峰终定律”是宜家设计购物路线的核心理论。虽然宜家还有种种缺陷，例如：店内的服务人员较少，使消费者无法获得及时招待；商场设计复杂，经常让消费者晕头转向；结账排队需要花费大量的时间等；但其对“峰终定律”的运用很好地让消费者忽视了这些缺点，让消费者普遍对宜家评价较高。

宜家通过打造“峰”与“终”的优质体验，让消费者获得惊喜感，使消费者从对宜家缺点的不满之中走出来，弱化消费者对负面感受的印象。其“峰点”的设计有物美价廉的挂钟、高效美观的展区、美味可口的小食等。其设计的“终”体验包括出口处的一元冰淇淋等，让消费者在享用美食时，忘却消费过程中的一些糟糕的感受与体验。

在这个时代，超越预期才能赢得最终的胜利，只有为消费者带来意想不到的惊喜，才能挤占其他未带来惊喜的企业的市场份额。超预期经营是一种主动防御战，要时时刻刻以超越客户预期为目标，才能搭建起可持续发展的“护城河”，避免恶性竞争，实现质的突破。

提升消费者参与的深度和广度

从“体验式”消费进入“参与式”消费时代

2019 年 4 月，《复仇者联盟 4》正式上映。这部电影从正式公布上映日期开始，便已经成为网友热议话题，其预售票房达 6 亿元，对于内地影视圈来说是极大的突破。4 月 24 日《复仇者联盟 4》首映，即便当天是工作日，仍旧取得了 7.24 亿元累计票房，这部电影到底靠什么取得如此好的成绩呢？

当然，电影内容本身有其制胜的优势，但除此之外，这部电影为影迷带来的参与感也为其成功打好了基础。在宣传期间，与该电影相关的各种热搜新闻此起彼伏，例如“复联4首映”“看复联需要准备什么”“复联全体挂眼科”等，类似于“看复联需要准备什么”这种热搜本身就带有参与感，这种参与感指向人们的日常生活而不是电影本身。如今，对于大部分年轻消费者来说，他们购买的不是单纯的产品或品牌，而是参与感。通过这种参与感，他们实现了自我表达，实现了二次创作，同时也满足了“在场介入”的心理需求，以及“影响世界”的无限热情，这些让他们颇具成就感。

与《复仇者联盟4》相关的内容在各个社交平台霸屏，诸如票根打卡、剧透警告、观影分享、泪流满面等信息让这部电影颇具神秘感。影迷们互相沟通交流、为电影付出时间和精力的过程，其实就是把自己从简单的观影者变成了参与者，对电影投入了更多的情感因子。

其实不只是《复仇者联盟4》，其他电影也在努力提高影迷的参与感。例如《前任攻略3》，在该电影正式上映的时候，诸如抖音、微博和朋友圈等社交平台都为观众“参与电影”提供了机会，各种泪点集合攻陷抖音，成为微博热搜榜首。除此之外，热心的影迷甚至自行主演“影院痛哭”“模仿吃芒果”“讨伐前任”等剧情，一时火爆整个网络。

出于情感的宣泄和对于影视中主人公的模仿，很多网友在参与感得到满足之余，深陷这种情感营销之中。真实的推广手段使得二次传播得到了巩固，不断激活着网友的观影欲望，为年轻人创造了一种“我们不一样”的归属感和参与感，通过这种参与感的传播让年轻人产生了存在感。

随着消费者意识的崛起以及多媒体渠道的出现，人们的消费观念得到了更新。从传统的“功能式”消费到“品牌式”消费，再到“体验式”消费，最后到如今的“参与式”消费，消费需求的跳跃式成长，让消费者不再拘泥于对产品物质属性的需求，而朝着社会性的方向发展。他们开始考虑买某一件东西可以让自己拥有什么样的体验。

物质生活条件较差的时候，人们更关注功能性需求，一个人能买到一块手表时，根本不会在意这块手表是什么牌子、产自哪里，而更在意它走得准不准时，能不能看时间。之后，人们的生活水平得到了提高，商品也变得丰富起来，广告业兴起，品牌变成了商品的核心因素，各种品牌顾问公司、广告公司、VI 设计行业也变得火热起来。

早期手机品牌以摩托罗拉、爱立信最为火热，到了 2000 年前后，以“科技以人为本”为理念的全球化品牌诺基亚走进人们的视野，成为新一代电子领域的黑马，市场占有率之高可以说是史无前例。

在品牌运作关注度极高的时代，保健品和白酒行业表现也极为突出，一些保健品甚至将广告运作到全国上下，包括各个县镇乡村，一些农村的墙壁上都是它们的广告，品牌知名度可以说是非常高的。而到了体验式消费年代，一些品牌便失去了踪影。

体验式消费的出现，使得传统百货商店逐渐被超级市场代替，在体验式消费情景下，人们可以提前品尝食物，可以试穿衣服，这种参与式消费满足了用户的全新消费心态。

参与感意味着用户从单纯的享受者变成了生产者

当提到“参与感”这三个字的时候，很多人会不由得想到《参与感：小米口碑营销内部手册》这本书，小米的成功让这本书成了互联网思维的代表。

在这本书中提到了“参与感三三法则”，很多互联网从业人员便对此进行模仿，因此设计新的互联网营销玩法的时候，大家都会提到“应该开放参与节点”“要少投广告，做口碑营销”。

其实仔细想想，我们真的了解参与感吗？

不妨试着回忆一下你最近一次跟团旅行是什么时候，当你想到这次旅行的时候映入眼帘的是哪些情景。很多时候我们跟团旅行导游都会引导大家进行购物，这种方式比起单纯欣赏景点来说更容易提升我们的参与感，但为什么对于很多游客来说这种方式让他们感到非常不满呢？想要了解这些，我们首先就要真正理解参与感到底是什么意思。

参与感是指商品或服务在生产或传递中，必须由用户自身提供对应活动或资源方可顺利享受到的一种感受性活动，这种资源包括心理、时间、情感、行为等方面的付出。

由此可见，参与感最本质的特点是用户从享受者变成了生产者。

那么参与感为什么会变得如此重要呢（见图10－3）？

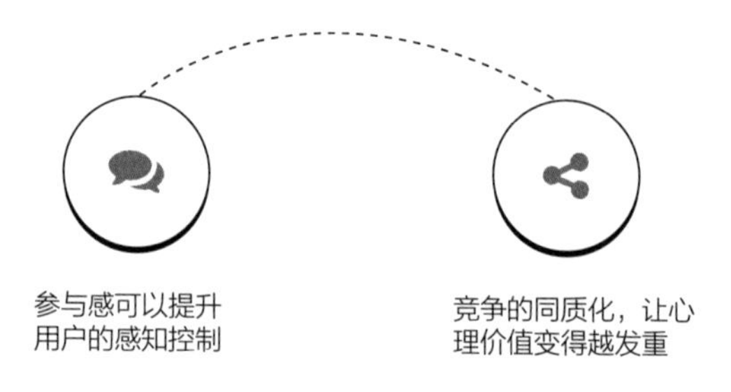

图 10-3 参与感变得如此重要的两个原因

❶参与感可以提升用户的感知控制

心理学家们曾经做过一个掷骰子的实验，参加实验的人会通过投掷骰子获得一定的奖励，谁的点数高，谁就获得价值高的奖励，掷骰子的方案分为两种：

1）投入两美元作为成本，然后自己掷骰子；

2）不用投入成本，别人来帮助自己掷骰子。

通过在不同群体中进行相似的实验，心理学家发现结果都是相似的，基本上八成的人都会选择第一种方案，虽然概率结果都是相同的，但大多数人还是宁愿花两美元自己来掷骰子。这一结果告诉我们，每个人都有一定的控制欲，因此满足用户一定的控制欲从某种程度上可以提升他们的满意度。

为用户提供参与感，让他们掌握改变的权力，从享受者变为生产者，这样也就是提升了用户的控制感。

❷竞争的同质化，让心理价值变得越发重要

市场竞争力的提高使得品牌商品之间同质化现象越发突

出，在这样的前提下，商品很难为用户提供差异化价值。那么不妨从心理价值入手，设计参与式商业模式，让品牌和用户之间产生更多的情感因子，提高产品对用户的心理价值。

提升用户参与的深度与广度

认识到参与感的重要性，接下来我们该如何设计用户的参与感呢？

我们以小米为例，小米公司在设计参与感上使用了很多办法：

一是征求广大用户的意见。小米粉丝常常在各大贴吧和论坛留言，留言内容中涉及对于各种问题的反馈，而小米官方也针对此进行了积极的回应和互动交流。

二是请用户帮助新产品的研发。小米当初推出的 MIUI 开发版便邀请了很多用户前来参与，让工程师从中找到了产品的不足之处，而用户也提高了参与感。

三是在公共场所要强调产品由用户参与生产这一特点，如此一来用户对产品会产生一定的占有欲望。小米科技的联合创始人黎万强曾在新品发布会等大型场合对外强调小米手机是用户和工程师一起开发出来的。

四是采用企业发布平台，剩下的由用户自己创造方式，将参与权全部交给用户，实现生态链，用户只要具备一定的条件便可以创造自己喜欢的产品。

有一点需要提醒大家，当一种颠覆性的理论出现时，很多人便会争相模仿。一旦被众多企业和商家运用起来，便会成为竞争力极强的模式，此时必须找到更加有效的设计参与感方式，这样才能提高用户参与的深度和广度。

具体说来可以遵循以下三个准则。

❶注意目标的一致性：做用户想做的事

试想一下，参与感为什么会让用户感到满意呢？因为他们在参与创造某件产品或服务的过程中，掌握了一定的控制权。

举一个日常生活中的案例，当我们去理发的时候，理发师往往会问我们想要剪什么样的发型，此时哪怕你只回答一句“稍微剪一剪”也是参与的一种方式。这个过程中你具备了一定的控制力，因此会得到一定的满足感。否则，若理发师什么都不说，上来就直接给你剪，你肯定会感到非常慌张。

因此，参与感就是要让用户体验那种自己想做但做不了的事情，提高他们的控制感。对于企业来说，要开放更多的参与节点，而不是控制节点，当然，你所开放的参与方式一定要让用户自己来决定，比如下面我们将要提到的星巴克的门店音乐播放案例。

[案例]

星巴克将门店音乐播放权交给用户

星巴克大家都不陌生，作为有情调的连锁咖啡店，闲暇时候约上两三好友走进星巴克，在音乐的环绕中一边品尝咖啡，一边和好友叙叙旧，偷得浮生半日闲，可谓美哉。

作为国外的连锁店，星巴克在音乐的选择上一般都是偏爵士和蓝调，有时候难免和国内人的口味存在一定的差异。但星巴克的CEO不仅在咖啡上有自己的心得，对于星巴克店内播放的音乐，他也制定了一系列的决策，将音乐和星巴克实体店巧妙融合（见图10-4）。只要星巴克的会员下载星巴克App后，就可了解店里正在播放的歌曲并可在Spotify内收藏该歌曲，会员在收听歌曲后还可以免费升级会员卡。

图10-4 星巴克将音乐播放权交给用户

除此之外，星巴克还给予了用户对音乐的更多选择权。星巴克的门店都有一个歌单，根据用户点击“喜欢”的数量来选择播放的歌曲。星巴克门店的每一首歌曲都有了用户的参与和选择，更符合用户喜好。

音乐的播放选择权也非常广泛，不管是IOS还是安卓用户都可以凭自己心意安排歌单，免费用户也拥有音乐操作权，从而吸引更多的消费者走进星巴克。

只要是满足条件的用户，就可以决定星巴克门店播放的音乐。星巴克将音乐的播放决定权交给用户，让用户亲自参与门店运营，对喜爱星巴克的文艺青年来说，这无疑是一大福利。

想想在一个闲暇的午后，手捧一杯星巴克咖啡，静静欣赏一首自己亲自点播的音乐，岂不乐哉？

现在我们重新考虑前面提到的旅游案例，为什么导游安排我们购物提高了我们的参与感，却不能让我们感到满意呢？这是因为购物的方式剥夺了我们的控制感，我们本来是要欣赏风景的，却被迷迷糊糊带到了店里，这种方式对于谁来说都容易产生反感。

现在不妨换一个场景，当我们参加的是购物游时，又会产生什么样的感受呢？若我们本来是想去香港或日韩买东西，等到达一个地点的时候，导游先给我们介绍几个景点，然后让我们放开购物，我们自然会感到格外开心。这种做法其实就是开放参与节点，因为购物游的推荐方式，其实质就是提升我们达成目标的控制感。

那么我们再次试想一下，若当年小米在设置用户参与感的时候，不是放出海报让用户自己设计，而是要求用户“必须在吃完前背诵雷军语录”，结果会如何呢？同样都是开放参与节点，但后者想必没人会参与。

❷设计而非放弃规则，提供参与感

想要提高参与感，就不能过多限制，而应鼓励用户参与组织、设计、交流等。对于大部分人来说，提到参与感自然而然会朝着这个方向构思，因此大部分运营社群的规则和仪式、目标等根本不明确，还找借口说“我们这是在提高用户的参与感”。

其实这种做法没有理解规则存在的意义。规则并不是为了控制，相反，它是为了聚集资源，从而实现目标。需要注意的是，如果完完全全让用户自行设计规则，容易产生企业与用户目标不一致的现象，反而会降低效率。

举例来说，之前我们运营学习社群会带着用户一起学习社群规则，不管是小组讨论还是班级制，其主题和思维方式都会提前明确。这样一来，基于规则的设定，才能让每个用户发挥其有效价值。

但若彻底让用户自己去设计的话，每个人都会从自身角度而非整体目标出发。比如一家刚刚成立的公司，老板不会直接跟员工说："好了，人都到了，那么你们开始工作吧，我年底来检查你们的业绩。"因为每家公司都要制定规则，设置管理制度、工作内容、产品和部门等。

这种看似简单的道理却在我们进行参与感的设计时被忽略。

❸通过提供独特性的体验，提供参与感

用户为什么喜欢参与呢？除了控制感之外，他们还渴望一种独特的体验，这一点是经过相关专家研究发现的，因为这种独特的体验让他们感觉自己创造出了某种举世无双的东西。在过去，用户所能买到的是固定和标准化的东西，人人都在使用同样的东西，没有什么差异化，但通过参与，用户可以DIY——他们感觉自己在创造属于自己的东西。

举例来说，Nike推出的DIY球鞋，消费者可以到Nike官网上选择特殊的球鞋科技，例如是否要碳板，以及鞋面用什么材质，还有球鞋用什么配色等，还能在鞋子上写自己的名字。

这一过程能极大限度地提高参与感，让我们有种无与伦比的满足感，因为我们进行了一场属于自己的创造，生产出自己的东西，这种体验是非常独特的。例如小米曾经推出的 DIY 路由器：只给用户寄去主要配件和工具，剩下的由用户自己来组装，毕竟，自己组装一件东西是非常值得自豪的事情。

但让用户参与的行为若不够独特，是一件大家习以为常的事情，那么用户自然不会愿意参与。

一家名为美丽加的平台曾经发动用户写情话，并拍照后发到朋友圈里抽奖；还有榴莲旅行曾让用户转发公众号文章，并写出自己的一次不太满意的旅行经历，然后参加抽奖等。这些做法都不会产生太好的效果。

这是为何呢？很明显，以上做法并没有给用户带来独特的体验，毕竟转发抽奖是一件过于大众化的事情了。因此，设计参与感活动前必须进行深度考虑，自己能否为用户带来独特体验。

小米自成立以来就在不断拓宽参与感的深度和广度，同时其参与感不再局限于产品和营销，而是渗透到整家公司的运营中，渗透到每一位员工和用户的血液中。

在这个产品为王、体验为先、文化为魂的年代，企业产品想要获得良好的口碑就必须创造别具匠心的气质。在这个过程中还要考虑用户消费的改变以及消费习惯的升级。只有创造更好的体验，打造优质的产品，体现独特的文化内涵，才能吸引用户积极参与进来，在市场竞争中处于不败地位。

社交零售，低成本的获客之道

在本节的开头，我们先来听一个故事。

我家小区有一家菜市场，菜市场里面有很多的商家吆喝卖菜，尽管卖力吆喝，但大部分商家的生意并不太好，只有一家例外。生意好的这家菜店是一家常见的夫妻店，老板负责外出进货，老板娘负责日常事务打理，看起来平淡无奇，但他们家的生意却十分火爆。究其原因，原来是只要有用户进店，老板娘都会积极加上用户的微信，随后将用户拉到微信群或者QQ群。

每天下班前十分钟，老板娘都会向用户分享“今日必买好菜”，为用户推荐美味实惠的应季蔬菜；每周四会发出“朋友圈集赞送好礼”的活动，并标注星期五到实体门店兑换新鲜蔬菜，同时抓住周五人流量较多的机会，积极推出新品。这样一来，用户既得到了实惠，又能买到每周新鲜蔬菜，人流量自然源源不断了。

可能老板娘也不知道什么是“社群运营”“社交裂变”等概念，但无形之中，老板娘将微信的流量转化成了销量。老板娘的这种做法，属于一个新的零售模式——“社交零售”。

社交红利的诱惑

2018 年的营销关键词“社交裂变”成为最高权重词，因此“社交零售”对于我们来说其实并不是新事物。

比如，2017 年 11 月，瑞幸咖啡创立成功，在近一年的时间里，瑞幸便成为国内仅次于星巴克的咖啡连锁品牌。这种裂变式的成长方式自然离不开其“裂变拉新”的营销模式。瑞幸的“赠杯”活动让老客户在购买咖啡之后便可以通过微信将杯子赠送给自己的朋友，因此吸引了一大批用户，其用户增长率也在一段时间内持续飙升。

[案例]

瑞幸咖啡多管齐下开展社交零售

仿佛一夜之间，瑞幸咖啡在中国的各大城市拥有了不可小觑的门店数量，它的出现和扩张，使得不少人惊叹。而拿到了 2 亿美元融资的瑞幸自然也是财大气粗，用广开门店的方式来快速占领市场，用咖啡补贴和低价来吸引用户，想要取代星巴克在中国的地位。星巴克不甘示弱，与阿里巴巴联手进军新零售，就在瑞幸和星巴克的对立如火如荼时，凭借微信起家的瑞幸咖啡专注社交领域，走出了一条社交零售的销售之路。

瑞幸咖啡依托微信，通过微信使用者的社交关系来塑造口碑，微信小程序开放后，瑞幸咖啡又借此迅速推出了拼团和口袋咖啡馆等功能，让使用者可以在玩游戏的同时进行咖啡消费。

其中瑞幸咖啡“拼团功能”可以无限进行，相比于其他品牌的独立下单更具社交性，拉近了消费者与消费者之间的关系，给予消费者新奇的体验，上线三小时内就吸引了近10万人拼团购买，将新品的库存销售一空。

瑞幸咖啡之所以能够在星巴克的夹缝中蓬勃生长，与瑞幸咖啡注重社交的运营理念是分不开的。从它的成长经历中，我们能看出社交裂变不仅为瑞幸咖啡带来了人气与流量，更是为瑞幸咖啡带来了根深蒂固的用户关系链。所以，这也使得瑞幸咖啡在保持低成本扩张的道路上，能够一直得到用户支持。

其实从本质上讲，菜店老板娘采用的营销套路与瑞幸咖啡基本相同，只不过她没能总结出一套详尽而有趣的方法论，但仍旧让我们看到社交裂变的价值不在于流量，而在于用户关系链，流量只是结果而已。尽管菜店老板娘没有理论做支撑，但却领悟到绑定社交关系链的价值，因为身边的人购买次数多了，便可以形成口碑效应，这样一来产品的销量就会有所提升，生命周期也会相应地延长。

品牌方与淘宝、京东等流量平台不同，随着流量成本的不断提高，它们辛辛苦苦积攒的流量很可能会被这些平台轻轻松松抢走，很多电商平台已经出现了流量向头部品牌聚集的效应。而微信运营则不同，在微信上获得的流量都属于自己，积攒的流量就相当于创办了属于自己的流量池，企业可以将这些流量转到线上，也可以设法提高复购率，总之选择权掌握在自己手上。

如此一来我们就很容易理解社交红利的本质了。在互联网时代，社交关系是一道强有力的保护墙，这一点对于零售商来说极为重要。只要打通社交关系链，那么销量转化问题就会迎刃而解。

传统实体零售所创造的社交关系有利于成交率和客单价的提高，对于消费者满意度和忠诚度也有一定的促进作用。尽管如此，一旦消费者离店便很难形成复购。而那种购物频次本来就比较低的商品种类，例如家居和饰品等，其现场服务式零售黏性不足，唯一的优点就是店员离职不会对实体店造成过大的影响。

传统中心化电商和传统实体零售的社交黏性都不高，但中心化电商的社交关系相对更加即时。准确说来，这些社交关系都只与商业行为的客户服务部分有关，最值得注意的是，消费者彼此之间没有社交关系。如果能够将店员与消费者、消费者与消费者之间的社交关系建立起来，那么就可以在极大程度上减少决策和购买时间成本，提高复购概率和客单价，有效提升消费者的忠诚度。那么这样的社交关系该如何建立呢？

传统实体零售可以通过微信群、朋友圈以及小程序等方式，花最少的时间拥有传统电商在购买时间上的优势，同时还能拥有传统电商所不具备的优势，那就是利用线上社交影响消费者，促成交易，降低决策时间。

社交零售的降维逻辑就是如此，不仅有效降低线下空间维度，同时还利用传统电商强化的物流能力和优质体验让消费者更加满意。

社交零售的本质

社交是一种信息传递的方式，而零售的本质则是我们前面提到的性价比，也就是选品、便利和品质。将社交和零售结合到一起，就是社交零售。它是一种媒介，是传统零售“人、货、场”之外要增强的第四极，也就是从“人、货、场”到“人、货、场、介”。

传统零售如同大卖场，人要追着货走，当我们想要买一件东西的时候，必须主动找到才能买到；然后货跟场走。彼此之间的关系不紧密，甚至是分裂的，介的存在感非常低，门面充当的就是媒介的作用。到了电商时代，场便“消失”了，它转化成我们手里拿的手机，变成货找人。而社交零售时代的核心则是人跟人走，所谓的场、介都被包含于人与人的沟通当中。

那么媒介到底有什么作用呢？通常情况下我们将消费者购物场景分为以下四种。

❶急需

举例来说，当我们逛商场感到口渴时，就会想到去买瓶水喝，这就是当下我们紧急的需求。

❷补货

这种情境下我们并没有那么着急。举例来说，我们做饭的时候忽然发现醋快要用完了，于是便提醒家人记得回家路上买一瓶醋。这种需求不是马上必须要满足的，是接下来要用到的东西。

❸囤货

这里所说的囤货与“双 11”的囤货不同，它指的是家庭的大宗采购。举例来说，周末时我们常常和家人一起去商场购物，将下一周的必备品采购回来。

❹逛街

很多女孩子都喜欢逛街，她们知道自己要花钱，但并不确定自己究竟要买什么，因此只是先逛一逛。

随着零售业的发展，这四种购物场景出现了两极化，补货和囤货场景逐渐变少，而急需场景和逛街场景却越来越多，人们时不时地就想打开淘宝看看有什么新鲜东西。

社交零售的“介”其实并不在四大购物场景之中，我们将它称为触发式购物。触发式购物与闲逛有一定的区别，闲逛是指有花钱的计划，但不知道究竟买什么；而触发式购物则是根本没计划花钱，但最终却花了钱。

有一个典型的案例，就是抖音，抖音的评论区很多人说：“这个视频是骗我花钱的。”因为在看视频的过程中不知不觉就会产生花钱的冲动，然后会到淘宝去搜抖音同款，有些商品甚至在抖音视频中就会给出链接，方便我们购买。这就是通过媒介触发购物场景的典型代表。

社交零售的三条路径

社交新零售该怎么“玩”呢？

这个问题其实没有标准的答案，更没有具体的概念，但总有一些思维方法和路径值得我们参考，进而应用到实际中实现本土化。

社交新零售的重点其实在于“社交”二字，那么究竟该如何社交呢？可以从以下三个角度入手，如图10－5所示。

图10－5 社交零售的三条路径

❶先和用户建立关系，双方“动”起来

社交的实质就是互动。对于企业来说，想要和用户产生互动并留下好感，其实是一件非常困难的事情。想要将这种互动融入用户的日常社交生活，在彼此之间建立起连接，就是更加困难的事情了。

这里必须要创建触发机制，设法让用户看到我们，并且要找到一个让他们接纳我们的理由，愿意跟我们互动并产生关联。

在这一方面，拼多多就是一个典型案例，用户只要点击进入拼多多，就会被低价分享的模式所吸引。拼多多正是抓住了小城消费的购物心理，才成功与用户建立捆绑关系。通过“拼”分享、再分享，然后下单购买、收货，最后用户不仅可以低价购买到自己想要的商品，还能与朋友分享，并且用户投入的沉没成本还比较大。

什么是沉没成本呢？这个词来自于经济学，通俗一点说就是当我们对某件事的投入达到一定程度时，就不会轻易放弃，会加大投入力度。拼多多就是引导用户在系列动作中产生相对高的沉没成本，这样一来他们与平台之间的关联度就会提高，进而更容易产生后续的各种互动和分享行为。

作为社交电商的一线玩家，小米最看重的是“有品推手”在分享环节获得的收益。目前，分享收益分为两部分，一部分是分享销售获得的佣金，比例在 4% ~30%；另一部分是拓展更多“顾问”获得的拉新奖励。据透露，在顾问等级足够高的情况下，每拓展一套礼包购买可以获得的收益在 300 元左右。

背靠小米的“有品推手”备受关注，但在这关注中有一份期待，也有一份质疑。期待的是，依靠米粉起家的小米，似乎进入社交电商也是顺理成章；质疑的是，要做社交电商，小米知道怎么做吗？

答案是小米知道怎么做。

小米找到的解决办法是“让专业的人做专业的事”。据了解，小米并没有组建团队硬将米粉拉到新业务中来，而是签了一个专业的社交电商运营团队——小米推手团。目前，小米推手团已经成为有品推手的独家签约团队。

小米做社交电商采取了很多策略，其中最不可忽视的一个策略就是与用户的互动。在这一个领域，小米算得上是做到了极致。雷军曾在公共场合讲过一句话：“因为米粉，所以小米。”小米一直坚持把用户互动放在第一位，而不是把用户当成数据来对待；一直坚持做价格厚道、感动人心的高性价比产品，始终不忘初心。

所以，要做好社交新零售，首先你要和用户进行互动，产生某些关联。

❷深度渗透网络社交

想要深度渗透用户的社交生活，就必须把自己打造成一种社交方式，或者让自己成为长久热点。

对于零售业来说，似乎根本没有可能成为社交方式，但如今已经有很多人开始借力打力。举例来说，微信上的“跳一跳”游戏曾经红极一时，这种魔性的小游戏很快会让人上瘾，然后通过微信朋友排名形成多米诺骨牌，引发更为强大的效应。

接着各大商家开始纷纷投放广告。跳一跳的小人一会儿跳到星巴克上，一会儿又跳到天猫盒子上，或者超市屋顶上，只要人们玩这款游戏，就会对品牌加深记忆，产生关联兴趣。

但是如何才能做得更吸引人呢？可以让小人在跳到某个商家盒子上的时候，根据此玩家的游戏排名和所玩时间长短给予一定的商家优惠券，实现线上和线下的互通，将游戏社交落实到实体买卖上。

除此之外，直播也是一种常见的社交借力方式，借的就是短视频网红的力，“口红一哥”李佳琦就是典型的例子。他每天通过涂口红的方式与粉丝互动，久而久之，李佳琦的“每日一涂”成为很多人日常消遣的娱乐产品，大家纷纷在评论区给他留言，询问口红的价钱和购买方式。很快，一条口红供销一体产业链便形成了。

产品必须要渗入人们的社交生活，成为社交话题的热点，例如小米手机、锤子科技、苹果手机等。这些产品的品牌理念和运营方式使它们成为社交话题的热点，成为人们日常交往常见的话题之一。尤其是小米手机，其“社交”属性一直存在于产品理念当中，从最初的种子用户，到之后的用户长期社交理念，成为非借力社交网络的成功代表。

综上所述，真正的新零售不应该只是单纯的借力，而必须与用户形成互动，这样才能长久生存，形成社交性关联。

❸友谊地久天长

我们提到的社交新零售模式其实基本上是前端机制，目的在于引流，促成购买。但商家不可能只靠偶然性的存活率，短时间的销售额哪怕再高也不是长久之计，必须要设法稳住局面，解决留存与复购的问题。那么具体该如何做呢？答案就是社群营销或者运营。

只有渗入用户的社交生活，才能将目标群体引入消费场，然后对这些人群进行刺激和维护，将他们发展成为铁粉。

做好维护就必须要搭建场域，拥有共同兴趣爱好的人会在同一个场域中进行互动交流，比如论坛、App等。但这个场域在尽量与生活相接，最简单的方式就是依靠微信来做社群，这样既可以节省时间也可以节省其他成本。

微信社群如同一个大聚会，人们每天在这里进行沟通，遇到节假日等比较特殊的时节还会进行促销，或者征集大众代言。当然，社群要以产品为基础，让大家一起见证产品的成长，同时也让企业或商家与用户建立起强大的关系基础，这样用户的购买力才会增强。

通过社交网络进行精准引流，保证一定的存活率，进而让大家共同建立起来的社群才更加坚实可靠；然后通过社群内部核心人物的辐射作用，将小小的社群发展成一个城邦，甚至是商业帝国，形成神话级别的零售奇迹。这很可能就是未来的商业走向。

回首过往，你可能仍旧对新零售有所迷惑，但有一点我们是清楚的，那就是做社交并不是为了获得一时的利益，而是为了获得长久不衰的发展，这也是让自己变强变大的重要途径。当发展到一定阶段的时候，我们自然会了解社交新零售背后的真正含义。

我们的社交新零售依靠“互动”引流，并渗入互联网，通过各种社交能量来留住真价值客源，继而通过优秀的产品和服务，与用户建立起强大的社交连接。成为朋友，共同成长，这就是社交新零售背后的终极目标和意义。

当前，社交零售和社交电商均面临两大挑战，那就是想办法保持单一维度的规模化优势，同时考虑是否升维和如何升维。

从用户角度来说，对平台和商家永远都有一个要求，那就是持续不断为自己提供高性价比的服务和优质的产品。

从商家角度来说，其追求的永远都是提高效率，有效降低成本。

从平台角度来说，要坚持追求规模化效益和控制力。

所幸，移动互联网时代的社交工具和方法都在不断变化和更新，传统实体零售、传统中心化电商、品牌商和平台已经来到了新的起点，让我们以正确的商业维度理论体系，秉持好的心态，尝试用新的思维方式努力推动零售电商的持续创新发展。